Veit Lindau

GENESIS
Die Befreiung der Geschlechter

Du bist ein Wunder.

Veit Lindau

GENESIS

DIE BEFREIUNG
DER GESCHLECHTER

Widmung

Ich freue mich, dass sich unsere Wege kreuzen
und du diese Zeilen liest.

Ich widme dieses Buch
dem Wunder, das du bist,
deiner kreativen Kraft
und den unbegrenzten Möglichkeiten deiner Beziehungen.

Du bist, egal, was dir andere erzählt haben oder was du selbst von dir
glaubst, *einzigartig, genial* und *wunderschön*.

Es gibt einen Ton, den nur du zur kosmischen Sinfonie beisteuern
kannst. Möge er dich finden und voll öffnen.

Erinnere dich

Ich sehne mich so sehr nach dir.
Ich sehne mich danach, vollständig von dir hereingelassen zu werden.
Ich bin nicht für Deals und Kompromisse zu haben.
Ich will alles.
Den tiefsten Fall und das höchste Licht.
Ich will von dir vollständig erkannt werden.
Schließ mich nicht aus, wenn ich nackt und fragend vor deiner Tür stehe.
Bitte mich herein, auch wenn ich weine oder wüte.
Du willst deine Ruhe?
Ich kann dich nicht in Ruhe lassen.
Nicht in diesem Leben.
Denn wir haben geschworen, uns dieses Mal zu finden.

Nicht erst am Ende. Mitten drin.
Nicht im Himmel, sondern auf den Straßen deiner Stadt.
Im Dreck, in der Tristesse, im Schmerz.
In Ekstase und Stille.

Dieses Mal werden wir uns finden.
Also bebe ich vor Vorfreude,
dränge ich in Ungeduld,
wüte ich in Leidenschaft,
flüstere ich in Verzückung.

Bis du mich ganz hereinbittest.
Bis du dich an mich verschenkst, mit allem, was du hast.
Bis du mir all deine Beziehungen als Tempel weihst.
Bis meine Größe jeden Aspekt deiner Arbeit erleuchtet.

Lass dein kleines Ich in meinen Armen sterben.
Und deine stillen, leuchtenden Augen werden anderen davon berichten,
dass du geöffnet wurdest.

Ich bin hier.
Deine Seele

Inhalt

PROLOG: DIE WELT BRENNT

Ich möchte dir von einem Traum erzählen, mit dem dieses Buch in mein Leben kam. Ich erinnere mich an viele meiner Träume und meist weiß ich, ob sie mich als Person auf einer psychologischen Ebene betreffen oder ob sie aus einem anderen, größeren, kollektiven Raum stammen. Als ich an einem Morgen schweißgebadet erwachte, wusste ich, dass ich einen Auftrag erhalten hatte. Eine Botschaft, die in die Welt muss.

In meinem Traum hatte die Erde gebrannt. Die Wälder standen in Flammen. Überall war Krieg. Familien waren zerstritten und es war klar, dass die Menschheit kurz davor war, sich selbst auszulöschen. Trotz der vielen traurigen Bilder war ich sehr ruhig. Wie ein Beobachter aus einer anderen Dimension. Eine Stimme sprach zu mir: »Die Erde brennt, weil der Thron der Königin leer ist.«

Es ist mir fast unmöglich, diesen Thron mit Worten zu beschreiben. Ich sah ihn überdeutlich. Doch es war kein Thron aus einem Märchenfilm. Es ging auch nicht um eine einzelne Königin. Es war ein wesentlich mächtigerer Thron auf einer energetischen, archetypischen Ebene. Mir wurde offenbart, dass wir Menschen in unseren physischen Körpern quasi nur eine, und zwar die gröbste Ebene eines kosmischen Schauspiels sind. Wir alle werden von wesentlich feineren, einflussreicheren geistigen Feldern benutzt. Je nachdem, wie wir unseren Geist ausrichten, docken wir an Feldern sehr unterschiedlicher Qualität an. Diese drücken sich dann durch unsere Worte, Gefühle und Taten auf der Erde aus.

In diesem Traum war es so kristallklar zu erkennen, dass die archetypische Macht der Königin seit Tausenden von Jahren nicht mehr auf der Erde willkommen war. Vielleicht war sie es auch noch nie. Ich sah im Traum, wie alte Priesterinnen, Sängerinnen, moderne Unternehmensführerinnen ihr Leben dafür gaben, den Kanal zu diesem Feld aufrechtzuerhalten. Doch sie waren einsam und zu wenige. Zum Beispiel sah ich Lisa Gerrard und ich verstand plötzlich, warum diese Frau für ihre Musik eine nichtmenschliche Sprache erfunden hatte. Wenn du sie nicht kennst, hör ihre Lieder und du wirst verstehen.

Die Stimme im Traum lehrte mich weiter: »Es ist dringend notwendig, dass jede Frau diese Königin in sich findet und ihr den Thron bereitet, den sie verdient hat. *Frauen müssen mehr in Führung gehen. Nicht als Kopien von Männern, sondern als Königinnen.*«

Ich habe lange überlegt, ob ich diese Eindrücke mit dir teile, denn das Letzte, was ich in deinem Kopf erzeugen möchte, ist das Bild einer Frau mit einem Krönchen auf dem Kopf. Die Königin, die ich gern in dir ansprechen *möchte, ist eine unsichtbare, unermesslich machtvolle Quelle von Liebe und Weisheit. Sie fehlt und deshalb brennt unsere Erde.*

Als ich aus dem Traum erwachte, blieb ich gebannt von der so frischen Erinnerung liegen und fragte im Halbschlaf: »*Was ist meine Aufgabe als Mann? Was kann und muss ich beitragen?*«

Die Antwort kam prompt: »*Deine Aufgabe als Mann ist es, dich und deine Brüder herauszufordern, den König auf dem Thron zu wecken. Denn er sitzt da seit Tausenden von Jahren allein, herrschend und doch blind. Der König hat seine Würde verloren. Es ist Zeit, dass er erwacht. Und dann geh hinaus und bitte alle Frauen, ihren Thron wieder oder zum ersten Mal einzunehmen!*«

Ich fragte nach: »*Frauen brauchen keinen Mann, der sie bittet. Sie haben die Macht, den Thron selbst einzunehmen.*«

»*Das stimmt. Doch es macht einen bedeutsamen Unterschied, ob die Königin kämpfen muss, um auf den Thron zurückzukehren oder ob sie respektvoll eingeladen wird. Sie kann kämpfen, o ja. Das hat sie in all der Zeit bewiesen. Doch ihre wahre Natur ist Hingabe. Frauen sind müde vom Sich-behaupten-Müssen. Ihre wahre Schönheit werdet ihr zu Gesicht bekommen, wenn ihr freiwillig den Raum bereitet, in den hinein sie sich entfalten kann.*«

»*Was soll ich den Frauen und den Männern sagen?*«

»*Begegne jeder Frau als Stellvertreter des gesamten männlichen Feldes. Sag ihr aufrichtig, was euch leidtut. Bitte sie um Frieden. Bitte sie, endlich auf ihre Weise in allen Bereichen in Führung zu gehen. Finde die Worte, die sie aus dem Mund eines Mannes hören muss, damit ihre Wunde heilen kann. Begegne deinen Brüdern als Bruder. Als ein Mann, der neben ihnen steht. Der von denselben Fragen bewegt ist. Erinnere sie an den König in ihnen. Appelliere an ihre Größe. Bitte sie, mit dir zusammen der Welt zu zeigen, wie schön Männer sind.*«

13

Das war der Traum. Vor mittlerweile zwei Jahren. Ich begann, Vorträge dazu zu halten, und ich sah es in den Augen der Frauen und Männer, dass sie wussten, was ich meine. Und nun schreibe ich dir und hoffe, dass ich die Worte finde, die du lesen musst, um dich zu erinnern.

Denn unsere Welt brennt wirklich. Vielleicht hast du auf diese ernste Perspektive gerade keine Lust, weil es dir gut geht. Doch wir müssen darüber sprechen. Denn du bist in dem, was für unsere Menschheit kommt, wichtig. Ob du willst oder nicht, du wirst eine bedeutsame Rolle spielen. Die Menschheit steht an einer Weggabelung und wir alle entscheiden mit, wohin es von hier aus geht. Unsere Welt ist so offensichtlich aus dem Gleichgewicht. Sie brennt an so vielen Stellen, auf so vielen Ebenen, es bräuchte das gesamte Buch, um alle Feuer aufzulisten. Wir verbrennen unseren Heimatplaneten. Wir wissen es und wir machen einfach weiter. Wir verbrennen die kreative Lust am Schaffen und das einfache Glück der Gegenwart in einer zwanghaft von Wachstum und Leistung angetriebenen Gesellschaft. Wir verbrennen unsere Freude am Arbeiten im Burn-out. Wir verbrennen das geniale, kreative Potenzial unserer Kinder in völlig veralteten Bildungssystemen. Wir verbrennen die Hoffnung von Abermillionen Menschen auf ein gutes Leben durch brutale soziale und ökonomische Ungerechtigkeiten. Wir verbrennen die atemberaubenden Möglichkeiten so vieler Liebesbeziehungen in der starren Struktur einer Kleinfamilie. Wir verbrennen Nahrung, während Kinder an Hunger sterben.

Unsere Welt brennt. In gewisser Weise hat sie das schon immer. In Teilen konnten wir das Feuer bändigen. Doch jetzt hat der Zauberlehrling zerstörerische Geister entfesselt. Die Dinge entwickeln sich nicht mehr überschaubar, sondern disruptiv und exponentiell. Spätestens seit der Corona-Pandemie wissen wir, dass es nur eines kleinen unsichtbaren Virus bedarf, um die Illusion unserer Kontrolle zutiefst zu erschüttern und viele Teile unserer Gesellschaft in Brand zu setzen.

Unsere Welt brennt nicht nur außen, sondern auch in uns. So viele Menschen, vielleicht auch du, schmoren in der Hitze ungelöster existenzieller Fragen. In so vielen von uns entflammt – nicht mehr löschbar – die unbequeme Sehnsucht nach mehr Sinn. Wir haben so viel. Wir wissen so viel. Doch wissen wir auch, wofür wir all das haben und wissen? Wenn Bewusstsein erwacht – und ich wette, das passiert in dir, sonst würdest du nicht so ein Buch lesen –, ist dies nicht nur nett. Neue Konflikte erzeugen eine starke geistige Reibungshitze. Es entsteht ein Wunsch nach einem guten weltlichen Leben *und* seelischer Integrität. Es erwacht das Bedürfnis, alles rational zu verstehen und zu staunen. Innerlich Stille zu finden *und* da draußen auf dem Marktplatz mitmischen zu wollen. Das Mitgefühl mit all den Menschen, die in unser Land strömen *und* die vielen neuen Fragen, die unser multikulturelles Miteinander aufwirft.

Bist du erschöpft, ausgebrannt? Viele Menschen sind dies heutzutage. Warum ist das so? Ist das Normale auch natürlich? Wir reißen uns den Arsch auf. Wir lernen dazu. Wir versuchen in diesem fast aus dem Gleis springenden Schnellzug mitzuhalten. Doch wofür? Geht es hier noch um uns? Ging es das überhaupt jemals? Oder bedienen wir ein Monstrum der Umsatzzahlen? Ich will dich nicht deprimieren. Ich muss aber einmal den Finger tief in die Wunde legen, damit klar wird, dass es in diesem Buch nicht um eine interessante Überlegung geht, sondern um unser Überleben und dann – hoffentlich – unser Erblühen.

Warum müssen Krankenschwestern, die Leben retten, Pädagoginnen, denen wir unsere Kinder anvertrauen, oder Künstler, die diese Welt schön für uns alle machen, so oft um Anerkennung und eine faire Bezahlung betteln, anstatt täglich als Held*innen gefeiert zu werden?

Buckminster Fuller sagte einst, wir wären die Kapitäne eines Raumschiffes namens Erde.[1] Doch wer von uns sitzt denn wirklich am Steuer und warum rasen wir feiernd auf eine Wand zu? Die Wissenschaft ist den Menschen enteilt. Wir wissen intellektuell so viel und setzen erbärmlich wenig davon um. Die alten Institutionen und Unternehmen versuchen wie riesige Tanker, ihren Kurs anzupassen und den Eisbergen auszuweichen – viel zu langsam und fantasielos. Während-

15

dessen haben neue, elitäre, digitale Netzwerke längst das Ruder an sich gerissen. Ich behaupte, auch sie wissen nicht, was sie tun. Sie manipulieren Verstand und Gefühl von Milliarden Menschen, ohne sich ihrer ethischen und karmischen Verantwortung bewusst zu sein. Sie fesseln Geister noch mehr an die Matrix, anstatt ihnen beim Erwachen zu helfen. Und während wir noch nicht mal ansatzweise begriffen haben, was es bedeutet, Mensch zu sein, erschaffen sie die nächste Generation Leben. Künstliche Intelligenzen sind jetzt bereits schlauer als wir und manipulieren uns mehr, als sie uns wirklich nutzen. Sie diktieren uns ein Tempo auf, das uns ausbrennt.

Diese Welt brennt an so vielen Ecken und Kanten. Ich könnte ewig so fortfahren. Doch dies ist kein Buch der Verzweiflung. Es ist ein Weckruf für den Gestalter, die Schöpferin in dir. Denn du, und ich meine wirklich dich, wirst eine wichtige Rolle in dem spielen, was kommt. Vielleicht denkst du: »Ich bin doch nur ein einzelner Mensch. Ich bin doch so klein.« Ich muss dich nicht persönlich kennen, um eines ganz sicher zu wissen: *Du* bist viel größer und mächtiger, als du denkst. Nicht in irgendwelchen Büchern oder Vorstandsetagen, sondern dort, wo du atmest und Fragen stellst, entscheidet sich unsere Zukunft. Ich bin kein verklärter Optimist. Ich sehe Nachrichten. Ich sehe das Böse in unseren Taten. Ich sehe die bedrohlichen Zahlen. Ich schaue hin, denn nur so kann ich meiner Verantwortung für die Zukunft gerecht werden. Doch ich sehe auch das Licht. Vielleicht liegt es an den glücklichen Umständen meiner Arbeit. Ich komme tagtäglich mit Menschen zusammen, die das Gute wollen und die wirklich Lust haben, etwas Neues zu erschaffen. Ich glaube auch an Tipping Points. Ich glaube an die Zahl 3. Laut Zukunftsforscher Tristan Horx braucht es etwa 3 bis 6 Prozent der Bevölkerung, um einen neuen Trend zu setzen.[2] Vielleicht sind wir sogar schon viel mehr. Doch wir müssen uns stärker vernetzen und definitiv müssen sich viele Menschen in dem, was kommt, noch viel wichtiger nehmen. Unser Bewusstsein hat eine erstaunliche Eigenschaft. Wir verfügen über die Fähigkeit, in jedem Augenblick neu zu wählen. Wir können wiederholen, was wir

gestern dachten und taten, und erschaffen so eine Kopie. Oder wir gestatten uns heute und hier einen neuen Gedanken, eine neue Tat und
betreten damit ein neues Universum. Die Menschheit steht an einer
Weggabelung. Dystopien aus düsteren Filmen könnten real werden.
Vielleicht setzen wir das gesamte Experiment in den Sand. Für den
Kosmos wird es nur wie ein winziger Lichtfunke gewesen sein, der
kurz aufleuchtete und wieder erlosch. Doch was wird es für uns bedeuten, wenn wir scheitern? Für den Geist in uns, der hierherkam, um
frei zu wählen und bewusst zu erschaffen?

Genesis ist wahrscheinlich ein im konservativ-religiösen Sinne ket-
zerisches Buch. Das Wort »Genesis« kommt aus dem Altgriechischen
und bedeutet *Schöpfung, Entstehung, Geburt.* Die wahrscheinlich frü-
heste und bekannteste Erwähnung finden wir im ersten Buch Mose
und im christlichen Alten Testament. Genesis beschreibt dort die Er-
schaffung der Welt.

> »*Am Anfang schuf Gott Himmel und Erde. Und die Erde war wüst und
> leer, und es war finster auf der Tiefe; und der Geist Gottes schwebte auf dem
> Wasser. Und Gott sprach: Es werde Licht! Und es ward Licht.*« (Gen 1,1–3)

Ich glaube, dass es Zeit ist, dass wir diesen alten Gott in Frieden ziehen lassen. In einer Zeit, als wir sehr wenig über uns wussten, hat ER
uns als Polarstern gedient. Dafür haben wir *Ihn* gefürchtet und verehrt. Haben wir den Mut, uns selbst als *lebendige Genesis* zu begreifen?
Schöpfung fand nicht irgendwann im Himmel statt und ist nun erle-
digt. Was wäre das auch für ein unvollständiges Bauwerk?! Genesis
entwickelt sich weiter, und zwar genau da, wo du heute atmest, liebst,
leidest und erwachst. Gott ist noch lange nicht fertig. Gott spielt weiter. In deiner Küche, umgeben von schreienden Kindern. Im ekstati-
schen Sex, dem Aufstellen deiner Steuererklärung und im nächsten
Vorstandsmeeting. In der dunklen Verzweiflung einsamer Nächte,
auf dem Klo und während du diese Zeilen liest. Der alte Gott, auf den
wir warteten, den wir anbeteten und fürchteten, hat den Staffelstab

an uns übergeben. Da, wo du lebst, wird die Welt erschaffen. Durch dich! Durch deine Gedanken und Taten. Wir sind die Schöpfer*innen und wir sind das Resultat. Ist das anmaßend? Nein. Es ist viel dreister, wenn du deine schöpferische Verantwortung verleugnest. Es ist geradezu überheblich, wenn du *Gott* von *dir* trennst. Das, was die Mystiker*innen und Weisen aller Zeiten staunend und still, hilflos stammelnd versucht haben, mit dem Begriff *Gott* zu beschreiben, ist nicht da draußen. Es ist in dir. In jeder Zelle deines Körpers. In jedem deiner Atemzüge. In jeder Frage, die du dir heute stellst. *Gott* schreibt diese Zeilen. *Gott* liest diese Zeilen. *Gott* erwacht in dir und mir. Das kann diese schöpferische Urgewalt nur, wenn wir sie von jenem externen Thron herunterholen in unser eigenes Herz. Aus dem fernen Himmel auf die verdreckte Straße. Unsere Genesis ist noch nicht vollendet. Sie fängt heute erst richtig an. Wenn wir aufhören, zu warten und zu hoffen. Wenn wir das Leben in uns ernst nehmen und die Auswirkung, die jede unserer Handlungen auf alles hat. Und wenn wir anerkennen, wie sehr wir uns brauchen. Denn wir erschaffen einander. Starkes *Ich* und starkes *Wir*.

Die Welt brennt auch, weil viel zu viele Menschen warten, dass die Lösung irgendwo da draußen passiert. Jemand wird kommen und es richten. Irgendeine Regierung wird schlau genug sein. Ich wähle eine Partei und die macht es dann. Nein. Wir sind dran – du und ich. Ich glaube, dass es sehr viele gute und begabte Menschen auf der Welt gibt. Doch es fehlt derzeit auffällig ein gemeinsamer, für alle attraktiv leuchtender Mythos, um die Kräfte zu vereinen. Die alten Menschheitsgeschichten sind hoffnungslos veraltet. Die Versprechen der Aufklärung und der liberalen Leistungsgesellschaft sind massiv entzaubert worden. Unsere aktuellen Regierungen vereinen nicht mit starken Visionen, sondern verunsichern durch hektische Kurswendungen, um die Wahlberechtigten nicht zu verschrecken. Kein Wunder, dass derzeit Autokraten und rechtsgerichtete Parteien an Macht gewinnen. Denn in angsterfüllten Zeiten sehnen sich die Menschen nach einfachen Lösungen und der guten, alten Vergangenheit.

Die Welt brennt, weil der Thron der Königin verwaist und der König auf seinem Thron eingepennt ist. *Jetzt* ist die Zeit, da *sie* zurückkehrt und *er* erwacht. Die Welt braucht eine neue Sprache. Radikal neue Visionen. Neue, ungewöhnliche Stimmen. Neue Räume für Intuition. Eine neue Form der Führung und der Co-Creation. Eine neue Art, Computer zu programmieren. Neue Prinzipien der Verteilung. Neue Prioritäten und Werte in Politik, Wissenschaft, Wirtschaft und im Bett. Diese Welt braucht Menschen, die begreifen, dass die Ehrung des Weiblichen nicht die Bedrohung, sondern die Rettung des Männlichen ist. Befreie dein Geschlecht von allen begrenzenden Ideen und antrainierten Rollen. Du bist viel mehr als ein Mann oder eine Frau. Du bist ein lebendiger Prozess, ein unfassbar schöner, einzigartiger Tanz zweier kosmischer Urkräfte – Eros und Logos[3]. Gott und Genesis sind in dir. Entfessle und ehre alle Kräfte in dir, die dunklen und die hellen, und dann staune, was das Leben in dir gebären will.

Du bist kein Irrtum. Du bist Genesis im Prozess.

ÜBER DIESES BUCH

Nie zuvor haben sich Frau und Mann so sehr gebraucht wie jetzt. Wir werden die Herausforderungen unserer Zeit nur lösen, wenn wir gemeinsam wirken und uns geistig befruchten. Wir kommen von verschiedenen Ufern. Wir sehen und empfinden die Welt verschieden und das ist gut so. Wir können und müssen jetzt voneinander lernen. Wir haben keine Zeit mehr für das Festhalten an Groll und Schuld. Lass die abgenutzten Vorurteile fallen. Vergib. Lass die Vergangenheit los. Sie ist vorüber. Beginne neu. Öffne der anderen Seite radikal deinen Geist und dein Herz, so als wenn du sie zum ersten Mal entdeckst.

Mein Anliegen
Dieses Buch verfolgt drei Anliegen.
1. Auf der tiefsten Ebene möchte ich dich für das Wunder deines eigenen Lebens begeistern. Für mich bist du ein komplexes Wunder mit so faszinierenden und mächtigen schöpferischen Fähigkeiten. Da wir alle nicht wissen, wie lange wir leben dürfen, ist jeder Tag eine kostbare Chance, diese Wundertüte neugierig und mutig auszupacken. Wir sollten uns niemals der grauen Routine eines vorprogrammierten Alltags hingeben, sondern uns diesem Moment jetzt gerade intensiv, fragend, liebend hingeben.
2. Ich möchte dir ein Verständnis jenes einzigartigen Mix zweier alchemistischer Urkräfte – Logos und Eros – vermitteln und dir zeigen, dass sie nicht nur eine Idee sind, sondern mächtige Zutaten deiner Kreativität. Wenn du beide bewusst in dir wachrufst und aus alten Gefängnissen befreist, wirst du eine enorme Steigerung an Kreativität, Wirksamkeit, Freiheit und Lebensfreude erfahren.
3. Ich möchte mit diesem Buch einen Beitrag für den Frieden zwischen den Geschlechtern und in der Welt leisten.

Wenn wir das Wort Krieg hören, denken wir meist an Soldaten und Waffen, an sich bekämpfende Länder oder Parteien. Doch ich bin überzeugt, dass jeder Streit und jede Schlacht dieser Welt einem wesentlich leiseren, älteren und doch so viel mächtigeren Krieg entspringt – der Feindschaft der Geschlechter. Vielleicht empfindest du diese Wortwahl als übertrieben, weil du in einer Umgebung lebst, in der sich Männer und Frauen relativ respektieren. Zuerst einmal freue ich mich dann für dich, denn dies ist leider in vielen Teilen der Erde noch nicht der Fall. Jedoch befürchte ich, dass das, was die meisten als Frieden zwischen den Geschlechtern betrachten, eher ein zur Norm gewordener Waffenstillstand ist. Tief unter der Oberfläche eitert eine uralte Wunde, die sich in abgedroschenen Klischees über die »andere« Seite, in verachtenden Witzen und sexistischen Anfeindungen, aber auch in aufgegebenen Träumen und Frust offenbart. Nein, diese Wunde ist immer noch nicht vollständig erfühlt und noch lange nicht geheilt.

Feminist*innen würden jetzt sagen, dass diese Wunde so alt ist wie das Patriarchat, also etwa 10 000 Jahre. Dieses Buch wird sich viel mit dieser Epoche der Menschheit auseinandersetzen, denn wir müssen begreifen, wie sehr uns diese Zeit geprägt hat. Sie hat uns alle – Frauen und Männer – für essenzielle und wertvolle Anteile unserer Seele blind gemacht. Wir haben eine Kultur erschaffen, die froh darüber ist, lediglich aus dem Zustand der gnadenlosen Ausbeutung in den der halbwegs zivilisierten Konkurrenz gewechselt zu sein. Ich meine damit nicht nur unsere Wirtschaft, sondern auch die subtile und doch so machtvolle Konkurrenz zwischen Frauen und Männern – in Ehen, Teams und Unternehmen.

Vielleicht hast du dich bereits viel mit dem Patriarchat beschäftigt. Ich hoffe, dass ich der so dringend notwendigen Geschichtsaufarbeitung eine Perspektive hinzufügen kann, die noch mehr Männer positiv motiviert, an den Tisch zu kommen. Denn mal ganz ehrlich, warum soll ich mich als Vertreter der Spezies, die ständig angeklagt wird und die ganz sicher eine Menge Privilegien loslassen werden muss, freiwillig dem Prozess stellen? Ich wünsche mir sehr, dass es mir gelingt, euch wunderbare, coole und so verletzliche Typen davon zu überzeugen, dass wir auch gewinnen werden.

Doch ich möchte mit dir geschichtlich noch weiter zurück und im Bewusstsein wesentlich tiefer reisen. Denn tatsächlich glaube ich, dass die Wunde, die nach Heilung ruft, deutlich älter ist als das Patriarchat. Seit der kognitiven Revolution vor 50 000 bis 90 000 Jahren ist etwas in uns Menschen erwacht. Manche nennen es Bewusstsein, andere Seele, wiederum andere Atman. Ein Funke Licht in uns drängt an die Oberfläche. Wir ringen darum, uns selbst und unser Gegenüber zu erkennen. Alles, was wir bisher erfanden und erschufen, alles, was wir zerstörten – all das war auch ein Versuch, uns selbst zu finden. Jede Sucht und jede Ablenkung, in die wir uns stürzen, ist eine Spiegelung unseres Vergessens. Jeder Schmerz, den wir immer noch uns selbst und anderen zufügen, ist in Wahrheit ein Ausdruck der Sehnsucht, endlich in einen Spiegel zu sehen und wirklich uns zu sehen. Endlich in die Augen eines anderen zu schauen und einander wahrhaft zu erkennen. Ja, es geht in diesem Buch sehr viel um den Krieg zwischen dem männlichen und dem weiblichen kollektiven Feld, in dem all die unzähligen Missverständnisse, Enttäuschungen und Verletzungen gespeichert sind, die wir uns in Blindheit angetan haben. Es geht auch um die Beilegung deines persönlichen Kampfes mit dem anderen Geschlecht. Doch vor allem ist dieses Buch ein Beitrag für deinen inneren Frieden und deine Freiheit. Denn du bist so viel mehr als ein Mann oder eine Frau. Du bist das Aufeinandertreffen kosmischer Urgewalten – von Eros und Logos. Wenn diese beiden in dir miteinander tanzen dürfen, werden sie dich nicht nur heilen und stärken. Du wirst einen evolutionären Quantensprung erfahren. Ich weiß, dies sind starke Worte. Vielleicht denkst du, ich übertreibe. Du musst wissen, ich habe die Ehre, für und mit Tausenden von Menschen auf einer sehr ehrlichen und radikalen Ebene an Bewusstseinsentwicklung zu arbeiten. Und dabei bin ich täglich Zeuge, wie viel Freude und Kreativität freigesetzt wird, wenn wir vergeben und die Vergangenheit loslassen, wenn wir Licht und Schatten, Größe und Hässlichkeit in uns willkommen heißen, und wenn wir eine noch größere Dimension dessen erkennen, wer wir sind.

Es wäre mir eine solche Freude, wenn du nach dem Lesen der letzten Seiten das Buch dankbar und still zusammenklappst, dich mit leuchtendem Herzen vor den nächsten Spiegel stellst und aufrichtig sagen kannst: »Ich sehe mich. Ich liebe mich. Ich bin bereit, das Wunder meines Lebens voll anzunehmen.« Vielleicht klingt es für dich seltsam. Ich wünschte, ich könnte dir all das, was in diesem Buch steht, von Angesicht zu Angesicht sagen: Ich begreife mich weniger als ein Autor als vielmehr als ein Heiratsvermittler zwischen dir und dem noch in dir schlummernden Potenzial. Wir sind fast alle in feste, starre Ich-Ideen hineinerzogen worden. Ich möchte dich einladen, jede Schublade zu sprengen, in die du deinen Geist gesperrt hast. Dein Herz weiß schon immer, dass du ein unbegrenztes Wesen bist. Es hat dich hierhergeführt und lässt dich diese Zeilen lesen. Jetzt musst du nur noch deinem wundervollen Verstand gestatten, viel freier und größer darüber zu denken, wer du bist. Egal, wie alt du bist; egal, wie viele Siege und Niederlagen du erfahren hast – dies heute ist erst der Anfang!

Doch was hat deine Potenzialentfaltung eigentlich mit dem Frieden in der Welt und der Befreiung der Geschlechter zu tun? Nun, eine, vielleicht *die* bedeutsamste Hochzeit, die wir auf dem Weg zu uns selbst erfahren dürfen, ist die bewusste Vermählung der weiblichen und männlichen Qualitäten. Denn die Konkurrenz zwischen den beiden Polen findet nicht nur in unserer Gesellschaft statt, sondern auch in uns. Wenn du als Mann gelernt hast, deine weiblichen Anteile zu unterdrücken, macht dich das nicht männlicher. Es engt deine emotionale Bandbreite ein. Es reduziert deine Kreativität und verschließt dir den Zugang zu deiner Intuition. Dieser Krieg in dir macht dich von Frauen coabhängig. Er kann dich krank machen und dich zeitiger sterben lassen. Du wirst durch dieses Buch erfahren, dass alles, was gut ist an deiner Männlichkeit, durch das nährende Licht deiner weiblichen Anteile noch mehr erblühen wird. Du wirst durch diesen Weg potenter, smarter, souveräner. Interessiert?

Viele Frauen in unserer Gesellschaft müssen bereits ihren Mann stehen. Oft auf Kosten ihrer natürlichen Weiblichkeit. Sie leiden selbst am allermeisten an der inneren Verhärtung. Dieses Buch hilft dir als Frau, diesen Panzer zu lösen und dich aus einer gestärkten Weiblichkeit heraus neu und dieses Mal freiwillig auf deine männlichen Qualitäten zu beziehen. Stell dir vor, es ist möglich, jederzeit aktiv auf beide Pole zuzugreifen und sie im Sex genauso wie im Business bewusst und absichtlich einzusetzen. Interessiert?

Wenn du Eros und Logos ermöglichst, dich zu lehren und sich in dir alchemistisch zu verbinden, wirst du ein völlig neues Level an Lebensqualität und Selbstwirksamkeit erfahren. Denn nun schwingen sich beide Pole zu wahrer Co-Creation empor. Du wirst den geistigen Sprung vom ausschließenden, trennenden zum integralen Bewusstsein erfahren. Du wirst kognitiv, kreativ, ästhetisch, erotisch und kommunikativ einen gewaltigen Schub erleben. Lust darauf?

Und dann bringst du dieses neue Level an Freiheit und Lebendigkeit in alle deine Beziehungen. Wer sich selbst tiefer erkennt, sieht auch das Gegenüber viel klarer. Dein Blick hält die Frauen und Männer in deiner Umgebung nicht mehr mit sexistischen Vorurteilen fest, sondern entbindet sie neugierig daraus. Du gibst Raum zum Staunen und ermutigst zum Entfalten. Menschen werden sich in deiner Umgebung wohl und inspiriert fühlen. Sie werden, ohne dass du darüber groß Worte verlierst, in deinem Feld der Offenheit neue Aspekte an sich entdecken.

Jetzt müssen und werden wir, Frauen und Männer, neu zusammenkommen. Wir dürfen und werden nicht mehr recht haben wollen, sondern die Angst auflösen und diese uralte Wunde heilen. Wir werden unsere Beziehungen nicht mehr für Machtgeplänkel und Routinespielchen vergeuden, sondern nutzen, um uns miteinander an eine Möglichkeit zu erinnern, von der unsere Mythen und Gedichte seit Tausenden Jahren erzählen. Wir wissen alle instinktiv, dass es das bis hierher nicht gewesen sein kann. Unsere Sehnsucht wird uns nicht stagnieren lassen, bis wir täglich zusammenkommen und uns feiern. Weil wir endlich in der Lage sind, unsere verblüffende Verschiedenheit *und* die darunterliegende Einheit anzuerkennen. Wir werden im Namen der Liebe, der Lust und für die Zukunft unserer Enkel zusammenkommen und dem Wort *Genesis* eine neue Bedeutung geben. Wir werden nicht mehr hoffen und beten, dass ein Wunder passiert. Wir werden realisieren, dass das Wunder bereits geschehen ist. Die Urkraft des Lebens hat uns erschaffen und uns gleichzeitig mit der Fähigkeit ausgestattet, selbst neue Welten zu kreieren. Dies ist noch ein Fluch, weil wir nicht wissen, was wir tun. Doch vor allem ist es ein Geschenk. Eine Gnade.

So lass uns mit diesem Buch noch einmal rekapitulieren, woher wir kommen, lass uns endlich die Vergangenheit vollständig vergeben und loslassen, lass uns Mann und Frau aus inneren und äußeren Gefängnissen befreien und dann mit Passion und Liebe eine Welt erschaffen, die die wahre Würde und Größe spiegelt, zu der wir fähig sind.

Mein Wunsch an dich

Wenn ich mir etwas von dir wünschen dürfte, dann, dass du unserer Beziehung eine Chance gibst, dich wirklich zu berühren. Ich möchte dich nicht intellektuell berieseln. Ich bin kein Wissenschaftler, kein Philosoph und auch kein Coach, zumindest nicht nur. Ich schreibe dir als Mensch, als fragendes, lauschendes, neugieriges Wesen. Während ich schreibe, stelle ich mir vor, wir kennen uns. Wir sind gute Freunde. Wir nerven uns manchmal, doch in der Tiefe schätzen wir uns. Wir können Tacheles miteinander reden, weil wir uns grundsätzlich vertrauen. Ich sitze dir gegenüber und möchte dich mit Themen und Fragen bewegen, die uns alle angehen. Ich möchte dich herausfordern, dich zum Nachdenken, Lachen, Weinen und Handeln bringen. Ich möchte dich ermutigen, noch viel mehr an dich zu glauben. Du machst mir mit dem Lesen dieses Buches das größte Geschenk, was ein Mensch einem anderen bereiten kann. Du schenkst mir deine Aufmerksamkeit und damit deine Lebenszeit. Jede einzelne Stunde deines Lebens ist so unbezahlbar wertvoll, deshalb bitte ich dich: Gib den Worten und der Botschaft zwischen den Zeilen die Chance, dich auf allen Ebenen zu berühren. Du musst mir nichts glauben. Du kannst meinen Ausdruck mögen oder nicht. Du kannst mir widersprechen. Aber bitte bleib nicht nur in der intellektuellen Abteilung deines Gehirns hängen, denn dann verpasst du dieses Buch. Ich sende dir meine Nachricht auf drei Ebenen. Die logisch-rationale kannst du verstehen. Die emotionale kannst du fühlen, wenn du meinen Bildern folgst, die ich dir in diesem Buch anbiete. Dann gibt es eine dritte, lass uns sagen, unsichtbare, energetische Ebene, aus der heraus ich hauptsächlich kommuniziere. Die musst du *kriegen*. Ich beschreibe dann etwas, was du tief in dir drin bereits weißt. Manchmal muss man es einfach noch einmal lesen oder hören, damit es klick macht!

Dies ist mein einundzwanzigstes Buch und ich wollte dieses Mal bewusst keinen Ratgeber schreiben. Denn kein Ratschlag dieser Welt, keine noch so ausgefeilte Methode wird dem Wunder gerecht, das jetzt gerade diese Zeilen liest. Ich betrachte meine Worte eher als eine Art Dünger oder, verspielter formuliert, als magischen Feenstaub für ein in dir ruhendes Potenzial. Du musst gar nicht alles einhundertprozentig »verstehen«. Das geht eh nicht. Unser Verstand ist ein mächtiges Spielzeug, doch zum eigentlichen Mysterium hat er keinen Zutritt.

Dieses Buch wirkt psychoaktiv. Worte haben ihre Grenzen, doch sie können auf etwas deuten, was in deinem Bewusstsein real existiert. Auch wenn Eros und Logos erst einmal »nur« wie ein philosophisches Konzept klingen – sie sind wesentlich mehr. Sie existieren als zwei alchemistische Urkräfte in deinem Bewusstsein und sie werden sich melden, wenn du liest. Achte auf deine Träume, deine Begegnungen und Erlebnisse während des Tages.

Einladung an dich selbst

Hier eine verrückte Einladung: Schließ, bevor du weiterliest, deine Augen, leg deine Hände auf dein Herz und flüstere dir dann leise die folgenden Worte zu: »*Du meine geliebte Seele, wenn du existierst, bitte ich dich, dieses Buch zu nutzen, um zu mir zu sprechen. Ich lausche dir. Ich bin für dich bereit.*«

Mein Blick auf Gott

Ich habe gerade so salopp das Wort *Seele* verwendet. Ich gehe mit diesem Buch bewusst ein Risiko ein. Es kann sein, dass ich es mir mit dem Mainstream verscherze, weil ich die klassische Ratgeberecke verlasse und über Dinge schreibe, über die man nicht schreiben kann. Doch weißt du, als ich 50 Jahre alt wurde, habe ich mir geschworen, kein Blatt mehr vor den Mund zu nehmen. Ich habe davor nicht gelogen. Ich habe nur Themen weggelassen, die mir den Ruf eines Spinners einbringen könnten. Damit ist Schluss. Wenn ich mal abtrete, möchte ich alle Karten auf den Tisch gelegt haben. Ich finde, viele von uns führen seltsam gespaltene Leben. Ich kenne Wissenschaftler*innen, die sich in der Öffentlichkeit strikt auf Fakten und Statistiken berufen, aber zu ihrem Geburtstag im vertraulichen Kreis Schaman*innen einladen und allen Gästen eine Runde Ayahuasca spendieren. Ich hatte Businessklient*innen aus Vorstandsetagen, die mir im Vertrauen von tiefen Einheitserfahrungen berichteten und dies noch nie mit ihren Kolleg*innen geteilt hatten, mit denen sie Tag für Tag einen Großteil ihrer Zeit verbringen. Ich kenne Politiker*innen, die anonym ausgelassen und nackt ums Feuer tanzen, das jedoch nie ihren Stammwähler*innen erzählen würden. Schade eigentlich. Auch in meinem Kreis der Coach*innen und Speaker*innen kommen viele spannende Erfahrungen erst nach der öffentlichen Performance auf den Tisch. Ich verstehe das. Doch wir müssen damit aufhören. Wir müssen den offenen Fragen und der Magie des Lebens wieder mehr Raum geben. Wir wissen schließlich alle, dass da mehr ist als das, was wir wissen, oder? Warum nicht gemeinsam staunen und forschen?

Wenn du deine Sicherheit darin findest, dich nur auf das zu beziehen, was du sehen und anfassen kannst, verstehe und respektiere ich das. Doch bevor du mich als Fantasten abtust, wisse, ich bin auch ein sehr bodenständiger Mensch. Ich weiß, wo oben und unten ist. Ich habe eine wundervolle Tochter großgezogen. Ich leite gemeinsam mit meiner Frau ein Unternehmen mit zwanzig Mitarbeitenden und einem siebenstelligen Umsatz. Ich habe gelernt, in beiden Welten zu leben und sie zu verbinden. Für die Integrität dieses Buches werde ich also auch über Gott, Seele und Erwachen schreiben, weil diese namenlosen, grenzenlosen Innenräume auch ein wesentlicher Bestandteil des Lebens der meisten Menschen sind. Lass uns also gleich zu Beginn *den* Reizbegriff überhaupt ansprechen: GOTT. Was für eine Beziehung hast du zu dem Wort Gott? Ist es leer, bedeutungslos für dich? Steht es für Aberglauben? Oder deutet Gott auf das heiligste Zentrum deines Lebens?

Gott ist sicher neben *Liebe* die stärkste, tröstende und sinnstiftende Idee der Menschheit. *Gott* ist aber auch ganz sicher neben *Liebe* das am häufigsten missbrauchte Konzept. Menschen haben im Namen Gottes das Schönste und das Hässlichste aus sich herausgeholt. Wir haben Gott benutzt, um unsere Verantwortung abzugeben und uns klein und sündig zu fühlen. Wir sind in seinem Namen zu Kreuzzügen und Missionierungen aufgebrochen und haben dabei die fürchterlichsten Gräueltaten begangen. Dann kam das Zeitalter der Aufklärung und mit ihr die Wissenschaft. Gott wurde stolz für tot erklärt. Doch ist ER/SIE/ES das wirklich und wollen wir das überhaupt? 63 Prozent der Menschen weltweit glauben an eine Form von Gott oder geben es zumindest vor.[4] Wie sieht es mit dir aus? Ich weiß, dies ist eine intime Frage. Doch ich muss sie stellen, denn du wirst in diesem Buch immer wieder auch etwas von *Gott* und *Seele* lesen. Je nachdem, wie du selbst dazu stehst, könntest du mich für einen religiösen Spinner oder einen schamlosen Ketzer erhalten. Also lass mich dir meinen Standpunkt erklären. Ich könnte alles weglassen, was nicht wissenschaftlich fundiert ist, und so vielleicht mehr Mainstream erreichen und seriöser wirken. Doch dann wäre mein Schreiben blutleer. Es wäre, als wenn ich mich beim Beschreiben eines Orgasmus nur auf die messbaren Zusammenhänge im Körper und nicht auf die Erfahrung konzentrieren würde. Gleich vorweg: Ich weiß nicht hundertprozentig, ob Gott existiert oder nicht. Ich sehe es als ein Zeichen von menschlicher Reife und Mut an, diese Unwissenheit nicht nur aushalten, sondern sich ihr hingeben zu können. Ich versuche also, mein Leben so zu leben, dass es Sinn ergibt, wenn Gott existiert, und auch, wenn nicht. Warum schreibe ich dann doch über diese mysteriöse Quelle? Weil ich Erfahrungen gemacht habe, die ich mir nicht ausdenken konnte und die mich zutiefst glauben lassen. Ich bin in der ehemaligen DDR ohne Gott und Kirche aufgewachsen. Als die Mauer fiel, war ich weder religiös traumatisiert, noch an Religion interessiert. Doch ich erfuhr Leid und Sehnsucht, wie jeder von uns. Ich wollte mich finden. Ich musste mich besser verstehen. Ich werde hier nicht alle Methoden, Therapien, Meditationen etc. aufzählen, die ich getestet habe. Doch ich bin auf diesem Weg immer wieder – meist unvorbereitet – in etwas Größeres hineingestolpert, was meine persönliche, kleine Existenz für einen Moment zum Stillstand brachte. Am ehesten finde ich diese Erlebnisse in den Beschreibungen von Nahtoderfahrungen wieder. Ich kenne und achte den Versuch nüchterner Wissenschaft, solches Erleben auf biochemische Vorgänge im Gehirn zu reduzieren. Ich glaube jedoch, das macht man nur, solange man es nicht selbst erfahren hat. Für mich steht es seitdem jedenfalls nicht mehr wirklich zur Diskussion, ob es so etwas wie eine Seele oder eine göttliche Quelle gibt. Diese Dinge sind nicht mit Worten beschreibbar, aber sie sind für jeden von uns erfahrbar.

Da ich die unglaublich heilsame, aufrichtende, erfüllende Kraft dieser Erfahrung kenne, muss ich darüber schreiben. Ich wäre ein Heuchler, wenn ich diese Ebene ausblenden würde. Ich riskiere lieber, dass mich einige falsch verstehen. Ich bin in keiner Weise religiös. Ich glaube nicht an einen Gott, der sich in Bücher bannen und durch Dogmen bändigen lässt. Doch ich verstehe und respektiere zutiefst, dass für sehr viele Menschen die Bibel, der Talmud oder der Koran ein existenzieller Halt ist. Wenn du gläubig bist, lies bitte die folgenden Zeilen sehr aufmerksam und am besten mehrfach.

Zunächst: Ich respektiere und ehre deinen Glauben.

Alles, was ich an manchen Stellen machen werde, ist, dein Konzept von Gott zu hinterfragen. Denn Geschichte hat uns gelehrt, dass eine starre Idee unsere wahre Liebesbeziehung zum Mysterium verzerren und sogar abtöten kann. Falls du nicht an Gott glaubst, setze einfach an den Stellen im Buch ein Wort ein, das du für dich akzeptieren kannst. *Universum, Kosmos, Leben, die große Unbekannte.*

Ich sitze übrigens sehr gern mit Wissenschaftler*innen zusammen und lasse mir die neuesten Erkenntnisse über die neurowissenschaftlichen Grundlagen solcher die Persönlichkeit transzendierenden Erfahrungen beschreiben. Ich freue mich immer riesig, wenn sie etwas entdecken, was die Beschreibungen der alten Mystiker*innen bestätigt. Ich möchte nur nicht mein Leben warten, bis die Wissenschaft alles erklären kann, was jenseits unseres Verstandes auf uns wartet. So viel Zeit habe ich nicht. Ich warte ja auch nicht auf die Liste mit der genauen Zusammensetzung des Ozeans, bevor ich in ihn hineinspringe und ihn genieße.

Zwei weitere Begriffe, die gern in einem Atemzug mit Gott genannt werden, sind *Esoterik* und *Spiritualität*. Auch darauf möchte ich mich kurz beziehen, damit keine Missverständnisse auftreten. Viele eher rational-analytisch eingestellte Menschen nutzen das Wort »esoterisch« mit einer abfälligen Betonung für jeden, der sich nicht nur auf Wissenschaft verlässt und die Welt anders sieht. Das wird weder diesen Menschen noch der Esoterik gerecht. Sich nur auf wissenschaftliche Erkenntnisse zu verlassen, ist im Grunde genommen auch eine Form von Glauben mit begrenztem Wahrheitsanspruch. Wer lange genug lebt, erfährt, wie oft die Wissenschaft ihre Aussagen revidieren muss. Außerdem wird dir jede*r seriöse Forscher*in demütig bestätigen, dass die eigene Disziplin nur einen begrenzten Lichtstrahl in das Mysterium des Universums werfen kann. Wenn ein Mensch nicht nur an Fakten glaubt, macht es ihn nicht gleichzeitig zu einem »Esoteriker«. Er sieht die Welt anders. Mehr nicht. Esoterik ist tatsächlich eine alte, philosophische, sehr komplexe Lehre, die heutzutage nur von relativ wenigen Menschen profund betrieben wird. Ich jedenfalls habe so gut wie keine Ahnung davon und kann deshalb auch kein Esoteriker sein.

Wenn ich also weder religiös noch esoterisch bin, bin ich dann vielleicht wenigstens spirituell? In irgendeine Schublade muss ich doch schließlich passen. Auch hier besteht das Problem darin, dass sechs Menschen gleichzeitig verständnisvoll nicken, wenn sie das Wort hören, und glauben, sie verstünden darunter dasselbe. Doch wenn man nachfragt, hört man sehr verschiedene Definitionen von Spiritualität: Für den einen bedeutet es, an Gott zu glauben, so wie es in der Bibel steht. Die nächste ist hellsichtig. Sie sieht Auren, Kobolde und Engel und ist deshalb spirituell. Die dritte hat sich im Buchladen um die Ecke ihr eigenes Glaubenssystem aus Affirmationen, Räucherstäbchen, Tarotkarten und noch ein bisschen Yoga zusammengebaut. Der vierte sieht die Aufgabe eines spirituellen Weges darin, jeden Tag ein möglichst guter, wahrer Mensch zu sein. Die fünfte hat sich dem Zen-Buddhismus verschrieben, sitzt vor einer weißen Wand und will erwachen. Und der sechste beschreibt einfach jeden sarkastisch als spirituell, der die Welt anders sieht als er.

Wer hat denn nun recht? Alle und keiner. Es gibt keine feste Definition des Begriffes. Deshalb möchte ich dich einladen, weder jemanden vorschnell in eine Schublade zu stecken, noch naiv zu glauben, du würdest mit allen spirituellen Menschen im selben Boot sitzen. Frag lieber nach.

Begreife ich mich als spirituell? Ja. Hier ist mein Verständnis: Ich wuchs wie gesagt strikt atheistisch auf. Als ich zwölf Jahre alt wurde, war ich oft sehr wütend und traurig. Scheinbar grundlos. Rückblickend sehe ich einen jungen Mann, der wusste, dass ihm etwas Essenzielles fehlt, der aber nicht die richtige Frage formulieren konnte. Es war hochgradig frustrierend. Mein erstes, wenn du so willst, spirituelles Erwachen hatte ich völlig unvorbereitet im Präparationssaal der medizinischen Fakultät der Humboldt-Universität zu Berlin. Ich hatte dort ein Medizinstudium begonnen. Wir sezierten im Laufe eines Jahres eine männliche Leiche. Erst die Haut, dann die Muskeln, die Nerven usw. Wir waren jung, unsensibel und machten eine Menge Witze über »Otto«, wie wir den Körper nannten. Doch im Laufe der

Zeit wurde das Abtragen all der Schichten zu meiner ersten Meditation. Und ohne je etwas über Seele oder Gott gelesen zu haben, wusste ich, dass das, was da vor mir lag, nicht die Essenz eines Menschen ausmacht. Etwas fehlte. Etwas war gegangen. Und seitdem will ich wissen, was *DAS* ist. Ich begann, die alten spirituellen Schriften zu studieren. Vielleicht lag es daran, dass ich schon zu alt war oder zu kritisch, doch ich konnte die Beschreibungen nicht einfach als wörtlich wahr annehmen. Sie erschienen mir zu menschengemacht. Ich wollte nicht blind glauben. Ich wollte direkt erfahren. Ich werde hier nicht den ganzen Weg aufzählen. Ich hatte gute Wegbegleiter*innen, verrückte Lehrer*innen, wilde und sehr, sehr stille Momente.

Hier mein Fazit bis hierher: Wir haben einen Körper, doch wir sind nicht unser Körper. Wir sind mehr. Viel mehr. Wir existieren jetzt in diesem Moment auch in Dimensionen, auf die unser analytisch-urteilender Verstand keinen Zugang hat. Doch diese Ebenen sind erfahrbar. Alles zu seiner Zeit. Erwachen können wir nicht erzwingen. Es setzt ein, wenn wir es wählen. Immer anders, als wir es wollen, und immer so, wie wir es brauchen. Wir fürchten uns nicht nur vor dem Tod. Wir fürchten uns noch mehr vor dem Licht. Denn es gibt *eine* Quelle der Schöpfung. Ihr Licht ist für unser Ego furchterregend, gleißend, absolut, unermesslich … Wir müssen uns in Demut nähern. Die Liebe, die diese Quelle transmittiert, lässt sich nicht mit menschlicher Liebe vergleichen. Sie ist absolut und bedingungslos. Egal, was wir je verbockt haben, all unsere Erfahrungen sind ein Tropfen im Ozean ihrer Gnade.

Ich glaube, dass du und ich noch lange nicht alles wissen. Ich glaube, dass dieses Leben eine unfassbar kostbare Chance ist, um zu staunen und diese Zeitspanne zu nutzen, um so viel wie möglich über die existenziellen Fragen unseres Lebens herauszufinden:

Wer bin ich?
Woher komme ich?
Wohin gehe ich?
Wofür bin ich hier?

Wir sollten aufhören, uns wegen eines Glaubens zu bekriegen. Jeder bewusste, reife Mensch weiß, dass weder ein existierendes wissenschaftliches Paradigma noch eine schriftliche Beschreibung Gottes in der Lage ist, die Wahrheit zu fassen. Wir nähern uns ihr. Von verschiedenen Seiten, und jede Perspektive ist wertvoll. Der Christ, der die Essenz einer 2000 Jahre alten Botschaft auf das Leben im digitalen Zeitalter übertragen möchte. Die Neurowissenschaftlerin, die tibetische Mönche in die Röhre schiebt, um zu erfahren, was in der Meditation in ihrem Gehirn geschieht. Der Skeptiker, der unangenehme, bohrende Fragen stellt, wenn jemand zu sehr an einem Konzept festhält. Die Mystikerin, die die Augen schließt und die Wahrheit in sich sucht. Jeder von ihnen kann sich immer wieder mutig diesen Fragen stellen:

Wer bin ich?
Woher komme ich?
Wohin gehe ich?
Wofür bin ich hier?

Und genau das ist für mich gelebte Spiritualität. Eine stetige, mutige, lebendige Reise in die Ungewissheit. In diesem Sinne kann eine atheistische Person spiritueller sein als jemand, der aus Angst an ein paar gut klingenden Ideen festhält.

Ich bringe dieses Thema bereits hier so ausführlich, weil ich möchte, dass du weißt, dass ich *Gott* und *Seele* nicht aus einer Schrift heraus interpretiere, sondern aufgrund von Erfahrungen, die ich dir aber nicht aufschwatzen muss. Weil ich in diesem Buch auch religiöse Traditionen hinterfragen werde und es mir sehr wichtig ist, dass du verstehst, dass ich deinen Glauben und die Essenz deiner Religion aufs Tiefste respektiere. Weil ich glaube, dass wir dringend eine neue, zeitgemäße, postreligiöse Spiritualität brauchen.

Das Zeitalter der Aufklärung hat uns von dunklem Aberglauben befreit. Das ist gut so. Doch es hat uns auch in unserem Sinn für das

33

Sakrale irritiert. Unsere stark materialistisch geprägte Welt versorgt zwar unseren Verstand mit vielen Reizen. Doch das, was ich unsere Seele nenne, findet zu wenig Nahrung. Der Kampf zwischen Religionen, die sich nicht entwickeln wollen, und einer Wissenschaft, die wenig Raum zum Staunen lässt, hat ein relativ kaltes, zum Teil so sinnentleertes Zwischenland hinterlassen.

Wir brauchen eine Spiritualität, die nicht darauf besteht, die Wahrheit in einen blinden Glauben oder ein starres Konzept pressen zu können. Universell zugängliche Methoden wie Fasten, Meditation oder Trance-Tanz machen es vor. Hier treffen sich Christ*innen, Buddhist*innen und Atheist*innen in einem Erfahrungsraum und selbst wenn sie das Erlebte danach anders interpretieren, bleibt die Erfahrung der Ganzheit der Welt, der Verbundenheit aller Menschen. Es bleibt und vertieft sich der Geschmack von dem, was größer ist als wir. Wir brauchen diesen Zugang, um in dieser dualen, so komplexen Welt Sinn und Würde zu finden. Der Mensch fürchtet sich nicht nur vor dem Tod und seiner Unbedeutsamkeit, wie ihm Zyniker*innen unterstellen. Der Mensch sehnt sich auch nach einer sakralen Erfahrungsebene des Lebens, von der er instinktiv weiß, dass sie existiert. Wir arbeiten in unseren Seminaren unter anderem mit modernen Trance-Techniken, die im Gehirn der Teilnehmenden genau jene Frequenzen des Flows, der Einheit und Ekstase stimulieren. Auch wenn die Intensität der Erfahrung viele überrascht, habe ich noch nie jemanden vollständig perplex zurückkommen sehen. Es ist, als wenn alle wüssten, dass diese Dimension der Wahrheit immer schon existierte und ihnen auch zustehe. Wir wissen auf einer tiefen Ebene immer um das Heilige des Lebens. Wir wissen, dass wir in unserer Essenz gut, wahr und schön sind. Wir leiden, wenn unser Leben dies nicht widerspiegelt, und wir blühen auf, wenn wir unseren individuellen Zugang zu dieser Quelle gefunden haben. Wir betreten alte Kathedralen und egal, woran wir glauben, fühlen wir etwas, wenn sich das Licht der Sonne in ihren Fenstern bricht. Wir schauen in die Augen eines Neugeborenen und sein noch von Urteilen freies Bewusstsein erinnert uns an eine Stille im Geist, die auch wir kennen. Wir hören Beethovens Sinfonie Nr. 9 und geben uns mit den Tönen der Glorie des Lebens hin.

Zusammengefasst bedeutet dies, dass ein weiter Raum in dir und mir existiert, in dem wir uns jederzeit treffen können. Egal, woran wir glauben.

Für deinen optimalen Nutzen ...

... empfehle ich dir, ein Tagebuch zu führen, während du im Buch liest. Es wird dein Unterbewusstsein und deinen bewussten Verstand bewegen. Es werden Fragen und vielleicht Träume auftauchen. Schnell hat sich so ein kostbarer Impuls wieder verflüchtigt. Halte ihn fest. Ich persönlich freue mich auch immer, wenn ich meine Bücher bei anderen voller Eselsohren und Randmarkierungen wiederfinde. Denn das bedeutet, sie haben es sich wirklich zu eigen gemacht.

Für deinen tieferen Einstieg in die angesprochenen Themen haben wir dir einen exklusiven Downloadbereich auf unserer Website angelegt. Dort findest du Vorträge, Podcast-Episoden und geführte Meditationen, die dir eine direkte Erfahrung ermöglichen. Näheres dazu findest du im Anhang unter »Downloadbereich zum Buch« auf Seite 268.

LGBTQI+

In *Genesis* dreht sich alles um Geschlechter. Doch vielleicht erfährst du dich nicht als klassisch binär und heteronormativ? Ist das Buch auch für dich, wenn du bisexuell, homosexuell, intersexuell oder transsexuell bist? Ja, ja, ja, ja! Ich hoffe, dir wird beim Lesen schnell klar, dass diese Mann-Frau-Ebene eine noch relativ oberflächliche Ebene der Betrachtung ist. Wir gehen tiefer. Mir geht es um den alchemistischen Mix zweier Urkräfte – Eros und Logos – in jedem von uns.

Ich lade dich zu einem Experiment ein. Jedes Mal, wenn ich von »Mann« schreibe, stell dir vor, ich adressiere gerade deinen männlichen Anteil. Und wenn ich von »Frau« schreibe, spreche ich deinen weiblichen Anteil an. Wenn du möchtest, spring gleich zu Beginn einmal zu einem der letzten Kapitel, »LGBTQI+ – Der Regenbogen der Geschlechter«, dann ist die Sache klar.

Meine Worte richten sich an dich

Letzter Punkt, bevor es losgeht: das heiße, spannende Thema der Geschlechteransprache. Es gibt immer noch viele Menschen, die süffisant die Augen verdrehen, wenn sie einen Text lesen, der sich um eine korrekte Ansprache aller Geschlechter bemüht. Ich gebe zu, ich habe auch einmal dazugehört. Denn für den Autor in mir bedeutete es zuerst einfach nur ein Stolpern im Schreibfluss. Doch je mehr ich mich mit dem Einfluss von Sprache auf die Verdrahtung unseres Gehirns und die Wahrnehmung unserer Realität beschäftigte, desto mehr wachte ich auf. Willst du eine gute Verschwörungsgeschichte? Hier ist eine: Wie schwächst du eine stolze, starke, smarte Spezies, ohne Gewalt anwenden zu müssen? Erschaffe eine Sprache, in der *sie* kaum, *er* dafür überall vorkommt. Das ist die klassische Form einer Gehirnwäsche und wir sind ihr alle unterzogen worden. Es ist *der* Held. Es ist *der* Gott. Es heißt *herr*lich und *däm*lich.

Wenn wir es mit der Gleichberechtigung und der Befreiung der Geschlechter ernst meinen, müssen wir bei unserer Sprache anfangen. Es ist verständlich, dass unsere Gehirne stolpern, wenn sie eine neue Formulierung lesen oder aussprechen. Ich sage: Gut so! Das macht wach. Ich verstehe auch, dass besonders wir Männer uns schwer damit tun, denn es sind unsere Privilegien, die vom Sockel gestürzt werden. Es ist unser Verstand, der eine wirklich neue Perspektive einnehmen muss. Unsere Sprache ist im Umbruch, denn unsere Welt ist im Wandel. Sicher haben wir noch nicht die beste Neuversion gefunden. Manches fühlt sich auch für mich übertrieben und krampfhaft politisch korrekt an. Lass uns spielen und erkunden. Das werde ich auf jeden Fall in diesem Buch tun und so dir eine gewisse geistige Flexibilität zutrauen. Ich werde manchmal von Held*innen schreiben, im nächsten Satz vom Held und im übernächsten von der Heldin. So werden wir alle hoffentlich daran erinnert, dass unsere *History* auch eine *Her*story ist und in jedem Menschen eine Königin und ein König leben. Klingt ganz schön verrückt? Ich glaube, es war eher Wahnsinn, über eine so lange Zeit ein ganzes Geschlecht auszublenden. Willkommen zurück!

Nun lass uns loslegen …

TEIL I

Erinnerung

ॐ भूर्भुवः स्वः
तत्सवितुर्वरेण्यं
भर्गो देवस्य धीमहि
धियो योनःप्रचोदयात्

Gayatri-Mantra

DU BIST EIN WUNDER

Wenn du ein bescheiden veranlagter Mensch bist, könnte beim Lesen der ersten Seiten dieses Buches der Gedanke in dir aufgetaucht sein: »Was, ich?! Gott und Genesis in mir? Wer bin ich, um so anmaßend zu denken?« Dies würde ich gern mit einer Gegenfrage beantworten: »Wer bist du, es nicht zu tun?« Denn egal, ob du es *Gott*, *Universum* oder *Leben* nennst – diese Kraft hat dir ein Erbe hinterlassen. Du kannst erschaffen und alles, was du tust, wirkt auf alles ein.

Ich möchte nicht dein Ego mit größenwahnsinnigen Ideen aufpumpen. Ich möchte dich nicht ermutigen, dich zu wichtig zu nehmen. Wann immer sich beim Lesen Anzeichen von Hochmut einstellen, hast du mich missverstanden. Doch zu gesunder Demut gehört es auch, Folgendes niemals zu vergessen:

Du bist ein Wunder, was bis hierher niemand wirklich erklären kann. Du bist einzigartig. Es gab dich so noch nie und du wirst dich in der Art sehr wahrscheinlich auch nie wiederholen. Kein Wesen in diesem Universum hat mehr Achtung und Liebe von dir verdient als du. Du magst dich für winzig halten, doch alles, was du denkst und tust, hat Einfluss auf die gesamte Welt. Wenn laut Chaosforscher*innen der Flügelschlag eines Schmetterlings auf der anderen Seite des Planeten einen Hurrikan auslösen kann, wer bist du, die Bedeutung deiner heutigen Taten herunterzuspielen? Der Mythos, den du dir heute selbst erzählst in deinem inneren Monolog und in Gesprächen, erschafft die Welt, die du erfährst, und beeinflusst maßgeblich die Realität, in der deine Mitmenschen leben. Du bist ein lebendiges Paradox. Du bist komplett unwichtig und gleichzeitig das Wichtigste, was in deinem Universum existiert. Du bist das Ergebnis aller Wechselwirkungen und gleichzeitig die Ursache. Du bist verletzbar und doch existiert in dir etwas ewig Unantastbares. Dein Verstand ist durch seine Konzepte begrenzt und doch ist er der Zugang zu einem Bewusstseinsfeld der unendlich vielen Möglichkeiten.

Wenn du an einer dieser Aussagen zweifelst, dann nicht, weil sie nicht stimmt, sondern weil du vergessen hast, wer du wirklich bist. Das wäre nicht verwunderlich. Es ist den meisten von uns passiert. Wir wurden von Eltern großgezogen, die auch nicht wussten, wer sie sind. Und wir leben in Systemen, die diese Frage nicht einmal stellen.

Im Grunde genommen dient dieses Buch an erster Stelle nur einem Zweck: dich zu erinnern. *Du* bist viel mehr, als du denkst. Deine Zeit ist kostbar. Vergeude sie nicht, indem du simpel funktionierst und Erwartungen erfüllst. Erinnere dich an eine Wahrheit über dich, die du als Kind vielleicht nicht benennen konntest, aber instinktiv wusstest.

Das Nächste mag erst einmal verrückt klingen, doch ich meine es ganz nüchtern. Dir ist erzählt worden, dass du an einem ganz bestimmten Tag geboren wurdest und dass das, was du seitdem erlebt hast, *deine Geschichte* ist. Nun, das stimmt nicht. Dies ist nur ein winziger Ausschnitt deiner wahren Existenz. Zudem brachte man dir wahrscheinlich bei, dich als Mann oder Frau zu definieren. Man gab dir vor, was diese Rolle für dein Denken, Fühlen und Handeln bedeuten sollte. Nun, auch das stimmt nicht. *Du* bist so viel mehr. Oh, du kannst dich auf dich freuen! Du bist in Wahrheit eine einzige Wunderkiste. Eventuell hat man dir auch beigebracht, dass du, was das Große und Ganze betrifft, nicht wichtig bist. Was für eine frustrierende Perspektive! Auch diese Lüge würde ich gern genüsslich mit dir zu Grabe tragen.

Ich widme diesen Teil des Buches dem mächtigsten Wesen in dieser Ecke des Universums. *Dir.* Du hast vielleicht keine Millionen auf dem Konto, führst kein Land an oder hast einen Panzer in deiner Einfahrt stehen. Und doch bist du so mächtig. Du bist dir deiner selbst bewusst. Du kannst dir Möglichkeiten vorstellen, die jetzt noch nicht existieren und du kannst wählen, sie wahr zu machen. Sobald du einmal wirklich mit dem Herzen gewählt hast, bist du in der Lage, fast alles für diese Wahl zu opfern. Das macht dich für Kleingeister so unberechenbar, doch für die Lebenden unwiderstehlich. Du bist – in der Tiefe – unantastbar von all dem Ballast, der manchmal eben auch zum Leben dazugehört. Egal, wie oft du bereits gefallen bist, du wirst mindestens einmal mehr wieder aufstehen.

Ich liebe deine Komplexität. Manchmal duftest du nach Rosen und dann stinkst du nach Schweiß. Vom Engel zum Arschloch, vom gleißendsten Licht zur finstersten Dunkelheit – du bist ein Instrument, auf dem das Leben alle Töne spielen kann. Was ich an dir besonders liebe, ist deine Fähigkeit, dir selbst eine gute Frage zu stellen und ihr mutig in die Antwort hinein zu folgen. Du hast, wenn dein Verstand relativ still ist, ein untrügliches Gespür dafür, was *wahr*, *gut* und *schön* ist. Denn du selbst bist unter all dem Egomüll *wahr*, *gut* und *schön*.

Deine Art, wie du deine Mitmenschen siehst, wenn du dich wirklich auf sie einlässt, küsst ein Potenzial in ihnen wach, von dem sie nicht einmal wussten, dass es existiert. Du verfügst – völlig unabhängig von Alter, Schulabschluss oder Kontostand – über die Kapazität, die eine, nächste, große Idee zu empfangen, die die Welt für immer verändern könnte. Und wenn dies passiert – vielleicht beim Lesen dieses Buches –, kannst du dir Verbündete suchen und eine friedvolle Revolution auslösen.

Ich habe großen Respekt vor deiner Macht. Ich bin sehr froh, dass wir uns gefunden haben. Egal, wie alt du bist, wie es dir gerade geht und an welche Grenzen du vielleicht gerade in deinem Alltag stößt – hier kommt die gute Nachricht dieses Buches:

 Dies ist erst der Anfang.
Du bist viel mächtiger, als du denkst.

AUF DER SUCHE NACH DEINER GESCHICHTE

Um zu erklären, warum ich eine so hohe Meinung von dir habe, würde ich gern mit dir ein wenig Geschichtsforschung betreiben. Denn um ein System in der Gegenwart zu verstehen und eventuell sogar vorauszuahnen, wohin es sich entwickeln wird, ist es extrem hilfreich, seine Vergangenheit zu kennen. Ich möchte dir einen ungewöhnlichen Spiegel anbieten und dich einladen, in ihn zu schauen. Genauer gesagt, sind es drei Spiegel: ein kosmologischer, ein psychologischer und ein geschlechterspezifischer. Ich werde zwischen den Ebenen wechseln und ich versichere dir, alle drei Spiegel zeigen wichtige Facetten von dir und ergeben gemeinsam einen größeren Sinn mit praktischen Konsequenzen. Sie werden dein Verständnis davon, wer du bist, erheblich erweitern. Du wirst deine Vergangenheit besser verstehen, ehren und loslassen können.

Ich bitte dich um eine kleine Portion Vorschussvertrauen, sodass du meinen Worten neugierig folgen kannst. Du musst mir nichts glauben. Doch es wäre wunderbar, wenn du nicht nur mit dem Intellekt, sondern auch mit dem Herzen liest. Denn ich werde auch über Wahrheiten schreiben, die sich nicht in Worte fassen lassen. Für sie werde ich Bilder benutzen oder einfach stillen Freiraum lassen – in der Hoffnung, dass dein Geist durch die Lücke zwischen den Worten in *das* eintaucht, was du bist und was sich nicht beschreiben lässt.

Folge mir in deine und meine Geschichte und du wirst dich sehr wahrscheinlich auf eine neue Weise in dich verlieben. Du wirst auf eine bodenständige Weise von dir fasziniert sein. Du wirst in den Spiegel schauen und – ich übertreibe nicht – ein Wunder sehen. Du wirst Selbstliebe völlig neu definieren und erfahren. Es wird dir wesentlich leichter fallen, dir all die seltsamen Dummheiten zu verzeihen, die du begangen hast und dir vielleicht noch leisten musst. Du wirst wissen, dass egal, was du bisher erreicht oder vermasselt hast, dies heute erst der Anfang eines fantastischen Abenteuers ist. Du wirst verstehen, dass du mit all deinen Unvollkommenheiten jetzt bereits vollkommen bist. Du wirst verstehen, warum die freie Entfaltung deines Potenzials so eng verbunden mit der Verabschiedung des Patriarchats und der Befreiung der Geschlechter ist. Du wirst als Mann verstehen, was es bedeutet, als König zu leben und Frauen wahrhaft zu ehren und bereitwillig von ihnen zu lernen. Du wirst als Frau begreifen, wie essenziell es ist, dass du deinen Thron voll einnimmst und aufhörst, die Entwicklung von Männern durch Manipulation zu stören. Egal, ob Mann, Frau, divers oder Transgender – du wirst erfahren, dass Eros und Logos keine philosophischen Ideen, sondern real existierende Urkräfte sind, die in dir aufeinandertreffen. Du wirst den Sinn deines Lebens – der immer schon offensichtlich vor dir lag – kristallklar erkennen. Und (einer der Hauptgründe, warum ich dieses Buch schreibe) du wirst aufhören, auf andere zu warten. Du wirst dich endlich auf eine demütige Weise wichtig nehmen und verstehen, dass die Zukunft der Menschheit genau dort erschaffen wird, wo du atmest, staunst und Fragen stellst. Du wirst begriffen haben, dass der folgende Satz aus dem Kurs in Wundern keine Metapher, sondern einfach die Wahrheit ist:

In dem Augenblick, in dem du befreit bist, ist die gesamte Welt befreit.

Also folge mir auf den Spuren eines der faszinierendsten Wesen dieses Universums. *Dir.*

WER BIST DU?

Wer bist du?

Wenn du deinen Namen vergisst,
wenn dein Alter nicht mehr wichtig ist,
wenn du deine antrainierten Rollen fallen lässt,
selbst die Idee einer Frau oder eines Mannes,
wenn du auch nicht mehr dein Körper bist, sondern einen Körper
hast …

Wer bist du dann?

Hast du dir diese Frage je gestellt?
Wie mutig bist du ihr in den Kaninchenbau der Wahrheit gefolgt?

Wer bist du?

Deine Antwort auf diese Frage entscheidet alles.
Wie du Erfolg definierst,
wie du Leid und Glück definierst,
wie du auf Schmerz und Lust reagierst
und mit wem du deine kostbare Lebenszeit verbringst.

Wenn du eine Person auf einer Party bittest, dir etwas über sich zu erzählen, wird sie dir wahrscheinlich ihren Namen nennen, eventuell Alter, Beruf, Familienstand und Anzahl der Kinder. Kennt ihr euch besser, kommen Details aus der Kindheit dazu. Die meisten Menschen definieren sich über eine persönliche Geschichte, die mit ihrer Geburt begann. Das reicht uns heute nicht. Denn du bist in Wahrheit viel, viel älter. Und nein, ich meine dies nicht als Metapher, sondern real. Solange du einen Großteil deiner Geschichte leugnest, wirst du dich nie vollständig verstehen. Du wirst im reichsten Leben der Welt immer noch das Gefühl haben, etwas Entscheidendes fehlt. Eine namenlose Sehnsucht wird dich umtreiben, die du weder mit Arbeit noch mit Alkohol oder Konsum gestillt bekommst. Du wirst dich manchmal auch von deinen liebsten Menschen nicht erkannt fühlen. Wie auch, denn du siehst ja selbst nur einen Bruchteil von dir. Du liegst in den Armen eines geliebten Menschen und fühlst dich doch seltsamerweise mutterseelenallein. Du suchst in allem dein Zuhause. Doch etwas in dir kommt nie an. Du stellst dich heimlich infrage, denn ganz in der Tiefe scheint etwas nicht mit dir zu stimmen. Das Unangenehmste ist, dass du diese Ahnung nicht einmal benennen kannst. Etwas Entscheidendes fehlt und dir fällt nicht einmal die richtige Frage ein. Du reißt dir den Arsch für deine Ziele auf, doch wenn du sie erreichst, realisierst du erneut frustriert, dass es nicht um sie ging. Manchmal überkommt es dich und du zweifelst an, ob diese Welt überhaupt real ist. Du fühlst dich wie ein*e Zuschauer*in auf einer Riesenparty. Du stürzt dich wieder und wieder ins Getümmel, um dich abzulenken, doch wenn es leise wird, sind die seltsamen Gedanken wieder da:

Wer bin ich? Wofür bin ich wirklich hier? Wohin geht diese Reise?

So vieles an dem, was du heute erlebst, macht keinen Sinn, wenn du nicht deine ganze Geschichte kennst. Stell dir ein Waisenkind vor, welches später adoptiert wird und sich an seine wahren Eltern nicht mehr erinnern kann. Doch dieser Mensch hat auch als erwachsene Person immer die unbestimmte Ahnung, dass ihm ein entscheidendes Puzzleteil seiner Geschichte fehlt, um sich zu verstehen.

Wenn du ein bodenständiger Mensch bist und ein gemütliches Leben lebst, fragst du dich vielleicht, was ich eigentlich von dir will. Ich möchte mit dir sanft und radikal ein Paradigma erschüttern, in das wir alle hineingeboren wurden. Ein Paradigma ist ein Glaubenskonstrukt, auf das sich Menschen kollektiv einigen. Je mehr Menschen daran glauben, desto realer fühlt es sich an. Wenn du wissen willst, wie mächtig so ein Glaubensgebilde wirkt, stell dir vor, wir beide machen eine Zeitreise und stehen plötzlich am 17. Februar 1600 auf einem Platz in Rom. Um uns herum stehen aufgeregte, sich ereifernde Leute. Sie alle starren auf ein Feuer in der Mitte des Platzes, auf dem gerade – wir trauen unseren Augen kaum – ein Mensch unter fürchterlichen Qualen verbrennt. Wer ist er und was hat er verbrochen? Es ist Giordano Bruno, ein berühmter Gelehrter seiner Zeit. Er hat gewagt zu behaupten, das Weltall wäre unendlich und die Erde keineswegs sein Mittelpunkt.[5] Wir schütteln entsetzt den Kopf über die Ignoranz und Grausamkeit unserer Vorfahren. Denn wir wissen es besser. Doch die Wahrheit ist, dass auch wir, wenn wir damals gelebt hätten, uns sehr wahrscheinlich von diesem »verrückten Ketzer« massiv bedroht gefühlt hätten. So mächtig wirkt ein Paradigma. Es ist so tief mit deiner Wahrnehmung verwoben, dass du nicht auf die Idee kommst, es infrage zu stellen. Du hältst alle, die es tun, für verrückt. Wir haben Menschen für verrückt erklärt, weil sie das Feuer bändigen wollten, weil sie behauptet haben, die Erde wäre eine Kugel, weil sie die Sklaverei infrage stellten oder weil sie wie Vögel fliegen wollten. Wir erklären heute Menschen für verrückt, die an eine gerechte und friedliche Utopie der Menschheit glauben, die den linearen Zeitverlauf infrage stellen, an dem wir uns alle orientieren, oder die anzweifeln, dass unser Leben erst mit unserer physischen Geburt begann.

Nur, weil der Großteil der Menschheit, inklusive dir, an etwas glaubt, ist es noch lange nicht wahr. Paradigmen sind nicht per se schlecht. Wir brauchen sie, um in der Totalität des Kosmos nicht durchzudrehen. Sie werden jedoch zum Problem, wenn wir an ihnen festhalten, obwohl sie keine zufriedenstellende Antwort auf unsere aktuellen Herausforderungen liefern. Da uns die Bedeutung und Wirkungsweise von Paradigmen leider nicht bereits in der Schule beigebracht werden, leben und sterben viele Menschen in einem unsichtbaren, geistigen Gefängnis, was sie – und das ist wirklich ein trauriger Witz – im Notfall sogar mit ihrem Leben verteidigen.

Normalerweise werden unreife Menschen erst durch massive Krisen gezwungen, ihre Paradigmen infrage zu stellen. Ich lade dich mit diesem Buch ein, es freiwillig und voller Freude zu tun. Ich werde viele Paradigmen infrage stellen und bitte dich, mir spielerisch zu folgen. Bestenfalls dehnst du deinen Verstand durch die Lektüre und lässt ein paar Gedankenkonstrukte los, die du nicht mehr brauchst. Das, was du heute fest glaubst, mag dir Sicherheit schenken, doch es verbirgt auch unendlich viele Wunder und Möglichkeiten vor dir. Du stehst dir nur selbst im Weg. Jedes von dir erfahrene Problem oder Leid entspringt nicht einer äußeren Ursache, sondern einem Paradigma, an dem dein Verstand festhält. Willst du recht haben oder glücklich sein?

Ich werde dir jetzt eine seltsam anmutende Frage stellen und lade dich ein, sie ein, zwei Minuten wirken zu lassen:

*Wann hast **du** begonnen?*

Auf welche Geschichte beziehst du dich, wenn du an dich denkst? Wann fing sie an? Bei deiner Geburt? Mit deiner Zeugung? Was, wenn das viel zu kurz gedacht ist? Stell dir vor, du könntest dich nur an alles erinnern, was nach deinem zehnten Lebensjahr geschah. Der Rest wäre komplett ausgeblendet. Es existierten keine Fotos. Niemand hätte dir etwas über diese Zeit erzählt. Deine bewusste Geschichte beginnt also mit zehn Jahren. Doch immer wieder erlebst du Situationen, in denen du auf eine Weise reagierst, die du dir nicht wirklich erklären kannst. Es ergibt einfach keinen Sinn. Irgendwann beginnst du eine Psychotherapie und diese weckt deine Erinnerungen an die Zeit vor deinem zehnten Lebensjahr. Plötzlich verstehst du dich viel besser. Dein Problem ist nicht weg, aber du gehst nun anders damit um. Milder und weiser.

Was, wenn wir alle einen großen Teil unserer Geschichte ausgeblendet haben? Was, wenn dein Leben nicht mit deiner Geburt begann? Es gibt Hunderte von bestätigten Berichten von Kindern, die sich im Detail und nachweisbar an ihr letztes Leben erinnern konnten. Für den Dalai Lama ist es selbstverständlich, sich an frühere Leben entsinnen zu können. Unsere stark materialistisch orientierte

Gesellschaft mag *technologisch* weit entwickelt sein. *Spirituell* sitzen wir in der Vorschule. Wir verpassen die spannenden Fragen. Wir haben uns auf ein sehr begrenztes Verständnis menschlicher Existenz geeinigt. Geburt, Kindheit, Jugend, Erwachsensein, Alter, Tod. Das war es. Doch war es das wirklich? Macht uns nicht vielmehr ein mächtiges Paradigma blind für ein weiteres Verständnis unseres Seins? Sind wir alle Opfer einer über Generationen weitergereichten Gehirnwäsche?

Ein kleiner Körper kommt schreiend auf die Welt. Ein absolutes Wunder. Eltern sehen diesen Körper an und denken: »Dieses kleine süße Fleischklöpschen ist unser Kind!« Sie geben ihm einen Namen und feiern diesen Tag ab jetzt als seinen Geburtstag. Damit beginnt unsere offizielle Geschichte. Unsere Eltern zeigen immer wieder liebevoll auf uns, dieses herumkrabbelnde Fleischklöpschen, benennen es Tausende Male mit unserem Namen, und zu der Zeit, wenn wir denken und sprechen können, haben wir die Idee tief in uns aufgenommen. Wir sehen in den Spiegel, zeigen auf den Körper, sagen unseren Namen und wissen mit hundertprozentiger Sicherheit, dass wir das sind. Irgendwann bekommen wir ein Kind und wir geben die Idee weiter.

»*Ein Mensch ist ein Fleischklöpschen*« ist das mächtigste Paradigma der Menschheit. Ich behaupte, dass dies auch in den meisten Familien der Fall ist, die offiziell an Gott glauben. Denn es ist eines, sich gegenseitig tröstend vorzulesen, dass wir unsterbliche Seelen sind. Es ist etwas anderes, dies auch wirklich so zu sehen und sein Leben darauf aufzubauen. Wenn du wissen willst, woran du diesbezüglich wirklich glaubst, hör nicht auf das, was du sagst, sondern schau auf das, was du tust. Nach welchen Werten richtest du dein Leben aus? Wie behandelst du dich und deine Mitmenschen? Was siehst du, wenn du deine Liebsten betrachtest? Eine Seele in einem Körper oder ein Fleischklöpschen mit Verfallsdatum? Dies ist keine philosophische Fantasterei. Die Antwort auf diese Fragen eröffnet dir komplett verschiedene Lebensentwürfe.

Die unheimliche Macht eines Paradigmas rührt aus seiner Unsichtbarkeit. Du kannst es nicht anfassen und auf den Tisch legen. Die meisten Menschen denken es nicht einmal bewusst. Du hast es seit deiner Geburt so oft gehört, gelesen, vorgelebt bekommen. Nun ist es tief in deiner geistigen Hardware vergraben und wirkt von hier. Generationen von Menschen, Milliarden von intelligenten Bewusstseinsfeldern wachsen in dem Irrglauben auf, lediglich ein Fleischklöpschen mit Verfallsdatum zu sein. Sie werden ihr Leben lang beschäftigt gehalten, um ja nie auf die richtige Frage zu kommen. Fakt ist: Wir sind eine Spezies mit einer relativ niedrig entwickelten Bewusstseinsreife.

Die Serie *See – Reich der Blinden*[6] spielt in einer dystopischen Zukunft, in der die überlebenden Menschen seit mehr als 500 Jahren blind sind. Sie haben gelernt, damit zu überleben. Sie kennen es nicht anders. Für die sehenden Zuschauer*innen ist es unglaublich berührend, quasi von außen zuzuschauen, wie diese Menschen nicht nur gelernt haben, den fehlenden Sinn zu kompensieren, sondern gar nicht mehr zu wissen, wie es anders sein könnte. Alles kommt durcheinander, als in einem Stamm Zwillinge mit Augenlicht geboren werden. Sie müssen ihre Gabe lange Zeit verschweigen, denn für alle anderen sind sie die Abnormalität, die Bedrohung. Was mich an der Serie am tiefsten berührt, sind die Dialoge, in denen diese Kinder versuchen, ihren Eltern Farben oder ein Buch zu beschreiben. Im Grunde genommen geht es nicht. Es sei denn, die Erinnerung an den Zustand des Sehens ist immer noch da.

Ich glaube, dass wir alle unbewusst wissen, dass wir mehr sind als dieser Körper. Doch wir haben es vergessen. Wir sehen nicht mehr, wer wir wirklich sind, und unsere derzeitige Kultur ermutigt uns nicht, diese Dimension wiederzufinden. Dies hat jedoch einschneidende Konsequenzen für unser Leben. Wer glaubt, nur ein Körper zu sein, muss sich vor dem Tod fürchten. Er wird ein Speckröllchen oder eine Falte mehr als eine persönliche Beleidigung empfinden. Schau dir unsere Gesellschaft nur mal hypothetisch aus den Augen eines Sehenden an: wunderschöne, hochintelligente Wesen, die absurde Dinge tun, um den Tod zu leugnen. Wir investieren Milliarden in Kosmetik und Botox anstatt in Meditationsretreats. Wir stecken unsere

Kinder in Erziehungssysteme, die sie zu voll funktionstüchtigen Einheiten einer Leistungsgesellschaft formen. Spätestens, wenn sie die Schule verlassen, erfahren sie sich nicht mehr als Wunder, sondern als fest umrissene Objekte, die sich einzugliedern haben.

Wir zwingen diese Genies, Tage, Monate, Jahre auf einer Schulbank ruhig zu sitzen, sich mit externem Wissen vollzustopfen, anstatt sie zu ermutigen, die richtigen Fragen zu finden. Wir verbringen etwa 20 000 Stunden in der Schule. Wie viele davon beschäftigen sich mit Fragen wie: *Wer bist du wirklich? Wie kannst du durch Meditation deinen urteilenden Geist so still werden lassen, dass du dich in der Tiefe erkennst? Wie kannst du durch Atmung und Bewegung deine Bewusstseinszustände bewusst verändern? Was will deine Seele in dieser Inkarnation erfahren und beisteuern?* Wir beflügeln keine Genies. Wir brechen sie. Nicht aus Böswilligkeit. Wir wissen es ja selbst nicht besser. Kinder sind superschlau und für alle Signale so offen. Wenn sie anfangen, selbst zu denken, hat die Gehirnwäsche längst gegriffen. Sie deuten in einem Spiegel auf ihren Körper und sprechen laut ihren Namen aus. Sie blasen zu ihrem Geburtstag Kerzen aus und glauben, dass deren Anzahl ihr Alter verrät.

Versteh mich bitte nicht falsch. Ich liebe diesen Part unserer Existenz. Ich liebe meinen Körper und dieses Leben mit all seinen menschlichen Aufs und Abs. Doch wenn du glaubst, dass das alles ist, was dich ausmacht, bist du am Arsch. Du wirst permanent unterschwellig von Angst und Gier getrieben sein. Du wirst viele Phänomene nicht verstehen, weil sie aus einer weit größeren Ebene deiner Existenz stammen.

Du *hast* diesen Körper. Doch du *bist* nicht er. Das ist ein Riesenunterschied. Doch wer bist du dann? Gute Frage. Und wer sind eigentlich deine wahren Eltern?

WER SIND DEINE WAHREN ELTERN?

Im offiziellen Gesellschaftsspiel unseres Lebens hast du also einen Namen und einen Geburtstag und erfüllst gewisse Rollen. Doch du bist in Wahrheit wesentlich älter. Dies ist der kosmologische Spiegel, in den ich dich bitte zu schauen.

Du bist mindestens 13,5 Milliarden Jahre alt.[7]

Was löst dieser Satz in dir aus? Hältst du die Behauptung für verrückt? Für abgedreht? So reagieren wir oft, wenn ein Paradigma infrage gestellt wird. Ich fordere dich nicht auf, mir blind zu glauben. Ich lade dich ein, einmal verspielt darüber nachzudenken: Was wäre, wenn …
Vielleicht bist du sogar noch älter. Doch das ist alles, was wir bisher über deine Geschichte wissen. Denn vor 13,5 Milliarden Jahren war da, wo du jetzt gerade dieses Buch liest, …

… nichts.

Kein Nichts, das wir uns in unserem Verstand wirklich vorstellen könnten. Aber lass uns so tun, als ob. Stell dir eine große, unermesslich dunkle Dunkelheit vor. Ein mächtiges NICHTS, stiller als still. Ohne Grenzen. Etwas, das du zwar nicht denken, aber erfahren kannst, wenn du meditierst und durch die Lücke zwischen zwei Gedanken in den inneren Raum eintauchst, in dem du nichts und alles zur selben Zeit bist. Dieses powervolle *Nichts* war damals *überall*. Dieses *Nichts* war nicht leer. Es muss über alle uns vorstellbaren Dimensionen hinaus *voll* und *potent* gewesen sein. Schwanger mit purer, formloser Energie. Dieses *Nichts* war und ist der Ruhezustand der Schöpfung. Auch heute noch werden in deinem Leben die frischesten, kreativsten Impulse aus Augenblicken des Stillstands und des Nichtwissens heraus geboren. Uns Menschen treiben zwei scheinbar gegensätzliche Bedürfnisse an. Freiheit und Sicherheit. Ausdehnung ins Unbekannte

und ein stabiles Zuhause. Es gibt verschiedene Ansätze, diese Sehnsüchte zu erklären. Eine Möglichkeit besteht darin, ganz an den Anfang unseres Universums zu gehen. Zum *Nichts*. Dieses Nichts können
wir nicht mit unserem Verstand erfassen, doch wir können es erfahren. Wenn wir meditieren. Wenn wir die Augen schließen und durch
die Lücke zwischen zwei Gedanken in jenen stillen, weiten Raum
unseres Bewusstseins eintauchen. Wenn wir uns an einen Baum lehnen und seine leise Natur in uns aufnehmen. Wenn wir versuchen,
uns den ozeanischen Frieden eines Säuglings im Bauch seiner Mutter
vorzustellen. In dieser Stille bist du keine Person mit einem Namen.
Du hast kein Alter, kein Geschlecht. Du *bist* einfach. Ein ungeheuer
wohltuendes, weil befreiendes und nährendes *Sein*. Diese Stille war
der Ursprung unseres Universums und ist immer noch sein Hintergrund. Wenn du offen dafür bist, findest du diese Stille auf dem lautesten Marktplatz des Lebens. Und aus dieser Leere gebiert sich in einem
Urknall unser Universum. Niemand weiß, warum es überhaupt passiert ist. Die Mystiker*innen sagen: Gott hat geschlafen und hat dann,
einfach weil ER/SIE/ES es kann, ein Universum geboren, welches sich
seitdem immer noch weiter ausdehnt und austobt. *Brahman*, die *Wel-
tenseele*, beginnt zu tanzen und wir alle tragen einen Funken davon in
uns – *Atman*. Physiker*innen erlauben sich nicht den Luxus, über das
Warum zu spekulieren. Doch sie wissen, dass sich seitdem eine absolut unbegreiflich machtvolle Energiequelle ausdehnt. Zuerst als Licht,
dann als Form und Galaxien, Sterne und Planeten gebärend. Was sie
beschreiben, erinnert an den Spruch aus dem ersten Buch Mose aus
der Bibel: »Es werde Licht!« (Gen 1,3)

Vielleicht fragst du dich, warum ich dir das erzähle. Geht es hier
nicht eigentlich um *deine* Geschichte? Genau! Nicht nur poetisch,
sondern logisch betrachtet, hast auch *du* damals begonnen! Das Licht
dieses ersten Urknalls verdichtete sich in Form. Diese Form erwachte
irgendwann zu Leben und dieses Leben entwickelte intelligentes Bewusstsein – bis hin zu der Komplexität, die sich nun in dir und mir all
diesen unbequemen Fragen stellt, anstatt einfach weiter wild wie ein

Kaninchen drauflosrammeln zu können. Stell dir vor, wie anders sich unsere gesellschaftliche Kultur, unser Miteinander, unsere Wirtschaft entwickeln würden, wenn wir uns alle weniger als feste Formen, sondern als uralte und zugleich ewig frische, lebendige Prozesse begreifen würden? Wenn wir in dem Wissen aufgezogen worden wären, dass unsere wahren Eltern das erste allumfassende *Nichts* und der omnipotente *Urknall* sind? Wir beide sind Geschwister. Unser beider Eltern waren die Stille und das erste Licht. Wir alle suchen nach demselben Zuhause und werden von denselben Ahnungen angetrieben. *Du bist ein 13,5 Milliarden Jahre alter Prozess der Evolution und des damit verbundenen Erwachens von Bewusstsein.* Deshalb wird es dich auf Dauer niemals glücklich machen, dich nur auf Fleischklöpschenniveau zu befriedigen oder hart an deiner körperlichen Vervollkommnung zu arbeiten. Warum solltest du ein Wunder therapieren wollen?

Schau dir jetzt einmal eine deiner Hände an. Ich habe hier einige bemerkenswerte Fakten zu deinem Körper für dich. Er setzt sich aus folgenden Elementen zusammen: 63 Prozent Wasserstoff, 25,5 Prozent Sauerstoff, 9,5 Prozent Kohlenstoff, 1,4 Prozent Stickstoff, 1 Prozent Phosphor, 1 Prozent Chlor, 0,31 Prozent Calcium, 0,23 Prozent Natrium, 0,05 Prozent Schwefel, 0,06 Prozent Kalium und 0,01 Prozent Magnesium.[8] Wenn du deinen Körper berührst, wirkt er relativ fest, stimmt's? Doch wusstest du, dass die Atome, aus denen er sich zusammensetzt, zu 99,9 Prozent aus leerem Raum bestehen?[9] (Da ist sie wieder, die Stille!) Er wirkt nur so groß und stabil, weil die kleinen Teilchen innerhalb eines Atoms wie wild umherflitzen. Würde der ganze Leerraum implodieren, bliebe nur ein winziges Häufchen Staub übrig. Ich liebe diese Perspektive. Wenn du regelmäßig über sie meditierst, schenkt sie dir so viel Gelassenheit. Wenn du dich das nächste Mal am Frühstückstisch mit deinem Liebsten streitest, schau noch einmal hin. Zwei gehäufte Esslöffel Staub, die sich zu wichtig nehmen. Wenn deine Chefin wieder einmal versucht, dich mit einem Wutanfall einzuschüchtern, schließ kurz die Augen und sieh, wie ihr aufgeplusterter Körper zu einem winzigen Häufchen Mineralien implodiert.

Ja, der Körper besteht nur aus ein bisschen Staub. Dies ist jedoch keine Einladung, ihn zu missachten. Es ist nämlich nicht irgendein Staub. Dein Körper besteht im wahrsten Sinne des Wortes aus 4 Milliarden Jahre altem Sternenstaub. Warum nicht 13,5 Milliarden? Weil die Atome deines Körpers von Sternen der sogenannten dritten Generation stammen.

Wir Menschen sind so wichtig. Wir behandeln 200 Jahre alte Gemälde oder Münzen wie ein Heiligtum. Doch wenn wir am Morgen im Spiegel ein Milliarden Jahre altes Wunder sehen, sehen wir nur die »Makel« in Form von Falten, Dehnungsstreifen oder Übergewicht. Was für eine schräge Vorstellung von Schönheit und Wert haben wir uns da aufschwatzen lassen? Wenn das nächste Mal ein Speckröllchen dazukommt, solltest du es feiern! Es bedeutet schließlich etwas mehr von diesem unendlich kostbaren Sternenstaub!

Hier eine Einladung an alle, die denken, Drogen nehmen zu müssen, um staunen zu können. Mach dir Folgendes bewusst: Du befindest dich gerade auf einem klitzekleinen, blaugrünen Planeten, perfekt abgestimmt auf deine Überlebensbedürfnisse, in einem unendlich großen, 13,5 Milliarden Jahre alten Universum, welches sich, während du diese Zeilen liest, weiterhin mit unvorstellbarer Geschwindigkeit ausdehnt.[10] Du verfügst bis zu einem gewissen Maß die Kontrolle über einen Körper, der sich aus 30 Billionen Zellen zusammensetzt, die aus irgendeinem Grund alle wissen, was zu tun ist.[11] Doch jetzt kommt das Verrückteste: Vielleicht hast du in deinen wilden, jungen Jahren mal LSD genommen und warst dann völlig außer dir, weil deine Küchenpflanze plötzlich mit dir sprechen konnte. Dieses Ding, dein Körper, spricht die ganze Zeit. Etwas in dir denkt, fühlt, liebt. Etwas in dir ist sich seiner selbst bewusst, kann Fragen entwerfen und den Antworten folgen. *Das* ist crazy. *Du* bist ein Wunder! Mach dir bewusst, dass du nicht nur ein x-beliebiger Mensch, sondern eine Vorhut des Kosmos bist. Die Fragen, die in dir auftauchen, stellt sich das Universum selbst. Jeder Gedanke, jede Handlung, alles ist Neuland. Kein Ende des Forschens ist in Sicht. Wenn du das nächste Mal mit einer guten Freundin zusammensitzt und dich dabei ertappst, zu glauben, du wüsstest, was passiert, wach auf! Deine Freundin ist keine begrenzte Person. Sie ist ein uralter und zugleich immer frischer lebendiger Prozess. Es ist der Kosmos selbst, der sich unterhält, entwickelt und erkennt, wenn ihr miteinander sprecht.

Dies ist keine Spinnerei, sondern Fakt:
Du bist Kosmos, der sich in dir seiner selbst bewusst wird.
Und – so ganz nebenbei – macht uns das alle zu Geschwistern.
Unsere gemeinsamen Eltern sind die allumfassende Stille und das erste Licht.

Meditationstipp
Du findest im Downloadbereich (siehe Anhang) unter »Kind des Kosmos« eine geführte Meditation, die dich dazu einlädt, diesen Ursprung direkt zu erfahren.

EROS UND LOGOS SIND IN DIR

Nachdem wir deine kosmische Geschichte erforscht haben, begeben wir uns nun auf die alchemistische Ebene. Das heißt, wir verlassen den Raum dessen, was die Wissenschaft nachweisen und erklären kann, und wechseln in eine eher intuitiv erfahrbare Dimension deines Seins. Dies ist der psychologische Spiegel, in den ich dich bitte zu schauen.

Die Realität, in der wir uns jetzt gerade begegnen, ist *dual* konzipiert. Um mich in ihr zurechtzufinden, brauche ich zwei Pole. Dich *und* mich, das Schreiben *und* das Lesen des Buches, Vergangenheit *und* Zukunft, rechts *und* links, oben *und* unten. Religion und Philosophie haben sich sehr viel mit diesen Polen beschäftigt und dabei einige existenzielle Dualitäten herausgearbeitet, die immer wieder in den Schriften auftauchen.

Nichts und Alles.
Licht und Dunkelheit.
Sein und Werden.
Gut und Böse.
Angst und Vertrauen.
Leere und Form.
Yin und Yang.

Auch wenn es spirituelle Traditionen gibt, die die nonduale Einheit hinter der dualen Kulisse betonen und erfahrbar machen, etwa Advaita[12], brauchst du das Spiel dieser Pole, um dich zu orientieren oder mit anderen zu kommunizieren. Versuch mal, jemandem den Weg in einer fremden Stadt zu erklären, ohne auf die Worte *rechts und links* zugreifen zu können. Das Licht kann nur in einem Raum angehen, der vorher dunkel war. Du brauchst eine Vorstellung vom Bösen, um für dich Werte des Guten aufzustellen. In einem schöpferischen Prozess kreierst du etwas aus dem Nichts, was vorher so nicht da war. Das Spiel dieser Gegensätze erzeugt außerdem eine für unsere Entwicklung notwendige Reibungshitze. Sie bedingen sich. Im Herzen des einen liegt bereits die Saat des anderen. Deshalb siehst du auch in einem Yin-Yang-Zeichen einen weißen Punkt in der schwarzen Hälfte und einen schwarzen Punkt in der weißen Hälfte. Eine offensichtliche Polarität in diesem Buch sind natürlich Mann und Frau, die sich als Menschen gegenüberstehen. Wenn wir nach innen schauen, begegnet sie uns in jedem Menschen als ein Tanz weiblicher und männlicher Qualitäten wieder. Doch wenn wir hier noch tiefer schauen, entdecken wir die Wirkkräfte einer existenziellen Dualität, die bereits durch viele Philosophen, aber auch in Märchen und Gedichten beschrieben wurde – Eros und Logos.

Was haben Eros und Logos mit dir zu tun? Nun, ob du willst oder nicht, sie wirken in dir. Dies ist natürlich keine wissenschaftliche Erklärung, sondern eine Metapher, mit der ich es am besten erklären kann: Eros und Logos sind zwei universelle Wirkungskräfte, die das Universum in jede Zelle deines Körpers und tief in dein Bewusstsein verwoben hat, um sicherzustellen, dass du nicht einschläfst, sondern dass du dich weiterentwickelst und gleichzeitig immer wieder zu deinem Zuhause zurückfindest.

Eros: Das Streben nach Einheit

Wenn sich der Kosmos immer weiter ausdehnt, hält ihn eine Urkraft in der Tiefe zusammen und strebt nach der Einheit: Eros. Egal, wie weit sich dieses Universum noch ausdehnen wird, Eros hält die Verbindung zum Mutterschoß, in dem alles begann, zum großen »Nichts und Alles«. In jedem Tautropfen, Stein oder neuen Stern existiert still das Wissen um den Ursprung all dieser Formen. Eros ist die Kraft, die alles zusammenhält und in die Einheit strebt. Physisch, geistig, spirituell. Wir fühlen Eros, wenn wir uns von einem Menschen angezogen fühlen. Wenn wir etwas begehren. Wenn wir die Freude einer Verbindung erfahren. Wenn wir in einem Moment der Erleuchtung das gesamte Universum von Liebe durchdrungen fühlen. Wir assoziieren *Eros* aufgrund desselben Wortstammes meist ausschließlich mit *Erotik.* Tatsächlich ist dies eine Möglichkeit, wie sich der Kosmos selbst im Spiel zweier relativ bewusster Formen an seine Einheit erinnert. Doch Eros drückt sich in einer wesentlich größeren Bandbreite an Verbindung aus: Nähe, Wärme, Genuss, Ekstase und vieles mehr. Wir können Eros sehr grob oder fein erfahren, begehrend oder nährend.

Die alten vedischen Mystiker*innen waren Meister*innen darin, den Geist still werden zu lassen. In ihren Meditationen erforschten sie den Urgrund allen Seins – jenseits aller Formen und Gedanken. Wenn sie aus dem Zustand der inneren Versenkung zurückkehrten, beschrieben sie die drei Qualitäten dieser Quelle als *Sat-chit-ananda*: ewiges *Sein* – reines, stilles *Bewusstsein* – glückselige *Freude*. Den gleichen ozeanisch-glückseligen Frieden erfährt ein Säugling im Mutterleib (nur nicht bewusst reflektiert). Und im Grunde genommen suchen wir unser gesamtes Leben nach einer bewussten Wiederholung dieser Erfahrung. Immer dann, wenn wir *eins* mit etwas sind, *eins* mit dem Leben, *eins* mit der Natur, *eins* mit unserem oder unserer Geliebten, *eins* mit dem Atmen, tauchen wir in die *erotische, mit allem verbundene* Daseinsebene des Kosmos ein. Eros ist die Freude des Kosmos, sich in seinen verschiedenen Ausdrucksformen wiederzuerkennen. Wir können diese Freude auf sehr verschiedenen Frequenzen erfahren.

> *Wenn du als Mutter dein Kind stillst …*
> *Wenn du die Sonne im Ozean untergehen siehst und eins mit dem Meer wirst …*
> *Wenn du deine Liebsten zärtlich küsst …*
> *Wenn du still durch einen Wald läufst und instinktiv das ihm zugrunde liegende Netzwerk erfährst …*
> *Wenn du an einem kristallklaren Frühlingsmorgen dem morgendlichen Konzert der Vögel lauschst …*

Es ist immer auch der Kosmos in dir, der in solchen Momenten die Einheit aller Dinge erkennt und feiert. Für Gourmets ist Essen eine zutiefst erotische Erfahrung. Deine Zunge (neugieriger Kosmos) vereint sich mit den vielfältigen Aromen der Nahrung (Kosmos). Du schaust einem lebendigen Menschen ruhig in seine wachen Augen und fällst durch ihr Portal in das Universum. Du erlebst den besten Sex deines Lebens und dein kleines Ich stirbt im Höhepunkt der Vereinigung. Für eine kurze und zugleich ewige Spanne der Glückseligkeit weißt du nicht mehr, wo du endest und der andere beginnt. Der Kosmos vögelt sich selbst. Halleluja!

Die Unio Mystica, die heilige Vermählung mit Gott, wird von christlichen Mystiker*innen wie Johannes vom Kreuz oder Theresa von Avila beschrieben und spricht auch aus den Liebesgedichten der großen Sufi-Dichter, zum Beispiel Rumi. Liest du sie mit einem offenen Herzen, fühlst du, dies hat nichts mehr mit Religion zu tun. Hier beschreibt eine hingegebene Seele die süße und totale Vereinigung mit Gott.

Einladung zur Erkundung deiner Gefühle
Halte kurz mit der Lektüre inne. Schließe deine Augen und streiche dir einmal ganz zart und mit aller Liebe über dein Gesicht. Atme dabei tief und langsam ein und aus. Was fühlst du dabei?

Immer dann, wenn du mit deinem Bewusstsein voll hier ankommst, erwacht Eros. Eros ist nicht irgendwo. Eros ist hier. Eros bringt uns hierher. In die Vollkommenheit des Moments.

Seit etwa zehn Jahren hält sich Achtsamkeit als ein starker Trend. Oft klingen die damit verbundenen Techniken, beispielsweise Meditation, Gehmeditation oder bewusstes Atmen, wie nüchterne, sogar langweilige Techniken. Falls du dich je gefragt hast, warum die alten Zenmeister*innen in den Geschichten immer zufrieden lächeln, selbst wenn sie »nur« den Weg fegen, hier ist ihr Geheimnis:

Wenn du dich der Gegenwart voll hingibst, wird alles sinnlich-erotisch-erfüllend. Du erinnerst dich mit jeder Faser deines Seins an deinen Ursprung und das setzt Ekstase frei.

Eros wird von uns eher mit *weiblichen* Qualitäten assoziiert. Dies kann missverstanden werden als *fraulich*. Wenn ich im Folgenden von weiblich schreibe, meine ich Eigenschaften, die wir zwar erfahrungsgemäß eher Frauen zuschreiben, die aber sehr wohl auch in jedem Mann als Potenzial angelegt sind. Ich kenne etliche Beziehungen, in denen der Mann eher weibliche Qualitäten ausdrückt und die Frau eher männliche.

Eros bringt uns nach Hause und schenkt uns Freude, Vertrauen, Frieden und Genuss. Die folgenden Worte sind mit Eros assoziiert. Lies sie langsam und beobachte, ob und wie sie dich berühren.

Ruhe	*dienen*	*stilles Wissen*
Zentrum	*heilen*	*Frieden*
Schoß	*Kunst*	*Freude am Sein*
Einheit	*Kultur*	*Erotik*
erinnern	*Tanz*	*Lust*
Zusammenhalt	*lieben*	*Umarmung*
Verbindung	*innewohnend*	*bewahren*
Gegenwart	*sinnlich*	*Ästhetik*
geben	*weiblich*	*Harmonie*
Genuss	*empfänglich*	*wir*
teilen	*dunkel*	*genießen*
nähren	*Fruchtbarkeit*	*Yin*
Halt	*werden*	*schenken*
halten	*tragen*	*Kreis*
hüten	*sein*	*verzeihen*

Meditationstipp
Du findest im Downloadbereich (siehe Anhang) unter »Power of Eros« eine geführte Meditation, die dich einlädt, eine direkte Erfahrung mit deinem inneren Eros zu machen. Sie ist ein Geschenk für dich und du kannst sie so oft wiederholen, wie es sich für dich gut anfühlt.

Logos: Die Triebkraft des Universums

Wenn du dich auf die so wunderbar freudvollen, nährenden Eigenschaften von Eros einschwingst, könnte die Frage auftauchen: »Können wir es nicht einfach dabei belassen? Dieser ozeanische Frieden ist doch alles, was wir brauchen.«

Das stimmt nicht ganz. Denn um Eros bewusst zu erfahren, brauchst du Abstand und Reflexion! Dies schenkt dir Logos. Gäbe es nicht beide Kräfte, wäre unser Universum nicht entstanden und du würdest jetzt nicht dieses Buch lesen können. Um es mal punkig auszudrücken: Ohne Logos wäre die große Stille nicht aus dem Arsch gekommen. Wir wären nicht hier. Alles wäre immer noch ein unendlich potentes, aber formloses *Nichts*. Logos ist die Kraft, die in die Dunkelheit ruft: »Und es werde Licht!«

Wenn Eros das Wissen um den Ursprung und die Einheit bewahrt, drängt Logos nach Ausdehnung und Kreation. Es verlangt spielerisch: »He, lass uns schauen, wie weit wir das kosmische Pony dieses Mal reiten können!«

Eros, zurückhaltend: »Lass uns einfach das Paradies in seiner Vollkommenheit genießen.«

Logos, euphorisch: »Nein, lass uns in den Apfel vom Baum der Erkenntnis beißen. Lass uns vergessen, woher wir kommen. Wir verlassen das Paradies. Wir ziehen in die Welt. Wir erschaffen selbst Welten. Wir vergessen dabei, woher wir kommen. Irgendwann werden wir umkehren und uns erinnern.«

Eros, betörend: »Alles ist schon da. Genieß die Sinne. Liebe die Liebe. Feiere die Ekstase. Bewundere die Schönheit. Gott ist in allem, jetzt und hier. Wenn du innehältst und dich hingibst, wirst du es spüren.«

Logos, ungestüm: »Ich muss raus. Ich will nachdenken. Ich will Grenzen überschreiten. Ich will die Frage finden, die noch nie gestellt wurde. Ich suche Gott im Werden. Mit Fausts Worten: Ich will *erkennen*, was die Welt im Innersten zusammenhält.«

Je nachdem, was du in deinem Leben gerade mehr brauchst, wirst du eventuell eine Seite und ihre jeweiligen Qualitäten bevorzugen.

Vielleicht bist du sogar versucht, die andere zu negieren. Einmal sagst du dir: »Denken bringt nichts. Lass uns fühlen und die Gegenwart genießen.« Ein anderes Mal sagst du: »Immer diese Gefühlsduselei. Denke mehr nach und beweg deinen Hintern!« Doch keine Seite ist besser als die andere. Sie bedingen sich! Ohne Logos wird Eros zum Sumpf. Ohne Eros wird Logos zu einem Feuer, das nur noch verbrennt. Es ist die kreative Spannung zwischen den beiden, die Universen erschafft und dein Bewusstsein zur Entwicklung anregt. Menschsein bedeutet, jetzt zu *sein* und stetig zu *werden*.

Ein bemerkenswerter Mensch, der sich in seinen Werken intensiv mit dem Wirken beider Kräfte auseinandersetzte, war Johann Wolfgang von Goethe. Hier einige Zitate aus seinem *Faust*:

> *»Des Menschen Tätigkeit kann allzu leicht erschlaffen,*
> *er liebt sich bald die unbedingte Ruh;*
> *Drum geb ich gern ihm den Gesellen zu,*
> *Der reizt und wirkt und muß als Teufel schaffen.«*[13]

Wir brauchen die stimulierende und reflektierende Wirkung von Logos, sonst erschlaffen wir in einem unbewussten, sumpfigen Eros.

> *»Habe nun, ach! Philosophie,*
> *Juristerei und Medizin,*
> *Und leider auch Theologie!*
> *Durchaus studiert, mit heißem Bemühn.*
> *Da steh ich nun, ich armer Tor!*
> *Und bin so klug als wie zuvor.«*

Wenn Logos sich nicht über das pure intellektuelle Verstehenwollen hinaus entwickelt, verrennt er sich in seinen Gedankenblasen.

> *»Zwei Seelen wohnen, ach! in meiner Brust,*
> *Die eine will sich von der andern trennen.«*

Das Ringen von Eros und Logos existiert in jedem von uns. Logos ist das erste Licht, welches sich immer weiter ausdehnt und ganze Galaxien erschafft. Logos erwacht im Einzeller zu Leben, drängt weiter, regt sich in der Pflanze, atmet im Tier und beginnt sich im Menschen Fragen zu stellen. Logos ist keine Idee, es ist ein evolutionärer Drang. Er wird nicht stoppen, nur weil du gerade müde bist und dich in deine Couch verliebt hast. Diese Kraft wird sich aus deinem Leben zurückziehen, wenn du dich weigerst, ihr Raum zu geben. Doch wenn du sie bewusst einlädst, wird sie dein Bewusstsein stetig erweitern und dich animieren, auch im Außen zu erschaffen. Logos drückt sich durch rohe Kraft aus, dann etwas weiter entwickelt in der Tat, noch feiner im Wort und letztendlich im Sinn. Doch Logos allein verliert den Kontakt zum Ursprung. Er verrennt sich in seinen eigenen Konstruktionen und findet einsam und manisch den Ausgang nicht mehr. Lucifer war in der biblischen Mythologie der Lieblingsengel Gottes. Der Überbringer des Lichts. Doch er verlor sich in seinen eigenen Welten und wendet sich von seiner Quelle ab, die er aber in Wahrheit nie verlassen hat.

Logos braucht einen starken Eros an seiner Seite, um egal, wie weit er in die Dunkelheit des Weltalls reist, zu wissen, woher er kommt und dass er diesen Ursprung nie wirklich verlassen hat. Eros schenkt ihm Ruhe, Wärme und Verbundenheit. Doch so sehr er es liebt, sich im Schoß von Eros auszuruhen, fürchtet sich Logos davor, vom Nichts verschluckt zu werden und für immer einzuschlafen. Es ist die universelle Aufgabe von Logos, Leben herauszufordern, Grenzen einzureißen und gleichzeitig auch geistig zu begreifen.

Ohne Logos würden wir das Feuer immer noch fürchten. Ohne Logos gäbe es keine Sprache, keine Kultur oder Wissenschaft. Ohne den Trieb nach Freiheit würde das Baby den Full Service Tank im Mutterleib nie verlassen wollen und das Kleinkind würde sich weigern, sich aus der Symbiose mit der Mutter zu lösen. Doch so sendet uns Logos auf unsere individuelle Abenteuerreise. Er entwickelt ein Ego in uns und schleudert uns in die Erfahrung von Trennung. Wenn unsere Bewusstseinsreifung organisch verläuft, stärken und verfeinern wir unser Ego bis zu einem Punkt, wo sich unser Logos interessiert einer größeren, transzendenten Wirklichkeit zuwenden kann. Wir benutzen unser Ego noch wie ein gutes, treues Fahrzeug, doch wir lassen es innerlich wieder langsam los. Wir toben uns zuerst in der Welt aus, erreichen Meisterschaft in dem, was wir tun, und dann lassen wir unsere Werke wieder los. Logos hat gefunden, wofür er kam, und zieht nun weiter. Wir tauchen wieder in den ozeanischen Frieden ein, doch dieses Mal bewusst.

Logos wird mit männlichen Qualitäten assoziiert. Ich möchte es noch einmal betonen, weil dies für das gesamte Buch von Bedeutung ist: *Männlich* ist nicht gleich *Mann*. Es sind Eigenschaften, die unserem inneren Logos entspringen. Es gibt in dem Sinn männliche Frauen, mit einem sehr starken Logos und weibliche Männer mit der Betonung eher auf dem Eros. Lies dir die folgenden Worte langsam und vielleicht sogar laut vor. Schau, ob und wie sie dich berühren.

selbstbewusst werden	*Nutzen*	*bedingt lieben*
erwachen	*Yang*	*erkennen*
ausdehnen	*in Konzepte fassen*	*reflektieren*
erheben	*befruchten*	*Freiheit*
begreifen wollen	*Licht*	*loslösen*
infrage stellen	*kämpfen*	*Individualisierung*
wachsen	*ringen*	*ICH*
Leistung	*Unruhe*	*Triebkraft*
Wettkampf	*auswählen*	*Potenz*
Visionen	*Hierarchien*	*herausfordern*
trennen	*Logik*	*Sinnfindung*
Aggression	*Ratio*	*bewusstes Erschaffen*
differenzieren	*Intellekt*	*Sprache*
Weiterentwicklung	*penetrieren*	*Wort*
Grenzen einreißen	*herrschen*	*Theorie*
männlich	*strukturieren*	*Intellekt*
Feuer	*Form geben*	*Kreation*

Meditationstipp

Du findest im Downloadbereich (siehe Anhang) unter »Power of Logos« eine geführte Meditation, die dich einlädt, eine direkte Erfahrung deines inneren Logos zu machen. Sie ist ein Geschenk für dich und wird dich angenehm inspirieren.

Der Cocktail der Schöpfung

Du kennst nun die beiden Urkräfte Eros und Logos. Schauen wir uns nun ihren alchemistischen Mix in dir an. Stell dir Eros und Logos wie zwei alchemistische Flüssigkeiten vor, die in deinem Bewusstsein zu einem maßgeschneiderten Cocktail gemixt werden. Sind beide frisch (bewusst, integriert, heil) und stimmt das Verhältnis, dann erblüht dein Potenzial. Deine Kreativität sprudelt unerschöpflich und du erfährst Frieden und Freiheit zur selben Zeit. Fehlt eine der beiden Zutaten oder wird sogar unterdrückt, blockierst du deine Power und verrennst dich. Deshalb halte ich es für sehr sinnvoll, ein Gefühl für die Dynamik von Eros und Logos in dir zu bekommen. Dann wird es dir möglich, je nach Bedarf bewusst weibliche oder männliche Qualitäten zu stimulieren. Doch bevor wir ausführlich auf deinen persönlichen Mix eingehen, unternehmen wir noch einen Ausflug in die Geschichte der Geschlechter. Wir erforschen, warum es Männer *und* Frauen gibt und nicht nur ein neutrales Geschlecht. Außerdem müssen wir den Finger in die wahrscheinlich tiefste Wunde der Menschheit legen. Erst, wenn wir sie voll anerkennen, werden wir sie heilen können. Und erst, wenn sie heilt, werden wir die Vergangenheit loslassen und eine neue Menschenmöglichkeit erschaffen können. Daher möchte ich dir hier nun den dritten Spiegel vor Augen halten und dich bitten, aufrichtig und neugierig hineinzublicken: den geschlechterspezifischen Spiegel.

DER TANZ DER GESCHLECHTER

Irgendwann tauchte auf unserem Planeten zum ersten Mal eine Spezies mit zwei geschlechtlichen Polen auf. Warum war das so? Wurde dadurch nicht alles erst kompliziert? Darüber ist viel spekuliert, diskutiert und geforscht worden. Ich gehe hier nur auf eine, für dieses Buch wesentliche These ein: Eine Art mit zwei verschiedenen Geschlechtern kann sich auf zwei Wege des Lebens spezialisieren, so zur selben Zeit mehr lernen und sich schneller entwickeln. Sie ist in der Lage, ein Problem aus zwei stark verschiedenen Perspektiven zu betrachten, dann zusammenzukommen und sich über die Erfahrungen auszutauschen. Was für ein Schub an Kreativität dadurch möglich wird! Vorausgesetzt, die beiden Pole tauschen sich auch tatsächlich offen und neugierig aus.

Hier kommt eine wichtige Bitte: Ich bin mir bewusst, dass ich mich mit den nächsten Seiten auf ein mit Tretminen besetztes Gebiet begebe und leicht missverstanden werden kann. Lies die folgende Erklärung bitte aufmerksam, besonders, wenn du dich gründlich mit Geschlechterdynamiken, Gleichberechtigung und Feminismus auseinandergesetzt hast. Es ist nicht mein Anliegen, die Rollenverteilung von Mann und Frau biologisch zu fixieren oder die Auswirkungen kultureller Konditionierung zu negieren. Ich versuche auch nicht, klassisch-heterosexuelle Paradigmen zu füttern. Ich gehe später noch ausführlich auf die vielen nichtnormativen Möglichkeiten ein (siehe Seite 228).

Ich bitte dich, die Erklärungen, die jetzt folgen, nicht als begrenzende Klischees zu betrachten, sondern als ein Versuch, unsere zweigeschlechtliche Geschichte bis hierher (nicht für die Zukunft) zusammenzufassen. Wenn wir sauber in die Zukunft starten möchten, müssen wir zuerst unsere Vergangenheit verstehen. Wann immer dich eventuell etwas in Empörung versetzt, was du liest, bitte ich dich um Folgendes. Atme tief durch und frage dich: Hat er wirklich das gemeint, was ich ihm gerade unterstelle, oder lese ich gerade selektiv?

Kreuze dir die Stelle fett an und komm am Schluss noch einmal dahin zurück. Schau, ob du sie jetzt anders verstehst.

In der evolutionären Linie der zweigeschlechtlichen Entwicklung tauchen vor etwa 200 Millionen Jahren die Säugetiere auf[14] und unter ihnen wahrscheinlich erst vor ungefähr sieben Millionen Jahren der Mensch.[15] Den »modernen« Menschen gibt es gerade mal seit knapp 300 000 Jahren.[16] Sich dieser Zeitspanne bewusst zu sein, ist wichtig und heilsam. Denn gemessen am Tempo biologischer Evolution, ist dies gerade mal ein Wimpernschlag. Unser genetisch-biologisches Grundsetting hat sich in dieser gesamten Zeit so gut wie nicht verändert. So ist unsere DNA zu 99 Prozent identisch mit der eines Schimpansen.[17] Alle Erfahrungen, die die Evolution in diesem Hunderte Millionen Jahre währenden Entwicklungsprozess gesammelt hat, bilden immer noch das Fundament deiner Biologie und Emotionen. Du kannst sie nicht einfach vom Tisch wischen, nur weil du ein Smartphone bedienen und mit Messer und Gabel essen kannst. Egal, wie viele Bücher du über Meditation und vegane Ernährung gelesen hast, in dir leben auch ein Reptil und ein Säugetier.

Wenn wir die arrogante Rolle des Menschen als Krönung der Schöpfung infrage stellen und nüchtern auf viele unserer Verhaltensgewohnheiten schauen, wird es offensichtlich: Wir sind hochintelligente Primaten, die Anzüge tragen und zum Mond fliegen. Doch in vielen Paarungs-, Rudel- und Stressmomenten – zum Beispiel beim Sex, beim Überholen auf der Autobahn, in den Vorstandsetagen, in Krisen und Kriegen – blitzt immer noch schnell das Biest hervor. Mehr Demut und ein gehöriger Schuss Selbstironie bremsen unsere Entwicklung nicht aus, sondern stellen sie auf einen gesunden Boden.

Die Biologie hinter unserem Geschlecht

Wer sich mit den Auswirkungen einer Kultur auf den Geist und die Wahrnehmung der Menschen beschäftigt, dem wird schnell klar, warum wir aufmerksam und radikal infrage stellen müssen, was tatsächlich biologisch determiniert und was strukturell antrainiert ist. Wir machen es uns viel zu einfach, wenn wir immer wieder denken und sagen: »Männer sind halt so ... Frauen machen das halt so ...« Solche Ansichten halten nicht nur uns selbst in Rollengefängnissen. Sie schubsen unsere Kinder hinein. Es gibt viele fundierte Studien, die belegen, wie die Erwartungshaltung der wichtigsten Bezugspersonen (selbst wenn sie nur still aufgebaut wird) das Verhalten eines Kindes prägt. Also, bitte, bitte, liebe Eltern, Großeltern, Lehrkräfte, haltet euch raus. Gebt diesem Wunder Raum, selbst zu entscheiden, ob es Rosa oder Blau mehr mag und ob es lieber mit Puppen oder Autos spielt. Lasst euch überraschen!

Gleichzeitig sorgen wir mit der entgegengesetzten Radikalposition für eine Menge Verwirrung. Anzunehmen, ein Mensch wäre nur das Ergebnis seiner kulturellen Prägung, ist nicht integral, sondern fundamentalistisch gedacht. Wir können die biochemischen, hormonellen und neurophysiologischen Unterschiede in der Zusammensetzung unseres Körpers nicht einfach ausblenden. Auch hier gibt es nun mal viele wissenschaftliche Belege für biologische Unterschiede und deren Auswirkungen auf unsere Gefühle und Vorlieben. Es beginnt bei einem offensichtlichen, zwar kleinen, aber durchaus signifikanten Unterschied in der DNA. Männliche Körper tragen in der Regel ein X- und ein Y-Chromosom in sich und die der Frauen zwei X-Chromosomen. Etwa 6500 von 20 000 bekannten Genen sind entweder im Mann oder in der Frau stärker aktiviert.[18] Diesen physischen Unterschied können wir nicht mit einer kulturellen Debatte vom Tisch wischen. Das funktioniert nicht.

Genesis ist kein wissenschaftliches Fachbuch. Ihr findet weiterführende Literatur im Anhang (siehe Seite 263). Auf eine biologische Tatsache möchte ich an dieser Stelle dennoch etwas ausführlicher eingehen: Testosteron und Östrogen. Es ist unumstritten, dass Hormone den Aufbau unseres Körpers, die Vernetzung unseres Gehirns, unsere Gefühle und unser Verhalten massiv steuern. Wir können die Tatsache, dass die meisten männlichen Körper bereits ab der siebten Schwangerschaftswoche wesentlich mehr Testosteron (10-mal so viel!) produzieren[19] wie die meisten weiblichen Körper, nicht ignorieren. Ein weiblicher Körper wiederum produziert meist signifikant mehr Östrogen. Wer schon einmal Hormonpräparate genommen hat, weiß, dass die Auswirkungen nicht ausgedacht, sondern deutlich erfahrbar sind. Vielleicht hast du schon einmal Drogen konsumiert und erlebt, wie diese für Stunden deine Wahrnehmung färben. Nun, Testosteron und Östrogen sind so gesehen auch Drogen. Nur, dass sie uns bereits im Bauch der Mutter »eingeflößt« werden und unser Erleben der Welt permanent beeinflussen. Hier nur einige der nachgewiesenen Auswirkungen. Natürlich gibt es eine Menge Ausnahmen. Ich beziehe mich hier auf die Norm. Männer haben ein einfacher verschaltetes, eher linkslastiges und aggressiver agierendes Gehirn. Sie kommen mit einem stärkeren Eroberungsdrang auf die Welt. Dafür sind sie bindungsschwächer. Sie verfügen über eine schwächere körperliche Konstitution. Sie sterben im Durchschnitt sechs Jahre eher, haben mehr Unfälle, sind anfälliger für Drogenabhängigkeit. Sie sind stärker an Erfolg, Wettstreit und Dominanz interessiert. Ihr Denken ist eher auf einen Punkt konzentriert, linear und hierarchisch. Männer sind häufig verbal, emotional und zwischenmenschlich nicht so fein entwickelt. Sie konzentrieren sich eher auf die Eroberung als auf die nachhaltige Verbindung. Sie sind leichter und oberflächlicher sexuell erregt.

Das Gehirn der Frau mag von der Masse her kleiner sein, doch tatsächlich ist es komplexer vernetzt und arbeitet bilateraler. Das Denken der Frauen ist vernetzter, nonlinear, visueller, verbindender. Frauen sind fähig, mehreren Gesprächsthemen und Handlungssträngen parallel zu folgen. Sie sind mehr an Verbindung als an Jagd interessiert. Sie besitzen eine wesentlich feinere Unterscheidungsgabe, was zum Beispiel Emotionen und Gesichtsmimik betrifft. Sie agieren in der Regel friedfertiger und bewahrender. Sie verfügen meist über eine stärkere körperliche Konstitution und entwickeln eine größere Ausdauer. Hier noch einige weitere Unterschiede[20]:

	Männer	Frauen
Der Fokus ist eher ...	... auf den Horizont gerichtet.	... bei dem, was im Moment geschieht.
Die Werte sind eher ...	... selbstbezogen.	... auf das WIR ausgerichtet.
Im Stress wird eher ...	... der Rückzug angetreten.	... die Verbindung gesucht.
Unterstützung wird eher ...	... dann gewährt, wenn es als fair und nützlich wahrgenommen wird.	... am besten immer gewährt, auch über die eigene Erschöpfung hinaus.
Liebe wird eher ...	... zyklisch erfahren; sie ist mal da und mal nicht da.	... kontinuierlich erfahren.
Um dir Anerkennung zu zeigen, ...	... neigen sie zu großen Gesten, allerdings eher selten; sie vergessen dies auch gern.	... neigen sie zu vielen kleinen Gesten.
Das Gefühlsmuster verläuft eher ...	... konstant.	... in Wellen.
Die Motivation, um zu kommunizieren, ...	... ist meist praktischer Natur.	... ist der Wunsch, Verbindung aufzubauen.
Sex wird eher assoziiert mit ...	... dem Geschlechtsakt, Jagd, Eroberung.	... Romantik, Nähe, Hingabe.
Bei einem Problem geht es primär ...	... um einen schnellen Aktionsplan, um es zu lösen.	... um ein Miteinander und das Gefühl von Unterstützung.
Glück wird eher ...	... über das Erreichen von Zielen definiert.	... über Beziehung und Sein definiert.

Ich möchte an dieser Stelle noch einmal betonen: Die Kernaussage lautet *nicht*, dass wir für immer und ewig an unsere Biologie gebunden sind. Die Kernaussage lautet: Wir können und dürfen Biologie nicht ausblenden. Solange unser Geist eng mit Körper und Gehirn verdrahtet ist, müssen wir dessen Einfluss erforschen und berücksichtigen. Es wird schon viel gewonnen sein, wenn wir aufhören, Mädchen und Jungen zu erzählen, wie sie sein sollen, und ihnen stattdessen den Freiraum lassen, ihren natürlichen Ausdruck zu erforschen und ihre Verschiedenheit zu feiern – unabhängig davon, wer wir sind, wie wir großgezogen wurden und welche Erlebnisse aus der Vergangenheit uns noch heute besonders belasten. Wir wissen zu wenig, um in Extrempositionen hängen zu bleiben. Die Zukunft einer hoffentlich offenen und neugierigen Gesellschaft wird zeigen, was Struktur war und was Biologie ist. Auf dem Weg dahin dürfen und müssen wir alle viel Selbstachtsamkeit aufbringen, um herauszufinden, was sich für uns persönlich natürlich anfühlt. Es ist nachgewiesen, dass eine Frau, die »ihren Mann« im Studium oder Unternehmen steht, tatsächlich mehr Testosteron und weniger Östrogen produziert. Frauen können ohne jeden Zweifel in unserer Gesellschaft tough, logisch und erobernd sein. Aber tut jeder von ihnen das auf Dauer gut? Ist es das, was sie wirklich wollen? Wenn dies bei dir der Fall ist, freue ich mich für dich, dass du dich wohlfühlst. Wenn du merkst, dass dir diese Fußspur nicht guttut, nimm dir bitte das Recht heraus, wieder weicher, zarter, empfänglicher zu werden, egal, was andere dazu sagen. Genauso wissen wir, dass der Östrogenspiegel des Mannes steigt, wenn er mehr über seine Gefühle spricht. Sein Testosteron sinkt, wenn er auf jede Form des Jagens verzichtet. Das kann sich erst einmal sehr entspannend anfühlen. Doch tut es uns auf Dauer gut? Wenn ja, genieß es. Falls du jedoch merkst, dass du weinerlich, kompliziert und auf verschiedenen Ebenen impotent wirst, hast du dein männlich designtes Gehirn eventuell mit zu vielen weiblichen Drogen durcheinandergebracht. Dann ist es vielleicht Zeit, die andere Seite in dir wieder wach zu kitzeln: Mach einen Männerabend oder setz dir ein paar starke Ziele, die du erjagen kannst.

Ich gehe auf diese ultraspannende Phase des Aufbruchs und des Chaos später im Abschnitt Befreiung ausführlich ein (siehe Seite 175). An dieser Stelle sei lediglich gesagt: Ja, unsere Seele mag geschlechtsneutral sein. Doch ihr Licht wird durch einen physischen Körper und dessen biochemisches Grundsetting in unsere einzigartige Farbschattierung gebrochen. Und das ist gut so!

Doch kommen wir zurück zu Eros und Logos. Wahrscheinlich war es ein Zusammenspiel von Biologie und Kultur, das dazu geführt hat, dass Frauen das Leben eher aus der Perspektive von Eros heraus erfahren und Männer mehr aus der Perspektive von Logos. Das heißt nicht, dass der jeweils andere Pol fehlt. Du lebst ihn nur nicht so bewusst und projizierst ihn deshalb wahrscheinlich auf das andere Geschlecht. Bevor wir uns ausführlich anschauen, wie wir uns aus dieser Begrenzung befreien können, lass uns zuerst betrachten, wo wir heute diesbezüglich stehen.

Die Hüterinnen von Eros

Frauen waren und sind in den meisten Fällen natürliche Hüterinnen von Eros. Ich habe in den letzten dreißig Jahren mit sehr vielen, zum Teil sehr verschiedenen Frauen in einem ehrlichen Kontext sprechen dürfen. Die meisten von ihnen hatten einen untrüglichen Instinkt für die Einheit allen Lebens, für die Verbindung zwischen Menschen, für die allem zugrunde liegende, unsichtbare Ordnung aller Dinge. Frauen wissen intuitiv, wenn die Balance des Lebens gestört ist und was es braucht, um sie wiederherzustellen. Sie wissen, dass Teilen und Großzügigkeit nicht schwächt, sondern stärkt.

Ich möchte mich nicht einschleimen, sondern sehe es nüchtern, wenn ich sage: Frauen sind eindeutig das stärkere Geschlecht. Es ist nicht nur eine bessere biologische Resilienz. Sie sind durch Eros wesentlich stärker mit dem Gewebe des Lebens und so auch der Erde und Natur verbunden. Von klein auf interessieren sie sich für soziale Interaktionen, für ihre Mitmenschen, für Netzwerke und Kooperation. Sie wissen um die Bedeutung und die Kraft eines gesunden Wir-Gefühls.

Dieses Wissen betrifft auch die intellektuelle Ebene. Doch das Wissen einer Frau ist in jeder ihrer Zellen verankert und es ist Eros, der diese Weisheit nonverbal anzapfen kann. Frauen sind deshalb die geborenen Hüterinnen. Sie spenden Leben. Sie ehren Leben. Für sie zählt der Moment mehr als das, was noch nicht da ist und vielleicht nie kommen wird. Sie leiden, wenn die Gegenwart auf Kosten eines Ziels in der Zukunft verpasst wird. Sie nehmen früher und feiner als Männer wahr, wenn die zwischenmenschlichen Gefüge, in denen sie sich bewegen, zum Beispiel ihre Liebesbeziehung oder ihre Familie, in ihrer Harmonie und Entfaltung gestört werden. Als Hüterinnen von Eros haben Frauen, wenn sie zentriert leben, einen natürlichen Zugang zu seinen Kraftquellen, die da sind:

- eine stille, stetig verfügbare Verbundenheit mit der Urquelle des Lebens
- eine feine Intuition durch die permanente Verbindung zum Gesamtgewebe
- Verbundenheit mit allen Geschöpfen
- das Erkennen wahrer Schönheit – als Ausdruck einer tiefer liegenden Harmonie
- die vitale Kraft der Erde
- Genuss, Lust und Sinnlichkeit
- ein Gefühl für die Kreise und Rhythmen des Lebens

Weiblich geprägte Religionen und spirituelle Pfade sahen das Göttliche als etwas Immanentes. Es lebt in allem. Im Blut. Im Gebären. Im Dreck. Jedem Objekt der Natur wird eine »persönliche« Seele zugesprochen. Die Gegenwart wird gefeiert. Warum soll ich mir ein Jenseits ausdenken, wenn ich Gott in der Liebe zu meinem Kind und der lustvollen Vereinigung mit meinem Partner oder meiner Partnerin erfahren kann? In matriarchalen Religionen wird das Wunder des Lebens in allem, quasi auf Augenhöhe, verehrt. Warum sollte Gott oder Göttin ein Problem mit Lust haben, wenn durch den sexuellen Akt das Wunder des Lebens entsteht? Das Paradies ist hier auf Erden erfahrbar, nicht morgen im Himmel.

Die Himmelstürmer von Logos

Die meisten Männer erfahren und interpretieren Leben eher aus der Perspektive von Logos. Auch hier wird die Zeit klären, was davon kulturelle Konditionierung und was gesetztes Preset ist. Logos geht es um Ausdehnung, Grenzerweiterung und Differenzierung. Dies kann – wie schon erwähnt – auf vier Entwicklungsebenen erfolgen. Knackig vereinfacht sind dies:

1. die Ebene der Kraft: Wer hat die größten Muskeln?
2. die Ebene der Tat: Wer baut den höchsten Wolkenkratzer?
3. die Ebene des Wortes: Wer entwickelt das brillanteste Konzept, um die Welt zu erklären?
4. die Ebene des Sinns: Wer findet die Wahrheit heraus?

Männer denken eher fokussiert, linear, logisch. Sie verlassen sich nicht auf das, was ist. Die Ferne ist das Ziel. Schon als Babys bleiben sie selten stillsitzen, sondern wollen herausfinden, was man mit der Steckdose oder mit dem Messer anfangen kann.

In einer seit Langem massiv vom Logos dominierten Welt fallen einem häufig zuerst die negativen Aspekte dieser Kraft ein: Ausbeutung, ungerechte Hierarchien, Entmenschlichung vieler gesellschaftlicher Prozesse. Wenn du mehr darüber wissen möchtest, empfehle ich dir den hervorragenden Dokumentarfilm *The social dilemma* auf Netflix. Er fasst die schockierenden Auswirkungen zusammen, die die großen digitalen Plattformen wie Google und Facebook auf die menschliche Psyche, unsere Beziehungen und die Demokratie haben. Wenn du konzentriert sehen willst, was geschieht, wenn hochintelligente, komplett logoslastige junge Männer glauben, Gott spielen zu können, dann schau dir diesen Film an. Eros würde diese Form der Ausbeutung menschlicher Daten nie zulassen! Das ist nur ein Beispiel für die Feuer, die ein entfesselter Logos legt.

Doch wir sind nicht hier, um zu verdammen. Wir wollen und müssen beide Kräfte vereinen. Deshalb ist es bedeutsam, auch die positiven Aspekte von Logos anzuerkennen: Logos initiiert und erschafft. Logos erzeugt Entwicklung. Logos gibt uns durch seine Reflexion überhaupt die Möglichkeit, uns zu erkennen. Logos hat Sprache, Wissenschaft und Kultur erschaffen. Logos sorgt durch Gesetze dafür, dass die Gesellschaft nicht auseinanderbricht. Logos hat das Feuer gebändigt, geniale Landkarten des menschlichen Bewusstseins entwickelt, das Penicillin erfunden und wird letztendlich für jedes Problem eine Lösung finden. Du siehst, trotz all seiner Schattenseiten, brauchen wir das männliche Logos.

Die Vereinigung von Eros und Logos

In einer optimalen Welt wäre es sowohl Männern als auch Frauen bewusst, dass ihre wahre Stärke in ihrer Verschiedenheit liegt. Wir würden Eros und Logos gleichermaßen achten. Wir würden das andere Geschlecht als Lehrer*in akzeptieren. Wir würden einander nicht nur hören, sondern wirklich zuhören. Wir würden uns auf vielen Ebenen vom anderen Pol berühren und heilen lassen. Jeder Mensch, jede Beziehung, jede Familie, jedes Unternehmen und auch jede Regierung wäre ein kreativer, friedvoller Tanz von Eros und Logos. Unsere Spezies wäre kulturell und technologisch hoch entwickelt und gleichzeitig demütig und achtsam in das große Netzwerk des Lebens eingebunden. Gaia würde uns lieben, weil wir sie dankbar bewohnen und intelligent hüten.

In einer optimalen Welt würdest du dieses Buch zeitgleich aus zwei Perspektiven lesen und verarbeiten. Deine innere Frau und dein innerer Mann würden den Stoff gemeinsam – intellektuell, emotional und in Träumen – verarbeiten. Das klingt eigentlich gar nicht so schwer, oder? Es müsste doch möglich sein, gleichwertig beide Geschlechter zu akzeptieren. Nun ja, unglücklicherweise haben wir vor nahezu 10 000 Jahren ein Experiment mit verhängnisvollen Folgen gestartet …

DIE ZERSTÖRERISCHE KRAFT DES PATRIARCHATS

Ich selbst hätte mir vor noch zehn Jahren nie träumen lassen, einmal über das zugegeben heikle Thema Patriarchat zu schreiben. Doch ich bin mit Leib und Seele ein Forscher und Lehrer für Bewusstsein und Potenzialentfaltung. Und vor etwa sechs Jahren hatte ich als mittelalter, weißer, hochprivilegierter Mann mein Erwachen. Ich merkte: Ich muss darüber schreiben. Denn so gut wie alle destruktiven Begrenzungen der gegenwärtig existierenden Menschheit – innen und außen – hängen auch mit dem Patriarchat zusammen: mangelnde Selbstliebe, spirituelle Unterentwicklung, Sexismus, unlebendige Beziehungen, restriktive Erziehungssysteme, altersstarre Religionen, ausbeuterische Wirtschaftssysteme, Umweltverschmutzung – am Ende dieses Abschnittes wirst du verstehen, wie dies alles miteinander zusammenhängt und warum du im Mittelpunkt dieser Geschichte stehst.

Doch was hat das Patriarchat mit *Genesis* und unserer Möglichkeit, frei zu erschaffen, zu tun? Unsere Geister sind durch das Patriarchat verstümmelt worden und das Schlimme daran ist, dass wir es zum großen Teil nicht einmal bemerken. Das ist nicht übertrieben formuliert. Wir können heute nur erahnen, wie tiefgreifend die äußere Struktur des Patriarchats die innere Entfaltung unseres geistigen und seelischen Potenzials verhindert hat. Es wird dauern, bis die ersten Generationen wirklich frei von diesem Einfluss aufwachsen. Erst dann werden wir sehen, wer wir sein können. Ob dir der Gedanke gefällt oder nicht: Du bist einer Gehirnwäsche unterzogen worden. Jeder Glaube, der dir beigebracht wurde, ist Gehirnwäsche und begrenzt deine Wahrnehmung der Realität. Jede strukturelle Bedingung innerhalb deiner Familie und der Schule hat deine Überzeugungen geprägt. Unsere gesamte Kultur wirkt ständig auf deinen Verstand ein.

Die stärkste Illusion des Menschen mit den tragischsten Auswirkungen ist unser Glaube, wir würden die Wirklichkeit so sehen, wie sie ist. Wenn du dich jetzt dort, wo du gerade bist, umschaust, wird dir dein Gehirn vorgaukeln, du siehst den Raum so, wie er ist. Doch tatsächlich siehst und reagierst du nur auf ein stark reduziertes und verzerrtes Abbild des Raumes innerhalb deines Gehirns. Es hat, um dich zu schonen, den Großteil aller verfügbaren Informationen ausgeblendet und zeigt dir nur das, was es für wichtig hält. Es gibt diesen dann noch eine stark individuell gefärbte Bedeutung. Ich will das noch einmal betonen, weil dies so bedeutsam ist:

 Du reagierst niemals auf *die* Realität, sondern immer nur auf ihr kleines internes Abbild und die Bedeutung, die du dem gibst.

Doch wer entscheidet, welche Informationen du siehst und wie du sie interpretierst? Die Antwort lautet: dein Unterbewusstsein. Dafür greift es auf einen Algorithmus aus Paradigmen, Glaubenssystemen und Erfahrungen zurück. Das Patriarchat ist keine theoretische Idee. Es ist ein 10 000 Jahre altes Kulturkonstrukt,[21] basierend auf lange Zeit nie infrage gestellten Überzeugungen. Paradigmen bilden deshalb so mächtige Gefängnisse für unseren Verstand, weil sie unsichtbar sind und fast alle gemeinsam daran glauben. Wir sind bereit, für die Regeln eines nie hinterfragten Paradigmas ein Leben lang zu schuften, unsere Träume zu opfern und im Extremfall sogar zu töten oder getötet zu werden. Die Norm ist unser Gott. Alles außerhalb der Norm gilt als *verrückt, schräg, sonderbar, falsch* … Das Problem bei jedem Paradigma: Du erkennst es nicht als solches. Du siehst ja das Leben durch seine Brille. Hier sind einige historische Beispiele von Paradigmen, die unsere Vorfahren für real und naturgegeben hielten und deshalb ihre Gesellschaft selbstsicher darauf aufbauten:

Eva wurde aus Adams Rippe erschaffen und der wichtigste Menschensohn wurde von einer Jungfrau geboren.
Es gibt nur einen wahren Gott. Alle anderen liegen falsch, dürfen missioniert oder in Kreuzzügen abgeschlachtet werden.
Es gibt minderwertige »Rassen« und es ist unser Recht, sie zu versklaven.

Die Juden bedrohen die Menschheit.
Die Erde ist eine Scheibe.
Hexen gehören auf den Scheiterhaufen.
Homosexualität ist nicht nur eine Sünde. Es ist eine Krankheit und heilbar.
Frauen steht kein Wahlrecht zu. Warum auch?
Gott ist tot. Es zählt nur, was wir unter dem Mikroskop finden können.
Der Papst ist der Stellvertreter Gottes für die gesamte Christenheit.
Kannibalismus ist okay.
Das Kastensystem in Indien ist Gottes Wille.

Vielleicht geht es dir wie mir: Wir schauen auf diese Beispiele und schütteln amüsiert bis schockiert den Kopf. Wie konnten unsere Vorfahren nur so dumm sein? Das könnte uns nie passieren. Oder? Genau das ist das Problem! Du merkst nicht, dass du selbst in einer Box sitzt. Es ist fast unmöglich, die vorherrschenden Paradigmen bewusst infrage zu stellen. Um die volle, befreiende Wirkung dieses Buches zu erfahren, bitte ich dich, die folgenden Sätze sehr persönlich zu nehmen: Diesem Buch geht es nicht um eine allgemeine, intellektuelle Diskussion. Es adressiert eine Box, in der *du* sitzt. Vergiss die anderen. Du, ja *du*, sitzt geistig in einer Box. *Du* entfaltest bis hierher noch lange nicht dein volles Potenzial. *Du* stehst dir mit deinem Rechthaben im Weg. *Du* bist einer Gehirnwäsche unterzogen worden und verteidigst ihre Ergebnisse. Dieses Buch enthält eine Gebrauchsanleitung, deine Box zu verlassen. Erst wenn du sie verlässt, wirst du begreifen, wie sehr sie dich beschränkt hat. Wenn du das immense schöpferische Potenzial von Eros und Logos in *dir* begreifen und entzünden willst, musst du das Patriarchat als *deine* Geschichte begreifen.

Das Patriarchat ist eine 10 000 Jahre alte Geschichte darüber, wie der Eros all deiner Vorfahren verletzt und unterdrückt wurde und wie eine Tyrannei eines selbstherrlichen Logos errichtet wurde. Mich haben all die öffentlichen Diskussionen nie berührt. Entweder empfand ich sie als zu akademisch oder politisch oder so anklagend, dass der Mann in mir sofort in eine Abwehrhaltung verfiel. Doch ich weiß jetzt: Wir haben noch nicht genug über das Patriarchat gesprochen und geschrieben. Wir müssen es weiter tun, auf allen Ebenen, mit vielen Mitteln und Sprachen. Bis es in jedem Kopf, in jedem Herz und in jedem Schoß ankommt, was uns diese Zeit gekostet hat und wir in Schmerz und Sehnsucht gemeinsam daraus erwachen. Das Patriarchat geht uns alle etwas an, vor allem dich! Dies ist einer der wichtigsten Abschnitte des Buches und ich wünsche mir, dass du an seinem Ende verstehen wirst, was es mit dir, deinem aktuellen Leben, deiner Zukunft, deiner Freiheit und deinem Glück zu tun hat.

Zunächst möchte ich noch die beiden Begriffe *kollektive Bewusstseinsfelder* und *strukturell* klären. Kollektive Bewusstseinsfelder sind bis heute nicht eindeutig wissenschaftlich bewiesen, doch die Idee ihrer Existenz ergibt Sinn. C. G. Jung prägte den Begriff des *kollektiven Unbewussten*. Er verstand darunter den überpersönlichen Bereich des Unbewussten oder, anders ausgedrückt, den Teil deiner Psyche, der nicht deiner persönlichen Erfahrung in diesem Leben entspringt. Erlebst du in deinen Träumen manchmal intensive, archetypische Bilder und Szenen, die du nicht mit eigenen Erfahrungen verbinden kannst? Wir bieten in unserer Arbeit auch Trance-Tanz-Seminare an. Die Teilnehmenden tanzen dabei oft mehrere Stunden mit verbundenen Augen und erreichen im Wachzustand Traumzustände. Dabei tauchen immer wieder auch offenbar kollektiv verankerte Bilder wie Hexenverbrennungen, Kreuzigungen, Nahtoderfahrungen oder Krafttiere auf.[22] Solche archetypischen Träume und Traumreisen decken sich mit den Forschungen von C. G. Jung. Er vermutete, dass alle jemals von Menschen gemachten Erfahrungen, Träume, Fantasien, Ängste und Wünsche in einem kollektiven Unterbewusstsein gespeichert werden. Teilhard de Chardin verwendete den Begriff der Noosphäre für seine Vision, dass der Geist der Menschheit immer mehr zusammenwachsen würde. Rupert Sheldrake spricht von morphogenetischen Feldern, um zu erklären, warum sich bestimmte Ideen (neue Paradigmen) und Erfindungen zeitgleich an verschiedenen Orten der Welt manifestieren. Dieses geistige Feld ist nicht anfassbar, aber wir besitzen alle einen inneren Zugang und werden in Traum oder Meditation häufig aus dieser Quelle heraus inspiriert und geführt.[23]

Ich gehe an dieser Stelle darauf ein, weil du dieses Buch eben nicht nur als Einzelperson liest. Du bist auch eine Schnittstelle zum kollektiven Bewusstsein der Menschheit. Viele deiner Erlebnisse und Entscheidungen lassen sich nicht allein aus deiner begrenzten persönlichen Erfahrung heraus erklären. Du lebst nicht für dich allein. Du lernst fürs kollektive Feld und du wirst aus dem Feld herausgeführt. Kollektive Ängste und Sehnsüchte beeinflussen dich. Jede deiner befreienden Erkenntnisse wird wiederum in das Feld eingespeist und steht allen zur Verfügung. Als Frau bist du nicht einfach eine Frau. Du bist die Vertreterin des gesamten kollektiven Feldes. Du hast Zugang zu seinem Licht- und Schattenpotenzial. Du kannst aus der Kraft, der Liebe und der Weisheit aller Frauen schöpfen, die je gelebt haben. Doch genauso stehst du mit der kollektiven Wunde in Kontakt, die das Patriarchat euch zugefügt hat. Die Angst, der Frust und die Verachtung, die du vielleicht manchmal Männern gegenüber fühlst, speisen sich nicht nur aus deinen Erfahrungen. Sie sind viel, viel älter! *Du* bist die vorderste Front zwischen Frau und Mann. In dir werden existierende Gräben vertieft oder Brücken gebaut. *Du* wirst Vergangenheit wiederholen oder Zukunft erschaffen. Auch wenn du dieses Buch aus einer persönlichen Motivation heraus in die Hand genommen hast – du liest diese Zeilen nicht nur für dich. Du liest sie für alle Töchter und Mütter. Du liest sie für alle Frauen in den verschiedensten Kulturen dieser Welt. Du kannst zur Heilung des gesamten kollektiven Feldes beitragen und den Weg eines jeden Mädchens, das noch geboren wird, erleichtern.

Dasselbe gilt für dich als Mann. Ich bedaure es sehr, dass sich viele Männer gegenwärtig nur durch Druck dieser Geschichtsaufarbeitung öffnen und sich ansonsten offenbar nicht angesprochen fühlen. Es ist verständlich, denn dieses Thema rüttelt an so vielen unserer Privilegien und kurzsichtig betrachtet könnte der Eindruck entstehen, wir würden dadurch etwas verlieren. Ein trauriger Irrtum. Das Patriarchat hat uns Männer brutal viel gekostet und wir werden enorm von seinem Ende profitieren. Wenn wir weiter bockig am Rand stehen, verpassen wir den Anschluss an die mächtigste Revolution unserer Zeit. Evolution braucht Männer nicht mehr zwingend und wird die resistenten Auslaufmodelle unter uns einfach auf einem einsamen Abstellgleis parken. Besonders in der psychospirituellen Szene höre ich aber auch häufig das Argument: »Das Thema ist wichtig, geht mich aber nichts an. Ich bin bereits ein Mann der neuen Generation.« Ich habe das auch mal gedacht. Bis ich mich ausführlich mit *strukturellem* Sexismus auseinandersetzte. *Strukturell* ist so schwierig zu begreifen, weil das, was es beschreibt, eben strukturell verankert ist. Es ist so tief im Fundament unserer Denk- und Verhaltensweisen verankert, dass wir es gar nicht mehr mitbekommen: unsere Erwartungshaltung an Jungs und an Mädchen; die Art, sich mit gespreizten Beinen in die U-Bahn zu fläzen; die Stimme bedrohlich zu erheben, wenn wir wütend werden; Frauen wie Objekte zu betrachten; unsere männlich dominierte Sprache usw. Du hast es bereits als kleiner Junge mit der Luft eingeatmet. Deswegen bin ich mir sehr sicher, dass es auch dich betrifft. Doch selbst wenn wir annehmen würden, du hast dies für dich alles schon geklärt – du lebst nicht für dich allein. Du bist ein Repräsentant des gesamten männlichen kollektiven Feldes. Dieses Feld lernt durch dich. Dieses Feld inspiriert und führt dich. Du bist die Chance für jede Frau, die dir begegnet, etwas wirklich Neues, Hoffnungsvolles über Männer zu erfahren. Genesis fordert dich auf, deinen individuellen Part an der Unterdrückung von Eros und Weiblichkeit zu erkennen und loszulassen. Offensichtlich und subtil. Doch du kannst auch das kollektive Feld von Schuld und Angst erlösen. Deine Bereitschaft, den Schmerz und die Wut des weiblichen Feldes mitzufühlen, erlöst beide Geschlechter aus ihrer Vergangenheit. Du wiederholst als Tyrann oder Weichling ein altes, hässliches Missverständnis. Oder du legst als Samurai und König den Grundstein für einen Neuanfang. Du liest dieses Buch für dich und alle Männer. Du bereitest den Weg für alle Jungs, die noch geboren werden. Du bist die

Chance, dass eines Tages alle Frauen auf die Frage: »Was liebst du an dieser Existenz besonders?« antworten werden: »Männer. Sie sind eine wahre Zierde unserer Spezies!«

Egal, ob du als männliches, weibliches, queeres oder anderes Wesen diese Zeilen liest – das Patriarchat ist deine Geschichte. Die durch sie aufgerissenen Verletzungen sind deine Wunden. Die Gefechtslinien zwischen Eros und Logos ziehen sich durch deine Seele, Beziehungen und Unternehmen.

Du bist das Friedensangebot.
Du bist die Medizin.
Du bist die neue Möglichkeit.

Ich werde nun kurz und knackig die Entstehung des Patriarchats umreißen. Ich hoffe, die Expert*innen unter euch können meine schamlos pragmatischen Vereinfachungen verschmerzen.

DIE ENTSTEHUNG DES PATRIARCHATS

Lass mich deine und meine Geschichte noch einmal zusammenfassen. Der Kosmos entspringt der Stille. Um seine Entfaltung voranzutreiben, erschafft er die zwei Urkräfte Eros und Logos. Sie tanzen seit 13,5 Milliarden Jahren miteinander. Aus ihrer Reibung entsteht das gesamte uns bekannte Universum. Jedes Mal, wenn sich Eros und Logos auf einer komplexeren Ebene neu begegnen, erschafft dies eine neue Möglichkeit, quasi ein Upgrade der Evolution. Manche Möglichkeitsstränge entwickeln sich stetig weiter. Andere, wie die Saurier, werden unsentimental eingestampft. Wiederum andere wechseln drastisch die Richtung, zum Beispiel Delfine. Sie entschieden sich aus uns nicht bekannten Gründen vor etwa 50 Millionen Jahren, wieder vom Land ins Wasser zurückzukehren.[24] Sie verzichteten außerdem darauf, Hände wie der Mensch zu entwickeln. Mit bemerkenswerten Konsequenzen für beide Geschöpfe: Wir erfinden Werkzeuge und investieren einen Großteil unserer kreativen Energie in das Erschaffen von Dingen. Auch deshalb definieren wir unseren Wert und unser Glück stark über das Haben von Dingen. Delfine dagegen, die über ein ähnlich potentes Gehirn verfügen wie wir, belassen es bei Flossen und spezialisieren sich ganz offensichtlich darauf, 24 Stunden am Tag ohne jeglichen Besitz in einem riesigen Ozean, der ihnen nicht gehört, einfach so glücklich zu sein. Wer schon mal mit ihnen geschwommen ist, weiß, wie viel Freude und Eros in ihrem Pod vibriert! Ich erwähne dies, weil ich es als ungeheuer inspirierend empfinde, mich für komplett andere Lebensmodelle zu öffnen und dadurch mein eigenes zu dehnen.

Zurück zu uns. Die Evolution hat sich ebenfalls dazu entschieden, zwei Geschlechter mit einer *eros-* bzw. *logos*lastigen Spezialisierung zu entwickeln. Machen wir nun einen Zeitsprung und schauen uns an, was vor nahezu 10 000 Jahren geschah. Mann und Frau kamen auf eine, erst einmal genial klingende Idee. Ein kurzer Campingurlaub bei Sonnenschein und mit trockenem Zelt kann sehr romantisch sein. Doch unsere Vorfahren, die Jäger*innen und Sammler*innen, hatten vermutlich die Schnauze voll von kalten Höhlen, ständigem Umziehen, Regen und Kälte. Also beschlossen sie, sesshaft zu werden und eigene Nahrung anzubauen. Eine Revolution auf vielen Ebenen! Die Versorgung stabilisierte sich. Wir konnten endlich an einem Ort bleiben. Die Lebenserwartung stieg. Handel, Kultur und Kunst entwickelten sich sprunghaft.

Dieser neue Masterplan funktionierte jedoch nur durch eine stärkere Aufgabenteilung. Bei Säugetieren mussten Weibchen schon immer wesentlich mehr zeitliche, energetische und körperliche Ressourcen für die Fortpflanzung aufbringen. Es lag also nahe, die Hauptverantwortung dafür der Frau zu übertragen. Aufgrund der Sesshaftigkeit wurden Frauen häufiger schwanger und kümmerten sich neben der Landwirtschaft nun noch mehr um die Säuglinge und Kleinkinder, den Haushalt und Handarbeiten. Der Mann bestellte das Feld und beschützte seine Familie.

Stell dir vor, wir wären damals so clever gewesen, jeden Abend, nach getaner Arbeit, am Feuer zusammenzukommen und bewusst zu reflektieren: *War die Arbeit heute gerecht verteilt? Fühlen wir uns alle für unseren Beitrag ausreichend anerkannt? Fehlt einem von uns etwas, um glücklich zu sein? Gibt es Bereiche, die wir tauschen können? Was können wir heute voneinander lernen? Wie können wir uns und unser gemeinsames Projekt feiern?*

Die Geschichte wäre anders verlaufen. Doch die Menschen von damals machten einen Fehler, den wir heute noch fortsetzen. Wir arbeiten den ganzen Tag und fallen nachts müde ins Bett, ohne unsere Reise zu reflektieren. Unsere Vorfahren waren wie wir mit Überleben und Funktionieren beschäftigt. Und so setzten sie, ohne es zu wollen, zwei verhängnisvolle Dynamiken in Gang.

Die Frau wurde physisch und materiell immer abhängiger vom Mann. Sie verlor den Zugang zu ihren Kraftquellen. Die Stimme von Eros in ihr verblasste. Die Königin ging ins Exil.

Die Macht über die Frau korrumpierte den Mann. Er begann über sie zu bestimmen. Logos nutzte das Vakuum des schwächer werdenden Eros und schwang sich zum Herrscher auf. Der König, ohne starke Königin an seiner Seite, wurde zum Tyrann.

So entstand in fast jeder uns bekannten Kultur der Welt das Patriarchat. Die Kleinfamilie – zu Beginn ein spannendes Experiment, wurde zum Gefängnis der Frau und der Möglichkeit des Mannes, unliebsame Konkurrenz abzuhalten. Denn machen wir uns nichts vor – auch heute noch legt dieses Konstrukt die Messlatte für uns Männer sehr niedrig an. Sobald du dein Weibchen gesichert hast, brauchst du dich nicht mehr einem gesunden Vergleich zu stellen. Die Frau wurde mehr und mehr als Besitz des Mannes betrachtet und war ihm in den meisten Belangen klar untergeordnet. Doch hast du dir je die Frage gestellt, wie es möglich war, ein eigentlich so stolzes und wildes Wesen wie eine Frau so brutal zu zähmen und sie dazu zu bringen, diesen Schwachsinn über Jahrtausende selbst an Töchter und Söhne weiterzugeben?

Gedankenspiel: Stell dir vor, du wärst ein böser, raffinierter Diktator. Du siehst dich einer extrem widerspenstigen, hochintelligenten Spezies gegenüber und fragst dich, wie du sie unterjochen kannst, und zwar am besten ohne Gewalt. Gibt es eine Möglichkeit, eine freie Frau in eine gehorsame Sklavin zu verwandeln und ihr sogar noch zu suggerieren, dass dies ihr freier Wille ist? Ja! Hier kommt ein Zwölfstufenplan für die Unterwerfung des weiblichen Geschlechts.

 Schritt 1:
Verändere die Sprache.
Sprache formt auf Dauer die Vernetzung der Neuronen im Gehirn und so unsere Wahrnehmung von Realität. Tilge das Weibliche in der Sprache. Verwende in Büchern und Schriften die männliche Ansprache. So löschen wir *sie* schleichend und hochwirksam aus dem kollektiven Gedächtnis.

Schritt 2:
Verändere die Geschichte.

Menschen brauchen Vorbilder, die sie inspirieren. Lösche alle Beispiele für Göttinnen, Königinnen, Heldinnen. Versieh die wenigen, sich hartnäckig haltenden weiblichen Figuren mit negativen, bösen, sündhaften Assoziationen oder verwandle sie in unschuldige, gehorsame, ungefährliche Frauen.

Schritt 3:
Entziehe Frauen alle Zugänge zu den Quellen ihrer Kraft.

Sorge dafür, dass sie am Abend viel zu erschöpft sind, um das Gegebene noch reflektieren zu können. Wenn sie sich dennoch nicht abhalten lassen, nachts bei Vollmond in den Wald zu gehen, um ihre Kraftquelle aufzuspüren, verbrenne sie als Hexen. Oder verwandle ihre mächtigen, lustvollen Rituale in biedere Reigentänze und Volksfeste.

Schritt 4:
Isoliere die Frauen.

Eros lebt von Verbindung und Teilen. Frauen brauchen andere Frauen. Zerstöre also die Schwesternkreise der Frauen. Wähle eine von ihnen aus, mach sie zu *deiner* Frau und isoliere sie im Konstrukt der Kleinfamilie. Hetze sie zudem gegen die anderen auf. Mach der besten Freundin deiner Frau schöne Augen. Tu alles, um Misstrauen und Wettbewerb zwischen Frauen zu schaffen.

Schritt 5:
Erschaffe eine lustfeindliche Gesellschaft.

Eros lebt von Lust. Eine Frau in Lust ist frei, stolz und mächtig. Verteufle also die Lust. Konstruiere Beziehungsbilder, in denen die Frau ihre Lust nur noch mit dir leben darf, egal, ob du ihren Schoß wirklich entfachst oder ein lausiger, primitiver

Liebhaber bist. Bestehe auf sexueller Treue, selbst dann, wenn du keinen Bock auf Sex hast. Dann geht die Frau langsam an deiner Seite ein.

Schritt 6:
Kontrolliere ihre Fortpflanzung.
Nimm ihr das Recht auf Selbstbestimmung. Halte sie mit dem Gebären und der Aufzucht deiner Kinder beschäftigt.

Schritt 7:
Halte sie wirtschaftlich abhängig.
Falls sie es dennoch schafft, selbst Geld zu verdienen, rede es klein oder mach ihr klar, dass du diese Unabhängigkeit nicht sexy, sondern bedrohlich findest. Mach dich lustig über ihre geschäftlichen Ideen. Leg ihr Steine in den Weg.

Schritt 8:
Erschüttere ihren Instinkt für wahre Schönheit.
Eros zieht seine Kraft aus dem Erkennen wahrer Schönheit. Eine Frau, die mit sich verbunden ist, weiß, dass sie schön ist, und zwar genau so, wie sie ist. Sie strahlt Selbstliebe aus und ist dadurch natürlich attraktiv. Sie braucht dann deine Anerkennung nicht, um sich gut zu fühlen. Deshalb ist es besonders wichtig, dass du ihr Verständnis von Schönheit nachhaltig irritierst. Sorge mit Millionen Bildern künstlicher Schönheit in allen verfügbaren Medien dafür, dass sich jede lebendige Frau permanent zu dick, zu dünn, zu alt … fühlt. Dann, wenn sie dich unsicher und flehend anschaut, richte ihr gebrochenes Selbstwertgefühl durch ein sparsam dosiertes Kompliment wieder auf. So machst du sie noch stärker von dir abhängig. Droh ihr ab einem gewissen Alter damit, sie für eine Jüngere zu verlassen, oder zieh es wirklich durch. Davon wird sie sich nicht so schnell erholen.

Schritt 9:
Sorge für ein permanentes Klima von Geringschätzung.
Erschaffe eine Gesellschaft, in der die Qualitäten von Logos wesentlich mehr soziale und wirtschaftliche Anerkennung erfahren als die von Eros. Bezahle Männern mehr Geld. Fördere wachstums- und leistungsorientierte Berufe wesentlich stärker als Tätigkeiten in der Kunst, in der Erziehung oder im Gesundheitswesen. Darauf angesprochen, streite dies offiziell ab. Lobe die Frau, doch bezahle weiterhin weniger, damit sie weiß, wo sie wirklich steht.

Schritt 10:
Schaffe harte und ungerechte Hierarchien.
Da Frauen eher horizontal und verbunden denken, erschaffe eine Gesellschaft mit ungerechten Hierarchien. Gib denen, die eh schon reich sind, noch mehr. Lass Männer schneller im Machtranking aufsteigen. Wenn Frauen sich unbedingt an diesem Spiel beteiligen wollen, zwinge ihnen deine Regeln auf. Sorge dafür, dass sie hart und männlich werden müssen. Bei dem Versuch, *ihren Mann* zu stehen, werden sie ihre natürlichen Stärken hoffentlich vergessen haben, wenn sie oben angekommen sind.

Schritt 11:
Übe subtil oder grob Gewalt aus.
Im Gehirn jeder Frau gibt es ein limbisches System, in dem die evolutionäre Erfahrung von 200 Millionen Jahren Säugetier gespeichert sind. In all dieser Zeit haben Männchen Weibchen durch körperliche Überlegenheit und Gewalt kontrolliert. Du kannst diese lähmenden Angstreflexe in ihr aktivieren, indem du deine Stimme hebst. Falls dies nicht ausreicht, handle konkret. Gehe über ihre Grenzen. Schlage sie. Benutze ihren Körper. Zeig ihr, dass sie dir gehört und dass du stärker bist.

Schritt 12:
Errichte einen männlichen Gott.

Dieser Trick ist der brillanteste, deshalb erläutere ich ihn ausführlicher. Du weißt, dass Frauen viel zu smart sind, um auf Dauer deine Meinung als Autorität über ihr Leben zu respektieren. Also installiere eine höhere Instanz, auf die du dich jederzeit berufen kannst – Gott. Die ursprünglichen, mystischen Begründer*innen großer Religionen, wie Jesus oder Buddha hatten nie vor, aus ihrer direkten Gotteserfahrung heraus eine organisierte Kirche zu entwickeln. Sie wollten andere animieren, auch nach innen zu schauen und die Wahrheit persönlich zu treffen. In ihrer Gemeinschaft waren selbstverständlich auch Frauen. Die späteren Religionen wurden durch überwiegend männliche Nachfolger*innen aufgebaut. Diese hatten andere Motivationen und sicher auch andere Qualitäten, beispielsweise Ehrgeiz und Kalkül. Bevor jetzt ein großer Aufschrei durch alle aufrecht gläubigen Leser*innen rauscht – ich achte sehr wohl den sinnstiftenden, stabilisierenden und vereinenden Aspekt von Religionen. Doch wer nicht blind gläubig bist, wird auch anerkennen müssen, dass Kirchen schon immer die wahrscheinlich wirksamste Methode waren, unter Berufung auf eine göttliche und somit unantastbare Instanz neue Regeln in eine Gesellschaft einzuführen. Ich ehre den historischen Wert der großen alten Bücher. Ich greife selbst gern in meiner Arbeit auf Metaphern aus der Bibel zurück. Das ändert nichts an dem ernüchternden Fakt, dass alle diese Bücher von Menschen geschrieben wurden. Das Erste Konzil von Nicäa etwa war eine bemerkenswerte Zusammenkunft von Hunderten Bischöfen (alles Männer!) im Jahre 325 n. Chr., mit dem Ziel, die Interpretation der Bibel festzulegen, Ostern (ein ursprünglich heidnisches, zutiefst erotisches Ritual) neu zu definieren und einige einschneidende Regeln aufzustellen, etwa das Verbot, als Priester mit einer Frau körperlich intim zu werden. Ich meine, jetzt mal ehrlich! Was soll dabei herauskommen, wenn sich ausschließlich Männer, überwiegend machthungrig, zusammensetzen, um *Gott* zu deuten?

Aus der Perspektive des Patriarchats verfolgen alle drei großen, monotheistischen Religionen eine klare Strategie: *weibliche Gottheiten aus dem Gedächtnis der Menschen auslöschen; einen männlichen, logoslastigen Gott installieren; Männer aufwerten und ihnen Autorität über die Frau verleihen; Frauen schwächen, indem ihnen die Schuld am gesamten irdischen Schlamassel gegeben wird; Frauen zu Gehorsam, Treue und Fortpflanzung verdonnern; Eros, Lust und alle natürlichen Zugänge zu ihnen verteufeln; Rituale verbieten, die dem Menschen jetzt und hier ermöglichen, Ekstase und Freiheit zu erfahren; diese Rituale gegen wesentlich harmlosere Bräuche austauschen und ausschließlich Männer als Hüter dieser einsetzen.*

Die zentrale Idee aller monotheistischen, patriarchalen Religionen ist ein alter, männlicher, mürrischer, überstrenger Gottvater, der auf der Erde ein Jammertal voller Versuchungen erschafft. Der zentrale Sinn seiner Kinder liegt nicht in Freude und freier Entfaltung im Hier und Jetzt, sondern in Moral und Gehorsam. Die Belohnung gibt es erst viel später – es sei denn, du tappst vorher in eine der Fallen, die dein Schöpfer für dich aufgestellt hat. Dann wanderst du in die Hölle. Hast du Zweifel an Gott, gibt es nur einen einzigen Vertreter auf Erden, der befugt ist, seine Zeichen zu deuten. Dies ist (erneut) ein Mann! Ein Mann, der von derzeit 115 weiteren Männern gewählt wird.[25] Um es auf den Punkt zu bringen: All diese Herrschaften sind durch Mütter auf die Welt gekommen, doch keine einzige Frau hat hier irgendetwas zum Thema Gott zu sagen!

Vor Kurzem unterhielt ich mich mit einem geistigen Würdenträger in hoher Position. Er war intelligent und feinsinnig. Sein Glaube an Gott war echt und tief. Ich konnte es mir natürlich nicht verkneifen, ihn zu fragen, warum es bis jetzt keine Priester*innen* gibt. Ich weiß nicht, was mich sprachloser machte. Seine Antwort oder die Tatsache, dass er tatsächlich von ihrer Richtigkeit überzeugt war. Er berief sich allen Ernstes auf die Bibel und sagte sinngemäß: »Jesus hatte auch nur männliche Jünger. Deshalb belassen wir es seit 2000 Jahren so. Doch selbst, wenn der Papst die Regel ändern wollen würde, könnte er es aus machtstrategischen Gründen nicht. Die Mehrheit der christlichen Gemeinde lebt in Ländern mit einem noch konservativeren Weltbild als in Deutschland. Mehr Gleichberechtigung zwischen Mann und Frau könnte zu einem Aufruhr der Gläubigen führen.«

Das alles wäre Stoff für viele Witze, wenn dieses Konstrukt nicht einen so katastrophalen Schaden im Seelenwohl vieler Menschen und in der Gesamtevolution der Menschheit angerichtet hätte. Hunderttausende wach hinterfragende Frauen und Männer wurden als Ketzer*innen bestraft und viele sogar verbrannt. Unsagbar grausame Verbrechen fanden unter dem legitimierenden Deckmantel von Missionierung und Kreuzzug statt. Milliarden von Menschen wurde durch ein verzerrtes, schuldbelastetes Gottesbild der Zugang zu einer lebendigen, freudvollen Spiritualität verdorben. Der unterdrückte Eros Tausender Priester wanderte in den Schatten und vergriff sich an so vielen unschuldigen Kindern. Bis heute ist nicht bekannt, wie vielen Kindern tatsächlich unsägliches Leid zugefügt wurde. Allein in Deutschland sind laut der Missbrauchsstudie der Kirche fast 4000 Kinder missbraucht worden und sind 4,4 Prozent aller Priester sexuell übergriffig geworden.[26] Niemand weiß, wie hoch die Dunkelziffer ist.

Wenn du dich einer der hier angesprochenen Religionen im Herzen zugehörig fühlst, verstehe mich bitte richtig. Nichts liegt mir ferner, als deinen Glauben zu beleidigen. Er ist für mich heilig. Ich beleidige auch nicht Gott. Ich sage: Wie wir diese Quelle des Lebens bis jetzt interpretiert haben, beleidigt sie! Kein Wunder, dass Scharen von Menschen die Kirche verlassen müssen, weil sie es mit gesunder Logik und einem wachen Wertebewusstsein nicht vereinen können. Ich will nicht das Herz deines Glaubens erschüttern. Ich möchte dich ermutigen, Fragen zu stellen. Wenn es Gott gibt, dann liebt es diese Quelle, wenn seine Schöpfung, der Mensch, Fragen stellt. Tyrannen fordern Gehorsam. Gott liebt. Wenn du aufrichtig nach Wahrheit suchst, musst du zwischen Spiritualität (deiner direkten, inneren Erfahrung und persönlichen Schlussfolgerung) und Religion (von außen vorgesetzte Interpretationen) unterscheiden. Unsere Sehnsucht nach etwas wirklich Heiligem ist heilig. Wenn die unschuldige Hingabe unserer Seele an das Wahre, Gute und Schöne durch falsche Gurus und machthungrige Geistliche missbraucht wird, kann uns dies vielleicht noch tiefer verletzen als sexueller Missbrauch. Ich habe in meiner Arbeit mit vielen Menschen gesprochen, denen das widerfuhr und für die durch dieses spirituelle Trauma eine lang anhaltende dunkle Nacht der Seele begann.

Wenn du deine Religion aufrichtig liebst, nimm sie ganz persönlich. Erzähle ihren Mythos weiter. In tiefer Achtung für den historischen, sozialen und geistigen Wert eines Buches wie der Bibel, sage ich: Erzähl *du* die Bibel weiter! Schreibe *dein* Kapitel. Wenn Jesus wirklich lebte, hätte er genau das gewollt. Wenn Gott existiert, jubiliert ER SIE ES, wenn du deinen Geist erhebst und selbstständig denkst.

Übrigens: Eine moderne Stilblüte, um Frauen von ihrer spirituellen Urkraft zu trennen, ist für mich unsere westliche, überwiegend harmlose Flachlandspiritualität. Spendiere den Frauen eine oberflächliche Wellnessspiritualität, die sie mit angenehmen Erfahrungen so einduselt, dass sie keine heißen Fragen stellen. Lass sie sich am Wochenende treffen, Yoga üben und die Göttin in sich feiern. Solange das Ganze nicht blutig, wild und dunkel wird, besteht für dich keine Gefahr.

Wie fühlst du dich als Frau nach dem Lesen des letzten Abschnitts? Ist dir ein wenig mulmig zumute geworden oder gar übel? Bist du wütend? Ist dir bewusst, dass dies keine Fiktion, sondern die Realität der letzten 10 000 Jahre war und in vielen Bereichen immer noch ist? Ist dir klar, dass du all diese Erfahrungen in dir trägst? Du wurdest nicht außerhalb des Systems geboren. Es hat dich sehr wahrscheinlich stärker geprägt, als dir bewusst ist. Ich bin kein Schmerz-Junkie. Doch damit dich dieses Buch wahrhaftig bewegt, bitte ich: Lass es wirklich an dich herankommen. Lass es wehtun! Denn dieser Schmerz ist irgendwo in dir und wenn du ihn nicht bewusst erfährst, wird er dein

Leben schleichend vergiften. Er wird sich als Frust und Verachtung Männern gegenüber zeigen. Er wird dir die Hoffnung auf eine wirklich neue Erfahrung rauben. Bitte fühle deine Wut. Die Wut deiner Vormütter. Die Wut deiner Töchter. Diese Wut bewusst einzuladen und voll zu erfahren ist nicht destruktiv. Diese Wut ist pure Lebenskraft, die Tausende von Jahren ausgebremst und unterdrückt wurde! Lass sie frei und sie wird wie flüssige Lava aus einem Vulkan aufsteigen und alle Hindernisse hinwegbrennen, die zwischen dir und deinen wahren Möglichkeiten liegen. Sie wird dir die Kraft verleihen, *Nein* zu sagen und gesunde Grenzen zu setzen. Vor allem wird sie deinen wilden, wahren Eros aus seinem Gefängnis befreien!

Wie geht es dir als Mann am Ende dieses Kapitels? Bist du im Widerstand, das Gesagte als Realität anzuerkennen? Fühlst du dich betroffen? Bist du etwas kleinlauter? Vielleicht fühlst du dich sogar schuldig. Es nutzt der Welt allerdings nichts, wenn wir mit eingezogenem Schwanz und hängenden Schultern jammernd Abbitte leisten. Das will keine starke Frau von uns. Für eine wirklich neue Zukunft ist es bedeutsam, dass wir innehalten und mitfühlen, was männliche Selbstherrlichkeit Kindern, Frauen und letztendlich uns selbst im Laufe von Jahrtausenden angetan hat. Wir werden die Geschichte erst verändern, wenn wir voll in ihr ankommen. Das ist nicht mit ein paar intellektuellen Diskussionen über das Patriarchat und einer politisch verordneten Frauenquote getan. Es bedarf besonders für einen Mann Mut, nicht nur darüber nachzu*denken*, sondern es zu fühlen. Sei so stark und fühle den Schmerz dieser Welt, insbesondere den der Frauen. Mach nicht dicht und knick nicht ein. Bleib im Feuer dieser Erkenntnisse stehen, bis jeder falsche Stolz verbrannt ist. Bis du still wirst und endlich zuhören kannst. Frauen sehnen sich so sehr nach dieser Erfahrung und du kannst sie ihnen schenken. Die Geschichte des Patriarchats aufzuarbeiten schadet deiner Männlichkeit nicht. Im Gegenteil. Diese innere Arbeit befreit dich von so viel altem, unnötigem Ballast. Der Panzer um dein Herz bricht und du kannst neu beginnen. Denn wir sind noch nicht durch. Wir fangen erst an.

DIE AUSWIRKUNGEN DES PATRIARCHATS BIS HEUTE

Dies war also ein Crashkurs in Sachen Patriarchat. Wo stehen wir heute, 10 000 Jahre später? Haben wir das alles nach mittlerweile drei feministischen Wellen hinter uns gelassen? Sicher ist das Thema Gleichberechtigung bei vielen Frauen (in unserem Kulturkreis) angekommen. Männer stellen sich der Problematik immer noch häufig nur unter Zwang. Das ist verständlich, denn es geht um die Infragestellung unserer Privilegien. Doch akzeptierbar ist dieser Widerstand nicht. Listen wir zuerst einige der positiven Veränderungen auf. Diese sind leider hauptsächlich auf unseren westlichen Kulturkreis beschränkt.

- Seit 1900 wurde in vielen Ländern nach und nach das Wahlrecht für Frauen eingeführt. In der Schweiz war dies übrigens erst 1971 der Fall![27]
- Um dieselbe Zeit etablierte sich das Recht auf ebenbürtige Bildung für Frauen.[28]
- Das Bürgerliche Gesetzbuch schrieb lange vor: Wollte eine Frau arbeiten, musste das ihr Ehemann erlauben. Erst 1977 wurde das Gesetz geändert.[29]
- Seit 1960 gibt es die Antibabypille und somit die Möglichkeit für Frauen, Schwangerschaften bewusst und selbstständig zu kontrollieren.[30]
- Immerhin 15 von 193 Staaten werden aktuell von einer Frau geführt.[31]
- Es gibt endlich auch weibliche Superheldinnen im Kino!
- Es wird in vielen öffentlichen Medien über eine neue Sprachkultur (weibliche, männliche Ansprache) diskutiert und auch immer ausgedehnter praktiziert.
- Die Me-too-Debatte hat weltweit Frauen ermutigt, mit ihren Geschichten von Missbrauch an die Öffentlichkeit zu treten, und sensibilisierte auch viele Männer für die Tragweite des strukturellen Sexismus.

- Der Sinn einer Quotenregelung in Unternehmen, Behörden und Regierung wird heute allgemein anerkannt, in einigen Bereichen angewendet.[32]
- In den Topetagen der börsennotierten Unternehmen in Deutschland arbeiten derzeit immerhin 64 Topmanagerinnen – und 633 Topmanager.[33]

Reichen diese Erfolge aus, um einen tiefgreifenden, strukturellen Wandel herbeizuführen? NEIN! Besonders, wenn wir uns vor Augen halten, dass der Entwicklungsstand in vielen anderen Ländern der Welt noch wesentlich rückständiger ist. Dennoch: Wenn dieses Buch wirklich tief greifen soll, müssen wir uns der Tatsache stellen, dass wir uns noch mitten im Schlamassel befinden. Das Patriarchat ist vielleicht erschüttert, aber noch lange nicht abgetreten. Wir müssen aufwachen und erkennen, dass wir alle – Frauen *und* Männer – täglich ein Systemmonster bedienen, das zwar von uns erschaffen wurde, uns aber nicht dient. Unsere logoslastige Gesellschaft huldigt nach wie vor einem leistungs- und wettbewerbsorientierten Wirtschaftssystem. Dieses ist nicht primär an unserem Glück interessiert! Es degradiert uns zu Objekten und beutet uns aus. Es ist ungerecht. Es produziert Millionen von Verlierer*innen. Es vergrößert kontinuierlich die Schere zwischen Arm und Reich. Das Fundament unseres Bildungssystems stammt noch aus den Anfängen der Industriegesellschaft. Das Anliegen an unser Bildungssystem ist daher ganz klar nicht die freie Entfaltung des genialen Potenzials unserer Kinder, sondern ihre Verwandlung in funktionstüchtige, normkompatible Einheiten einer Leistungsgesellschaft. Ich ziehe den Hut vor allen Menschen in pädagogischen Berufen, die das Ausmaß dieser kreativen Katastrophe begriffen haben und vor Ort an Alternativen arbeiten. Doch erst ein Wiedererstarken von Eros und den damit verbundenen weiblichen Werten wird dazu führen, dass wir die uns folgenden Generationen als so heilig behandeln, wie sie sind, und endlich das bereits vorhandene Wissen um natürliche Potenzialentfaltung in unserem Bildungssystem umsetzen.

Wer trifft nach wie vor weltweit die zentralen Entscheidungen in allen wichtigen Bereichen? Männer! Es gibt viel zu wenig Frauen in führenden Positionen. Das Schlimme ist, dass es außer den Expert*innen, die sich beruflich damit beschäftigen, niemandem wahrhaft aufzufallen scheint. Von 193 Staaten werden 178 aktuell von einem Mann geführt. Können Männer das wirklich besser? Wie viele Kriege wurden in der menschlichen Geschichte von Frauen angezettelt? In der deutschen Wirtschaft sieht es wie gesagt ähnlich aus.

Ich sehne mich nach wesentlich mehr Frauen auf den Bühnen dieser Welt, und zwar als Frauen! Zu oft habe ich das Gefühl, Frauen müssen erst einmal zu Kopien von Männern werden, um sich durchzusetzen. Die Art, wie wir bisher Bühnen benutzen, etwa als Redner*innen, halte ich für sehr maskulin. Ich kann dem durchaus etwas abgewinnen, ich halte selbst leidenschaftlich gern Vorträge. Aber mir fehlen die weiblichen Alternativen des Unterrichtens und Inspirierens. Das geschlechtsspezifische Lohngefälle (Gender Pay Gap) in der EU liegt bei über 16 Prozent – in Deutschland sogar bei über 22 Prozent[34] – und hat sich in den letzten zehn Jahren nur minimal verändert. Das bedeutet, dass Frauen im Durchschnitt 16 Prozent weniger pro Stunde verdienen als Männer. Berufe und Tätigkeiten, die keinen Umsatz steigern, doch dafür Leben retten, heilen und zum Wohlbefinden beitragen, werden immer noch stark unterbezahlt. Auch wenn wir in Deutschland eines der besten Gesundheitssysteme der Welt haben, muss festgehalten werden, dass es falsch und krank ist, wenn zum Beispiel Krankenhäuser vorrangig nach wirtschaftlicher Effektivität ausgerichtet werden müssen.

Tatsächlich verdienen Frauen insgesamt sogar 39,6 Prozent weniger als Männer. Einer der Gründe dafür ist die Tatsache, dass Frauen im Durchschnitt weniger Stunden in bezahlter Arbeit verbringen als Männer. Schauen wir uns dafür die Gender Care Gap an. Die beträgt in Deutschland 52,4 Prozent. Das bedeutet, Frauen verwenden durchschnittlich täglich 52,4 Prozent mehr Zeit für unbezahlte Care-Arbeit als Männer. Umgerechnet sind das 87 Minuten Unterschied pro Tag![35]

Das hat wiederum Konsequenzen für die Arbeitszeiten von Frauen und Männern: Männer arbeiten häufiger in Vollzeit als Frauen. Teilzeitbeschäftigung kommt bei Frauen deutlich häufiger vor als bei Männern. Das alles macht auch Altersarmut zu einem größeren Problem für Frauen! Ich frage mich daher:

> Wie viele weiblich-erotisch orientierte Großreligionen gibt es? **Ich kenne keine.**
>
> Was steht hinter Globalisierung? **Logos.**
>
> Wer verbrennt die kostbaren Ressourcen unseres Planeten? **Wildgewordener Logos.**
>
> Worauf basiert Digitalisierung? **Auf einer nichtmenschlichen Sprache, die letztendlich nur aus den Kommandos 0 und 1 besteht. Mehr Logos geht nicht.**
>
> Wer plant im Silicon Valley die Verschmelzung von menschlicher mit künstlicher Intelligenz? **Ungebremster Logos auf dem Höhepunkt seiner arroganten Hybris.**
>
> Woran wird nach wie vor der Fortschritt unserer Gesellschaft gemessen? **An Glück, Lust, Mitgefühl und Kreativität? Nein. Am Wirtschaftswachstum und dem Bruttosozialprodukt.**

Ich könnte hier noch viele weitere Beispiele aufführen, doch ich denke, der Punkt ist klar: Wir stecken systemisch noch mitten im Patriarchat. Seit 10 000 Jahren werden Frauen, weibliche Qualitäten und die Kraft von Eros unterdrückt. Männer, männliche Werte und die Kraft von Logos haben – das kann und muss man ungeschminkt so sagen – eine Tyrannei installiert. Es ist absolut verständlich, dass sich in Frauen Misstrauen, Schmerz, Wut, Verachtung und Resignation angestaut haben. Vor uns liegt eine gewaltige Aufgabe! Denn solange diese Wunde nicht voll adressiert und geheilt wird, stagniert menschliche Evolution, und zwar im Bewusstsein jedes einzelnen Menschen, in unseren Beziehungen, in unseren gesellschaftlichen Systemen.

DIE ANDERE SEITE DER MEDAILLE: DER VERLETZTE KÖNIG

Wir verharren gegenwärtig in einer Art zwischengeschlechtlicher Pattsituation auf einem ermüdenden Level. Hier sind die Lösungen für unsere anstehenden Herausforderungen nicht zu finden. Um das Ding zu lösen, müssen wir uns beide – Frau *und* Mann – entschlossen und begeistert an einem Tisch zusammenfinden. Doch irgendwie scheinen sich die Herren der Schöpfung für diesen nächsten Schritt noch nicht so wild zu begeistern. Provokative Frage: Warum sollten sie auch? Denn stell dir einmal vor, du lebst seit Jahren in einer großen, dysfunktionalen WG und du bist ständig das schwarze Schaf. Für jeden Missstand wirst *du* verantwortlich gemacht. Dir wird angedroht, dir alle deine Privilegien zu entziehen. Du wirst mit Verachtung gestraft. Dir wird vorgeworfen, dich nicht schnell genug zu entwickeln, zu grob, nicht empathisch zu sein. Die Umweltvergiftung? Du bist schuld. Soziale Ungerechtigkeit, Kriege, unglückliche Frauen? Du bist schuld. Du redest zu wenig über deine Gefühle. Du kannst nicht richtig kommunizieren. Im Sex hast du es nicht drauf. Du bist grob. Du verstehst es einfach nicht. Du wirst eigentlich gar nicht mehr gebraucht. Du bist ein Auslaufmodell. Du sollst gefälligst deine Klappe halten und nur noch zuhören. Stell dir vor, das wird dir seit Jahren auf allen Kanälen vorgemeckert, und nun wirst du an den Tisch gebeten, um gemeinsam mit den anderen eine neue Lösung für die WG zu erarbeiten. Mit wie viel Begeisterung würdest du an diesem Gespräch teilnehmen? Wie offen und neugierig würdest du an einer Lösung arbeiten?

Liebe Frau, bitte mach dir klar: Viele Männer haben in den letzten Jahren öffentlich und zu Hause genau das tagein, tagaus zu Ohren bekommen. Kein Wunder, dass sie sich bis jetzt noch nicht begeistert auf das neue Kapitel der Evolution freuen. Wenn du willst, dass sich die Menschheit neu erfindet, brauchst du die Männer mit am Tisch, und zwar in ihrer vollen Bereitschaft. Dafür musst du verstehen, wie du dies bis jetzt verhindert hast. Denn die Wahrheit ist: Männer wollen genau wie du glücklich sein. Männer sind nicht dumm. Männer sind nicht lernresistent. Doch bis jetzt wurde ihre Version der Geschichte viel zu selten und viel zu leise erzählt. Es ist höchste Zeit, dass wir dies nun tun!

Liebe Frau, ich bitte dich, dieses Kapitel mit einem offenen Herzen zu lesen. Vielleicht werden dich manche Aussagen empören. Bitte lass sie dennoch oder gerade wegen der starken Reaktion wirken. Wenn du aufrichtig interessiert bist, den Krieg zwischen den Geschlechtern zu beenden und gemeinsam mit Männern etwas Neues zu erschaffen, öffne dein Herz. Als Mann wird dich dieses Kapitel hoffentlich mehr mit dir versöhnen. Du wirst dich, deinen Wert und deine Wunden besser verstehen. Lass uns schauen, wie wir dich voll präsent an den Tisch der Evolution bringen, denn eine Revolution steht an. Du wirst gebraucht.

Geschichte wird nie neutral erzählt. Jeder einzelne Betrachter, jede einzelne Fragestellerin hat eine eigene persönliche Agenda. Wenn wir unserem Partner oder unserer Partnerin die Schuld am Scheitern unserer Beziehung geben möchten, betonen wir in Gesprächen ganz bestimmte Ereignisse und lassen andere weg. Wer recht behalten will, wird eine Version der Vergangenheit bevorzugen, in der er das Opfer war. Wer Beweise für seinen Standpunkt braucht, findet sie. Kaiser*innen, Päpste, König*innen, Diktator*innen – alle haben Vergangenheit zurechtgebogen, um ihre Position zu autorisieren. Marxist*innen, Kapitalist*innen, Feminist*innen suchen sich die Puzzleteile der Geschichte heraus, um ihren Anspruch auf Wirklichkeitserklärung zu legitimieren. Doch diese einseitige Form des Rechthabens wird die Menschheit in dieser Hinsicht nicht mehr retten können. Unsere Zukunft wird einem Bewusstsein entspringen, welches reif genug ist, Paradoxa nicht nur auszuhalten, sondern ausdrücklich zu begrüßen. Zum Beispiel die Tatsache, dass jede Geschichte mehrere gleichberechtigte Versionen aufweist. Erst wenn These und Antithese friedvoll nebeneinander in deinem Geist existieren können, werden sie eine wirklich neue Synthese hervorbringen.

Die eine Version der Geschichte des Patriarchats ist in den letzten Jahrzehnten sehr oft erzählt worden. In dieser Variante waren die letzten 10 000 Jahre ein großer, ungerechter Fehler. Frauen waren in dieser Geschichte eindeutig die Opfer. Sie wurden unterdrückt und haben einen großen Preis gezahlt. Männer waren die Täter und haben durch Ausbeutung viele Privilegien an sich gerissen. Diese Geschichte ist wahr. Sie muss gehört und von uns allen gefühlt werden. Und dennoch ist sie unvollständig. Es existiert eine zweite Perspektive auf diese Zeit. Sie wurde bis jetzt viel zu selten und zu vorsichtig erzählt. Sie stellt vieles infrage, was als politisch korrekt gilt. Diese Variante der Geschichte, die ich dir jetzt erzähle, ist genauso wahr. Sie lautet in Kurzfassung: Das Patriarchat war eine Erfolgsgeschichte. Frauen waren nicht nur Opfer, sondern auch Täterinnen. Männer wurden benutzt und manipuliert. Sie haben auch einen enormen Preis bezahlt. Diese 10 000 Jahre waren kein Fehler, sondern eine notwendige Stufe unserer Evolution, eine kollektive Kreation von Mann und Frau.

Vielleicht fragst du dich nun, wie ich mich erdreisten kann, zu behaupten, das Patriarchat wäre eine Erfolgsgeschichte gewesen. Nun, bevor wir meckernd über die Vergangenheit herziehen, sollten wir uns fragen: War es davor tatsächlich besser? Hätten wir es schlauer hinbekommen können? Stell dir vor, du erhältst eine Einladung zu einem außergewöhnlichen Experiment. Du sollst deine gegenwärtigen Wohn- und Lebensverhältnisse verlassen und für zehn Jahre in eine Jäger- und Sammlergemeinde ziehen. Geschlafen wird in einer kalten Höhle. Wenn du kein Essen findest, hungerst du. Es gibt weder warmes Wasser noch eine Kläranlage. Du bist Kälte, Wind und Regen frei ausgesetzt. Dir wird medizinische Hilfe vorenthalten. Deine Mitmenschen und du werdet eure Sprache mehr oder weniger auf Stöhnen und Grunzen reduzieren. Kultur, Kunst, Religion werden abgeschaltet. Werte wie Höflichkeit, Fairness und Mitgefühl werden abgeschafft. Es gilt das Recht des Stärkeren. Es gibt kein Internet, keine Bücher, kein Yoga und keine Meditation. Du wirst für zehn Jahre auf all das verzichten und niemand wird dich früher rausholen. Klingt das verlockend? Oder bleibst du lieber bei deinem jetzigen Leben?

Ich möchte dich damit auf Folgendes hinweisen: Alles, was du heute als lebenswert genießt, ist das Ergebnis des Patriarchats. Ironischerweise sind selbst unsere aktuelle Meinungsfreiheit, die differenzierten Geschlechterdiskussionen oder auch dieses Buch ein Resultat dieser Zeit. Ich sage ausdrücklich nicht, dass wir hier stehen bleiben sollen. Doch solange wir unsere Geschichte als Irrtum bewerten, sind *wir* selbst ein Fehler, denn *wir* sind das Ergebnis. Das Patriarchat war eine Erfolgsgeschichte, die nun ausläuft und weiterentwickelt werden möchte. Es war die bisher beste Antwort menschlichen Bewusstseins auf die herausfordernden Bedingungen auf unserem Planeten. Es war und ist eine gemeinsame Kreation von Frauen und Männern. Frauen sind nicht nur Opfer, sie sind auch machtvolle Täterinnen. Sie haben die lautesten und aggressivsten Männer mit der stärksten Aufmerksamkeit belohnt. Sie haben ihre Söhne zu Tyrannen herangezogen. Sie haben Männer aufgefordert, in den Krieg zu ziehen, und ihnen den Rücken freigehalten, wenn sie in die Schlacht zogen. Sie haben das alte Spiel passiv und aktiv am Laufen gehalten und machen es zum großen Teil immer noch, indem sie …

… sich dümmer stellen, als sie sind.

… den Mann an ihrer Seite gewähren lassen.

… sich wie ein sexuelles Objekt behandeln lassen.

… tricksen, manipulieren und meckern, anstatt gerade heraus und machtvoll zu agieren.

… ihren Schwestern den Mann ausspannen.

… ihre Wahrheit zurückhalten.

… wählen, sich lieber wie ein bedürftiges Opfer zu fühlen, anstatt die volle Verantwortung für ihre Unabhängigkeit zu übernehmen.

… die Männer an ihrer Seite in Mittelmäßigkeit versacken lassen und ihnen gleichzeitig suggerieren, sie wären großartig.

… ihre Söhne in ödipaler Abhängigkeit klein halten.

... an ihren angestauten Vorurteilen und dem damit verbundenen Groll festhalten und so ihre Begegnungen mit Männern in frustrierende, selbsterfüllende Prophezeiungen verwandeln.

Liebe Frau. Das volle Ausmaß deiner Macht (innen und außen) wirst du nur herausfinden, wenn du dir verbietest, dich als Opfer zu fühlen, und beginnst, die volle Verantwortung für die Vergangenheit, die Gegenwart und die Zukunft zu übernehmen. Wenn du kein kleines Mädchen mehr bist und in deinen Beziehungen zu Männern über einen längeren Zeitraum Dinge geschehen, die dir nicht guttun, dann deshalb, weil du es gestattest! Wenn sich die Menschheit in den letzten 10 000 Jahren auch in Richtungen entwickelt hat, die uns allen nicht guttun, dann deshalb, weil es Männer *und* Frauen gestattet haben. Wir haben dieses Modell gemeinsam gestartet. Wir haben es gemeinsam entwickelt. Wir werden es gemeinsam verbessern.

Männer werden erst dann voller Freude an diesem Prozess partizipieren, wenn wir aufhören, sie zu dämonisieren. Ich greife als Beispiel die männliche Aggression heraus. Sie ist, wissenschaftlich nachgewiesen, in den meisten Männern stärker angelegt als in Frauen. Wenn ein Mann diesen Fakt als Entschuldigung für Gewalt und Missbrauch benutzt, ist dies ignorant und schwach. Wir Männer müssen lernen, diese Kraft zu zähmen und in konstruktive Bahnen zu lenken. Doch uns allen ist nicht damit geholfen, Männer für häufig grobes Auftreten nur zu verachten. Das blendet die Tatsache aus, dass wir etwa 200 Millionen Jahre (unsere Säugetiervergangenheit mit einbezogen) von Weibchen mit Sex und Status dafür belohnt wurden, laut, erobernd und dominant zu sein. Das lässt sich nicht eben mal mithilfe eines Workshops über Empathie abstellen. Jetzt als Frau mit dem Finger auf Männer zu zeigen und ihnen Grobheit vorzuwerfen ist zu einfach. Wir müssen dafür zusammen eine Lösung finden, denn wir haben dies gemeinsam kreiert. Wir müssen Familienmodelle, Kindergärten und Schulen aufbauen, die es Jungen gestatten, ihre Aggression anzunehmen und konstruktiv zu leben.

Viele Qualitäten von Logos, die heute gern pauschal angegriffen werden, sind im Kern wertvoll. Ratio und Intellekt befreiten uns vom dunklen Aberglauben des Mittelalters und brachten Wissenschaft hervor. Die Entwicklung unserer kognitiven Intelligenz fördert nachträglich auch andere Intelligenzen – zum Beispiel die kulturelle oder moralische. Auch Eros braucht Logos, um sich bewusst zu erkennen und weiter entwickeln zu können.

Lass uns über den Preis sprechen, den Männer im Patriarchat gezahlt haben. Männer haben ihr Herz dafür verkauft, stark zu sein und die Welt zu dominieren. Kein Mann, der mit seiner Seele verbunden ist, kann ein ausbeuterisches System entwickeln, seinen Bruder töten, eine Frau unterdrücken oder sich selbst so durch das Leben peitschen, wie es immer noch viele Männer tun.

Eros ist Seele. Eros ist das stille Wissen um den Ursprung und die Einheit aller Dinge. Diese Kraft war für 10 000 Jahre im Exil und fehlte Logos als Gegengewicht. Ein Logos ohne das warme, erdende Feuer von Eros verliert sich in der grenzenlosen Weite des Universums. Er verirrt sich selbstherrlich in selbstderdachten Konzepten, die mit dem wirklichen Leben nichts mehr zu tun haben. Männer nur im Logos verlieren den Kontakt zur Liebe, zu ihren Liebsten und zum Sinn. Egal, wie selbstsicher manche Männer auftreten: Ich glaube, dass in dieser sehr besonderen Zeit viele Männer zumindest ahnen, dass sie sich irgendwo auf dieser Abenteuerreise verloren haben. Gerade weil sie nicht wissen, wer sie sind, verrennen sie sich im Stolz. Stolz ist die letzte Bastion von Scheinsicherheit eines Egos, was frei im Raum schwebt. Viele Männer realisieren ihren Selbstverrat erst in einem Moment existenzieller Schwäche. Wenn sie verlassen werden, schwer krank werden oder auf dem Sterbebett liegen. Dann erkennen sie erschrocken, was sie für Geld, Ruhm und Sieg alles opferten, und dass sie nichts davon zurückholen können. Ich habe im Coaching mit sehr erfolgreichen Silberrücken gesprochen, die alles erreicht hatten, was diese Welt zu bieten hat. Doch innerlich fühlten sie sich erbärmlich leer. Als Mann mitten auf deiner Reise aufzuwachen und anzuerkennen, dass du deinen Pfad aus den Augen verloren hast, erfordert enormen Mut. Denn es bedeutet, jede Schlacht infrage zu stellen, für die du dich so hart gemacht hast. Als Frau machst du es dir zu einfach, wenn du einen Mann ungeduldig aufforderst, endlich sein Herz zu öffnen. Vor dir steht der Vertreter einer Spezies, die Millionen Jahre lang darauf trainiert wurde, Gefühle zu unterdrücken und einfach zu funktionieren. Männer wurden nicht geliebt. Sie wurden für ihre Gewalt gefürchtet und für ihre Leistung geachtet. Es waren nicht nur die Väter, sondern auch die Mütter, die kleinen Jungs früh beibrachten, was von ihnen erwartet wird: »Reiß dich zusammen. Schluck deine Tränen. Werde schnell groß. Geh raus und beschütze deine Familie!« Wir wurden von unseren Frauen nicht dafür belohnt, stundenlang am Feuer zu sitzen und unseren inneren Prozess zu reflektieren. Sie wollten, dass wir Geld verdienen, Land erobern und, wenn nötig, in den Krieg ziehen. Es ist unrealistisch und unfair, wenn die Frau fordert, dass sich der Mann an ihrer Seite von heute auf morgen in einen empfindsamen und rücksichtsvollen Partner verwandeln, aber auch weiterhin ein erfolgreicher, viel verdienender Beschützer seiner Familie sein soll. Das alles steckt in einem Mann. Doch er braucht Zeit! Männer haben ihren Preis bezahlt und tun es immer noch. Sie sterben bis heute wesentlich früher als Frauen. Sie füllen die Gefängnisse. Sie sind anfälliger für Süchte und nehmen sich öfter das Leben. Sie sind häufig emotional einsam, selbst wenn sie in Familie leben. Sie können mit sich selbst wenig anfangen. Sie schuften bis zum Umfallen. Sie rennen vor sich selbst weg und stellen sich rührend unbeholfen an, wenn es darum geht, sich selbst zu lieben.

Wenn du mit einem Mann eine gute Zukunft aufbauen willst, versuche hin und wieder die Welt aus seinen Augen zu sehen. Er kommt von der anderen Seite. Er hat gekämpft, erobert, funktioniert. Er leidet unter seinem Panzer, und zwar mehr, als ihm wahrscheinlich bewusst ist. Er sehnt sich nach Rückverbindung mit seiner Seele und hat gleichzeitig enorme Angst davor. Er hat den Zugang zu seinen weiblichen

Aspekten verloren oder noch nie gehabt. Deshalb fühlt er sich, auch wenn er es abstreitet, so abhängig von dir. Ein Mann ahnt, dass sein Leben komplexer wird, wenn er mehr empfindet. Will er das? Ist es ihm nicht jetzt schon manchmal zu viel? Er würde seinem inneren Eros so gern mehr Raum geben, doch das wirft massive Fragen für ihn auf:

Wie kann ich in einer harten Welt bestehen, wenn ich weich werde?
Was geschieht mit meiner Männlichkeit, wenn ich mir weibliche Qualitäten gestatte?
Woran messe ich meinen Wert, wenn ich aus dem alten Alpha-Gerangel aussteige?

Für viele Männer erscheint es (noch) einfacher, immer weiter zu rennen und zu kämpfen, als stehen zu bleiben und zu fühlen. Für den Logos im Mann ist Eros nicht nur der warme Schoß, sondern auch eine stille Dunkelheit, in der sein Ego sterben wird. Unsere Kultur basiert bis jetzt auf Verleugnung des Todes, anstatt von klein auf eine natürliche Beziehung zum Nichts und Alles aufzubauen. Liebe Frau, ich will damit sagen: Lass dem Mann keine Rücksichtslosigkeiten mehr durchgehen. Aber gib ihm auch Raum. Versuch zu verstehen, woher er kommt. Er braucht Zeit.

Wenn wir alle – Frauen und Männer – irgendwann an den Punkt kommen könnten, unsere patriarchalen Wurzeln anzuerkennen, ruhig ihren Schatten zu benennen, aber auch ihr Licht zu feiern, dann sind wir endlich hier. In der Gegenwart. Und erst dann werden wir eine großartige Zukunft erschaffen können.

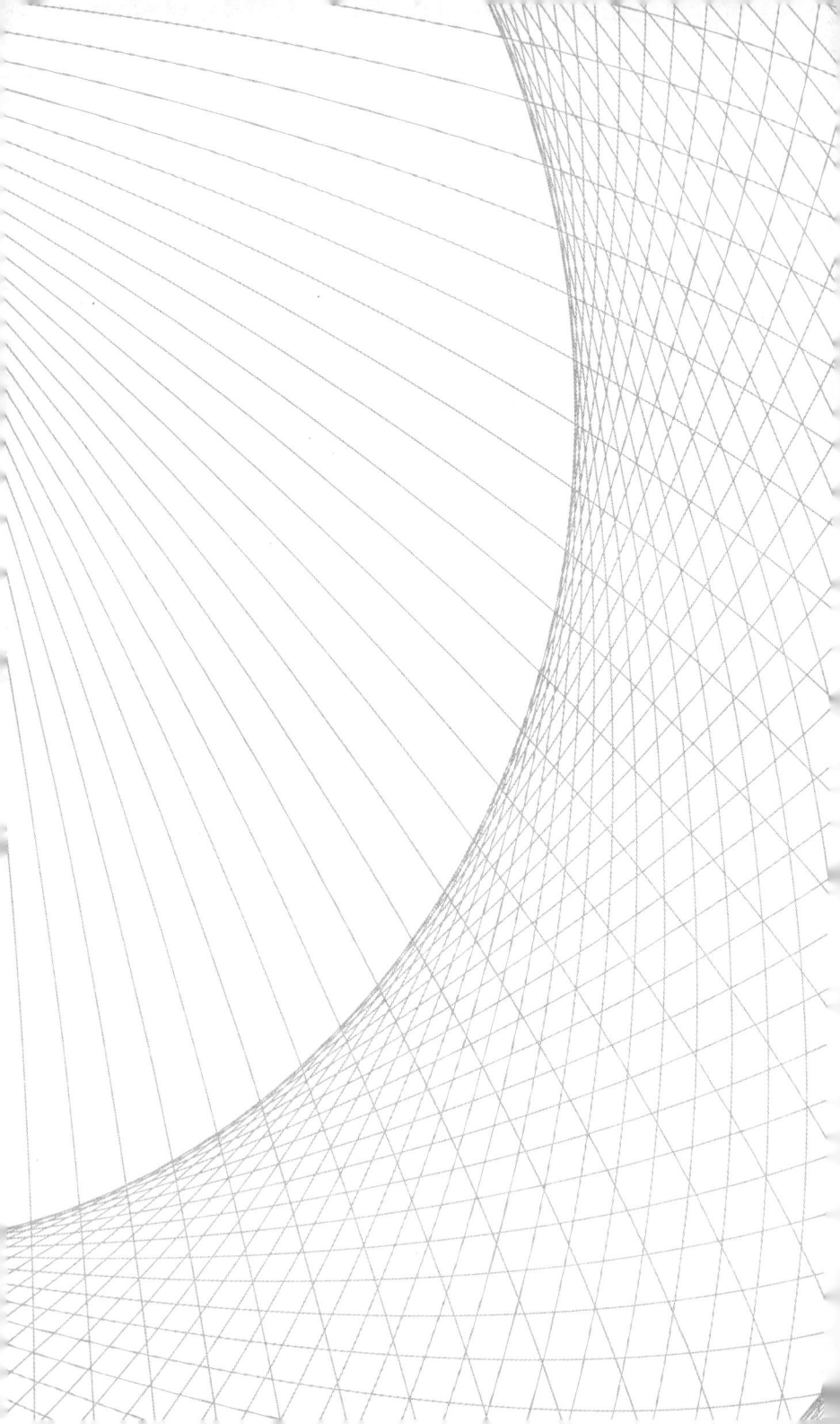

TEIL II

Vergebung

»Herr, mach mich zu einem Werkzeug deines Friedens,
dass ich liebe, wo man hasst;
dass ich verzeihe, wo man beleidigt;
dass ich verbinde, wo Streit ist;
dass ich die Wahrheit sage, wo Irrtum ist;
dass ich Glauben bringe, wo Zweifel droht;
dass ich Hoffnung wecke, wo Verzweiflung quält;
dass ich Licht entzünde, wo Finsternis regiert;
dass ich Freude bringe, wo der Kummer wohnt.«

Auszug aus »Das Gebet« von Franz von Assisi[36]

DU BIST DER NEUANFANG

Der Rückblick auf das Patriarchat war notwendig, um zu verstehen, warum wir sind, wie wir sind. Bei allem Fortschritt hat der Mensch 10 000 Jahre in Angst und Ausbeutung gelebt. Auch wenn das Wort Liebe in dieser Zeit schon oft besungen wurde, behaupte ich, dass sich Männer und Frauen bis auf wenige Ausnahmen nicht geliebt, sondern benutzt haben. Das kann einen traurig oder wütend stimmen. Es bedeutet aber auch Hoffnung. Denn im Umkehrschluss heißt das, dass wir noch gar nicht wissen, wozu der Mensch im positiven Sinne fähig ist und wer wir füreinander sein können. Unsere gegenwärtige Welt ist das Ergebnis von Ausbeutung und Konkurrenz. Was könnten wir erreichen, wenn es uns gelänge, sowohl in uns selbst als auch in unseren Beziehungen ein neues Level der Co-Creation herzustellen? Wie frei und kreativ könnte jeder Mensch sein, der beiden inneren Kräften von Logos und Eros gleichermaßen mit Achtsamkeit und Wertschätzung begegnet? Wie lebendig und schöpferisch würden sich Beziehungen und Gesellschaften entfalten, in denen sich Frauen und Männer voll respektieren, einander zuhören und voneinander lernen?

Damit diese vermeintliche Utopie möglich wird, muss die Wunde heilen. Wir können die Begrenzungen der Vergangenheit nur hinter uns lassen, wenn wir uns selbst und einander vergeben. Wir können noch ewig das System für all seine Missstände anklagen oder unseren Finger anklagend auf unser unvollkommenes Gegenüber richten. Oder wir nehmen uns Zeit, um zu heilen und uns zu erinnern. Wir wussten es nicht besser. Lass uns neu beginnen. Besinnen wir uns auf unseren Ursprung. Wir sind die Kinder der Stille und des Lichts. Wir haben die Macht, zu vergeben und dann etwas Neues zu erschaffen.

WARUM VERGEBUNG WICHTIG FÜR *DICH* IST

Viele Menschen assoziieren mit Vergebung, das Verhalten eines anderen zu entschuldigen. Doch Vergebung ist wesentlich mehr. Vergebung ist das Tor zu deiner Freiheit und der Beginn jeder echten Neuschöpfung. Lass uns das genauer erforschen. Wir können bis heute nicht definieren, was Bewusstsein genau ist. Doch wir wissen, dass es uns Menschen innewohnt und dass wir es mehr oder weniger bewusst erfahren können. Unser Bewusstsein verfügt über schöpferische Macht. Es kann Welten errichten und zerstören. Es kann verletzen und heilen. Wir können unser Bewusstsein lenken und unser gesamtes Leben folgt dann diesem Fokus. Wenn Klient*innen zu mir kommen, weil sie sich mehr Erfolg und Glück in ihrem Leben wünschen, halte ich sie zuerst an, ihre gegenwärtige Realität einer Bestandsaufnahme zu unterziehen. Im zweiten Schritt erforschen wir dann genau und ehrlich, worauf ihr Fokus in den letzten zwölf Monaten hauptsächlich ausgerichtet war. Du ahnst es sicher schon, was sie dabei entdecken. Viele ihrer Gedanken, Gefühle und Handlungen waren auf das ausgerichtet, was sie *nicht* wollten. Aber genau so kreierten sie mehr von dem, was ihnen eigentlich Schmerz bereitete. Dieses kosmische Gesetz ist so offensichtlich, dass wir es alle kapieren können: Wenn dein Fokus bei einem Autorennen in der Kurve ängstlich auf die Bande fokussiert ist, gegen die du auf gar keinen Fall prallen willst, wirst du den Blick nicht von ihr wenden können. Dein Gehirn und dein Körper werden deinem Blick folgen und … du rast in die Mauer!

Du bist darauf fokussiert, Schmerz auszuweichen? **Du ziehst ihn an.**
Du willst Enttäuschungen vermeiden? **Du programmierst sie so vor.**
Du denkst viel über negative Begebenheiten in deiner Vergangenheit nach? **Du provozierst damit Wiederholungen dieser Ereignisse in deiner Zukunft. Dein gegenwärtiges Leben ist das Ergebnis deines Fokus der letzten zwölf Monate.**

Was hat das mit Vergebung zu tun? Vergebung erlöst dein Bewusstsein aus einem Vergangenheitsloop und erst dann kannst du etwas wirklich Neues erschaffen. Solange es eine nicht geheilte Wunde in deiner Vergangenheit gibt, wird dein Bewusstsein dahin zurückkehren. Es wird versuchen, einen Schuldigen zu finden und gleichzeitig diese Wunde zu schützen. Das kann bewusst oder unbewusst geschehen. Jedenfalls bindest du durch Nichtvergebung deinen Fokus an die Vergangenheit und erschaffst zwangsläufig Wiederholungen der Ereignisse. Viele Menschen leben nicht voll gegenwärtig und erschaffen auch nicht frei. Ihre Realität baut auf alten Anklagen (zum Beispiel ihren Eltern gegenüber) und dem Vermeiden alter Verletzungen auf. Das Tragische ist, dass dies den wenigsten offensichtlich ist. So erzeugen sie unbewusst Wiederholungen längst vergangener Konstellationen und glauben, es passiert ihnen einfach so. Sie sehen nicht, dass sie in einer Wiederholungsschlaufe ihrer Geschichte gefangen sind.

Ich gehe noch einen Schritt weiter: Wenn nahezu alle Frauen und Männer eine kollektive Wunde in sich tragen, die viel zu wenig adressiert wird, dann bindet diese Wunde enorme Bewusstseinsressourcen in Form von Groll, Schuld und Angst in der Vergangenheit. Dies schwächt uns als Menschheit bei den Herausforderungen der Gegenwart und verhindert wirklich große Neuentwürfe für die Zukunft.

Teil 1 dieses Buches diente dem Offenlegen der Wunde. Diese Wunde zwischen Mann und Frau wird durch intellektuelle Debatten und politische Diskussionen zwar an die Oberfläche geholt, aber nicht geheilt, sondern eher restimuliert. Wir müssen den Mut aufbringen, sie in *uns* wiederzufinden, in uns zu fühlen und in uns zu vergeben. Viele Menschen glauben, sie würden anderen einen Gefallen tun, wenn sie vergeben. Das ist ein Irrtum. Deine Vergebung ist ein Geschenk an *dich*. Du legst die Wunde in *dir* offen. Du lernst sie zu verstehen. Du lässt den Eiter von Schmerz, Groll und Schuld abfließen. Und dann vergibst du der Vergangenheit und befreist so dein Bewusstsein. Nun steht es dir wirklich hier und jetzt zur Verfügung. Warum fällt uns das

Vergeben häufig so schwer? Weil Vergebung einen echten Erlösungs-prozess in unserem Bewusstsein voraussetzt. Ein Teil von uns hat sich in der Vergangenheit verrannt und mit der Wunde identifiziert. Wir müssen bereit sein, noch einmal alles zu fühlen und gleichzeitig unser Rechthaben infrage zu stellen. Denn es ist kein Gefühl, sondern unser *Urteil*, welches uns an die Vergangenheit bindet. Solange ich als Frau ein felsenfestes Urteil über Männer gefällt habe und nicht bereit bin, dieses infrage zu stellen, werde ich Männer nicht vollständig sehen können und ich werde die die negativen Ereignisse meiner Vergangen-heit heute und hier reproduzieren. Solange ich mir als Mann nicht ein-mal bewusst darüber bin, welche harten Urteile ich unbewusst über mich selbst gefällt habe, kann ich sie nicht infrage stellen und mich nicht aus ihnen befreien. Ich werde sie weiter durch mein Handeln be-stätigen. Ich werde mich so weiter selbst verletzen und Frauen in ihren Vorurteilen bestätigen.

Wenn du dein Leben maximal entfalten möchtest, liegt innere Arbeit vor dir. Vergib. Dir und anderen. Wenn du wissen willst, was zwischen Mann und Frau tatsächlich möglich ist, untersuche aufrich-tig und genau, was du dir oder dem anderen Geschlecht noch nicht vergeben hast. Niemand kann dich zwingen zu vergeben. Du hast das Recht, an deinem Groll festzuhalten. Doch du schadest damit nur einem Menschen – dir selbst.

Vergebung bedeutet nicht, eine destruktive Tat, zum Beispiel einen Missbrauch, gutzuheißen. Wenn jemand eine Straftat begeht, muss er karmisch und juristisch die Konsequenzen dafür tragen. PUNKT! Doch wenn du wieder und wieder mit Groll und Hass in die Vergan-genheit zurückkehrst, weil dir so etwas geschehen ist, vergiftest du *dein* Herz und alle existierenden Beziehungen. Du trübst bereits im Voraus jede neue Kreation. Also versteh bitte, falls du bei den kom-menden Seiten an manchen Stellen protestieren möchtest: Ich ver-lange nichts von dir. Ich wünsche dir maximale Freiheit und tiefstes Glück. Deine Vergebung ist ein Akt der Gnade für *dich*! Du befreist *deine* kostbare Lebensenergie aus einer Erinnerung, damit du jetzt und hier machtvoll und glücklich leben kannst. Deine Vergebungsarbeit öffnet dich für ein neues Level an Beziehungen und heilt gleichzeitig das gesamte kollektive Feld. Vergebung ist der Schlüssel zu deinem Glück.

Meist sind es Frauen, die mit sich hadern, wenn sie nicht so einfach vergeben können. Sie fühlen sich schuldig, weil sie sich nicht so schnell wieder öffnen können, wie es sich der Mann wünscht. Es gibt ein wichtiges Gesetz in der Vergebungsarbeit: Vergebung findet ganz natürlich statt, und zwar dann, wenn alles gesehen, gefühlt und anerkannt wurde. Wir können diesen Schritt nicht auslassen, und selbst wenn wir es versuchen, wird uns dasselbe Thema etwas später wieder einholen.

Es gibt meiner Erfahrung nach vor allem zwei innere Erkenntnisschichten, die Frauen und Männer gern überspringen wollen, wenn es um die Vergebungsarbeit der Geschlechter geht. Die Frau stellt sich nicht gern dem mächtigen Gift ihrer Verachtung. Der Mann weigert sich, die Folgen seiner sehr verschiedenen Formen der Gewalt voll anzuerkennen. So verharren viele Beziehungen und Systeme in einer Art Pattsituation, denn der Eiter dieser uralten Wunde kann so nicht vollständig abfließen. Noch einmal: Solange wir uns nicht wirklich zuhören, sondern sofort zum Gegenangriff blasen, kann der Eiter nicht abfließen. Bitte mach dir auch bewusst, dass die Person, die dir gegenübersteht, nicht nur eine Geschichte mit dir hat. Wenn dir eine Frau das ganze Ausmaß ihrer Verachtung gegenüber Männern zeigt, mach dir klar, dass dies nicht alles nur dich betrifft. Ihre Wunde ist wesentlich älter. Bleib stehen. Hör zu. Fühl mit. Als Mann Verantwortung für männliche Gewalt zu übernehmen betrifft natürlich auch deinen persönlichen Teil, doch es geht weit darüber hinaus. Du bist ein Repräsentant des gesamten männlichen Feldes. Ich will damit sagen: Ihr steht euch nie nur allein gegenüber. Hinter euch und in euch wirkt das gesamte kollektive Feld. Jede Wunde, die ihr aufkratzt und verstärkt, verhärtet das gesamte Feld. Eure Vergebungsarbeit heilt das gesamte Feld.

Ich werde nun zunächst auf das Gift der Frau und auf die Gewalt des Mannes näher eingehen, bevor ich die Schritte der Vergebung erläutere. Ich kann und will dich nicht zwingen, dich diesem Thema zu stellen. Vielleicht bist du noch nicht bereit, deinen Part der Verantwortung voll zu übernehmen. Es ist immer einfacher, der anderen Seite die Schuld zu geben. Vielleicht hat das Thema Vergebung für dich gerade überhaupt keine Priorität, weil deine Beziehungen am Erblühen sind. Dann merk es dir für später und spring, wenn du magst, direkt zu Teil III des Buches.

DIE DÄMONIN DER VERACHTUNG IN DIR

Wirkliche Vergebungsarbeit beginnt meist nicht mit einem Friedensangebot, sondern mit unserer Bereitschaft, die Dämonen ans Licht zu bitten, die gar nicht an Frieden interessiert sind. So tragen die meisten Frauen eine uralte Verachtung dem männlichen Geschlecht gegenüber in sich. Wen wundert's? Doch sie sind sich dieser Verachtung selten voll bewusst. Manchmal blitzt die Bitterkeit in einem verächtlichen Witz, einem genervten Augenverdrehen oder arroganten Ratschlägen hervor. Doch so kann die Wunde nicht heilen. Sie wird chronisch. Sie macht dich blind für das Potenzial des Mannes und das eurer Beziehung.

Für Frauen bedeutete radikale Ehrlichkeit lange Zeit Lebensgefahr, und leider gilt dies auch heute noch in vielen Bereichen dieser Welt. Auch in Deutschland leben viele Frauen mit dieser Bedrohung. Das muss uns klar sein, wenn wir sie naiv einladen, doch endlich die ganze Wahrheit auszupacken. Um zu überleben, haben Frauen gelernt, netter zu erscheinen, als sie sind. Sie stellen sich dumm, damit *er* sich schlau fühlen kann. Sie lächeln, selbst wenn sie der Schwachsinn, den er erzählt, kolossal nervt. Frauen mussten so lange die netten Beziehungshüterinnen spielen, dass sie sich dieses Selbstbild mittlerweile selbst abkaufen. Vielleicht kommt dir das bekannt vor. Doch was, wenn dies nicht stimmt? Was, wenn deine nette Fassade nur die Hälfte der Wahrheit erzählt? Was, wenn du im Keller deines Unterbewusstseins eine Dämonin der Verachtung eingesperrt hast? Sie ernährt sich vom hochtoxischen Abfall deiner Bitterkeit und der deiner Vorfahrinnen. Jede nicht vollständig kommunizierte Enttäuschung und Empörung über alle Dummheiten, Grobheiten und Ungerechtigkeiten von Männern wandert hierher und speist sie. Sie ist so verletzt worden, dass sie diesen Typen gar keine Chance mehr einräumt. Sie *will*, dass sie wieder versagen. Denn dann bekommt die Dämonin neue Nahrung. Gleichzeitig hast du im Laufe deines Überlebenskampfes gelernt, diese hässliche Energie zu verstecken. Du weißt, dass die Männer bewundert werden wollen. Also zeigst du ihnen deine Schokoladenseite. Du strahlst und flirtest, was das Zeug hält. Ich wette, dass so gut wie keiner der Männer in deinem Leben je all deine Vorurteile und deine Verachtung zu sehen bekommen hat. Wahrscheinlich hast du sie selbst nie vollständig an die Oberfläche geholt. Denn du weißt nicht, was dann passiert. Vielleicht rennen alle weg? Oder du wirst dann beziehungsunfähig? Also unterdrückst du sie und machst gute Miene. Doch die Wunde sehnt sich nach Heilung. Die Dämonin will erlöst werden. Von Zeit zu Zeit taucht ein Mann auf, dem du mehr vertraust. Du lässt ihn näher an dich heran und wenn du dich ganz sicher fühlst, öffnest du den Keller. Du wirst gemein. Du fängst an zu sticheln und zu meckern. Wie viele Männer versteht er dies nicht. Er fragt sich verwundert: »Gestern war sie doch noch so charmant zu mir. Was ist passiert?« Er fühlt sich bestraft, doch eigentlich sollte er sich freuen. Denn du hast ihn auserwählt. Weil du ihm mehr zutraust, lässt du jetzt langsam deine Dämonin an die Oberfläche kommen.

Ich wünsche mir sehr, dass dieses Buch auch dazu beiträgt, dass Männer mehr in diesem Feuer stehen bleiben. Gleichzeitig wünsche ich mir, dass Frauen aufhören, auf den einen Ritter zu warten. Auch du. Entledige dich jetzt deines Giftes. Finde Freund*innen, gute Schwestern, Therapeut*innen, denen du ehrlich deine dunkle Seite zeigen kannst. Du bist nicht nur die Göttin der Geburt, der Lust und der Liebe. Du bist auch Kali, die dunkle Göttin der Zerstörung. Wie viel Empörung, Wut und Ablehnung gegenüber Männern haben sich in dir angestaut? Manches davon wurde durch deine persönlichen Erfahrungen ausgelöst. Aber selbst wenn du Glück hattest, was macht es mit dir, in einer Welt zu leben, in der frauenfeindliche Chauvinisten Präsidenten werden können, in der Frauen für ihre Liebe gesteinigt werden, in der Mädchen nicht zur Schule gehen dürfen? Wir kommen aus einer frauenfeindlichen Vergangenheit und wir erleben immer noch so viel Unterdrückung und Ungerechtigkeit dem weiblichen Geschlecht gegenüber. Was macht das mit dir? Was fühlst du dazu?

Wie gesagt: Dieser Eiter muss abfließen. Wenn du darauf sitzen bleibst, vergiftet er unterschwellig all deine Beziehungen zu Männern. Du wirst Beziehungen kreieren, die dich nicht erfüllen, und du wirst den Mann bis zum letzten Atemzug spüren lassen, wen du dafür verantwortlich machst. Am toxischsten wirkt dein unbewusster Groll auf deinen Sohn ein. Auch wenn du mit ihm nie darüber sprichst, er wird spüren, wie sehr du Männer verachtest. Er wird sich schuldig fühlen, weil er auch einer von denen ist. Er wird sich unbewusst schwören, nicht so zu werden wie die! So kappt er sich von seinen männlichen Wurzeln ab und der nächste Frauenversteher ist geboren.

Ich möchte dich mit meinen drastischen Worten nicht vor den Kopf stoßen, sondern liebevoll aufwecken. Du bist nicht nur nett. Deine Verachtung ist nur die erste, graue Schicht über der eigentlichen Lava deines Vulkans. Darunter ist Wut. Kreiere geschützte Räume, in denen du zur Furie werden kannst. Schau nicht weg. Lass es kommen. In dir ist der Zorn jeder Frau. Über Männer, aber auch über euch selbst. Darüber, dass ein so stolzes und intelligentes Geschlecht jahrhundertelang stillgehalten hat. Lass es alles kommen. Der angestaute Frust über dumme Gespräche, grobschlächtige Berührungen und so viele Ungerechtigkeiten. Die Trauer über all das verschwendete Leben im Aussitzen, Warten und Hoffen auf ein Wunder. Der Schmerz an deinem Selbstverrat. Ich will auf der anderen Seite keiner Frau künstlich Wut einreden. Ich bin ganz ehrlich. Ich bin als Mann nicht scharf auf deine Wut. Denn sie ist unbequem und bedroht viele der angenehmen Illusionen, in denen wir uns eingelullt haben. Doch ich sehe, wie diese latent mitgeschleppte passive Aggressivität, verborgen unter antrainierter Nettigkeit und rosaroten Konzepten von Liebe, nicht nur euch vergiftet, sondern auch uns Männer. Wir haben vielleicht keine Worte dafür, doch wir spüren eure Verachtung. Wir reagieren darauf mit Trotz oder Rückzug. Wir gewöhnen uns so daran, euch zu enttäuschen, dass wir selbst nicht mehr an den König in uns glauben. Ich entlasse uns Männer damit nicht aus unserer Verantwortung. Doch du musst dir als Frau darüber klar sein, wie mächtig du bist. Auch wenn wir zu stolz sind, es zuzugeben – wir haben uns über Millionen Jahre hinweg an euch orientiert. Wie ihr auf unsere Worte und Handlungen reagiert, bremst oder stimuliert uns. Wenn du einem Mann wichtig wirst und er deine unbewusste Verachtung spürt, schwächt das seinen Glauben an sich selbst. Er wird irgendwann nicht mehr nach dem Höchsten streben, sondern sich damit abfinden, dich enttäuscht oder bestenfalls mittelmäßig befriedigt zu haben.

Tragen auch Männer Verachtung in sich?

Ja. Doch meist nehmen wir uns viel mehr Freiraum, sie auch zu zeigen. Wir zeigen unsere Verachtung in unserer Körperhaltung oder in abfälligen Witzen. Wir brüllen, wenn es uns passt, und wenn wir keinen Bock auf Begegnung haben, drehen wir uns einfach um und schweigen. Wir benutzen Frauen als Objekte. Wir trauen ihnen weniger zu.

Ich würde mal behaupten, Mann hat seine Verachtung wesentlich stärker ausgelebt und er liegt oft mit ihr falsch. Wir glauben, dass wir Frauen verachten. Doch in Wahrheit verachten wir uns selbst. Wir haben keine gute, gesunde Beziehung zu unserem eigenen Geschlecht. Unter unserem arroganten, selbstsicheren Getue mögen wir viele Eigenschaften an uns selbst nicht. Wir glauben, dass wir *Frauen* für ihre Schwäche, ihre Irrationalität oder ihre Emotionalität verachten. Doch in Wahrheit haben wir unsere Schwäche, Irrationalität und Emotionalität nicht integriert. Wir verachten Frauen dafür, dass sie uns nicht so lieben, wie wir sind. Doch in Wahrheit lieben wir uns nicht, wie wir sind.

Wenn du dich als Mann deiner Vergebungsarbeit öffnest, hol auch deine Verachtung Frauen gegenüber ehrlich an die Oberfläche. Doch vor allem schau dir an, was du an dir verachtest und du auf die Frauen projiziert hast.

DER DÄMON DER GEWALT IN DIR

Ich habe mich lange gefragt, warum es vielen Männern so schwerfällt, ihren Part der Heilungsarbeit in einer Beziehung zu leisten. Ein Grund ist ganz sicher, dass wir dafür lieb gewonnene Privilegien infrage stellen müssen. Doch mittlerweile glaube ich auch, dass es viele von uns tatsächlich noch nicht erkennen. Wir verstehen einfach (noch) nicht, was männliche Gewalt dem Planeten, den Frauen, Kindern und uns selbst angetan hat. Es ist natürlich leichter, dies zu leugnen, als mitten in dem Mist aufzuwachen und ihn zu fühlen. Damit ein Vergebungsprozess beidseitig und vollständig stattfinden kann, muss der Täter bereit sein zu fühlen, was er dem Opfer an Leid zugefügt hat. Wir kennen alle den Unterschied zwischen einer dahingerotzten, oberflächlichen Entschuldigung und der aufrichtigen Bitte um Verzeihung, weil wir wirklich mitfühlen.

Ich möchte zwei mögliche Missverständnisse aus dem Weg räumen:

1. Es geht nicht nur um dich.
Es geht um uns alle.
Die Rede ist hier nicht nur von dem Scheiß, den du, Mann, selbst verbockt hast. Vergebung in der hier angesprochenen und auch erforderlichen Dimension ist kollektive Heilungsarbeit. Wenn du darauf beharrst, dass dich das alles nichts angeht, hast du noch nicht verstanden, wer du bist. Du bist nicht nur *ein* Mann in *einem* Körper mit seiner kleinen, begrenzten Geschichte. Du bist, ob du willst oder nicht, Part eines wesentlich größeren Wesens und ein Kapitel in einer wesentlich größeren Geschichte. Wir Deutschen tun uns ja nach wie vor schwer, Verantwortung für die Verbrechen Deutschlands im Zweiten Weltkrieg zu übernehmen. Die unmittelbar betroffenen Generationen mögen sich dieser Aufarbeitung aus Selbstschutz und Verleugnung entzogen haben. Doch was die jüngeren Generationen betrifft, sehe ich die Ursache nicht in

mangelndem Willen, sondern begrenztem Selbstverständnis. Politiker*innen und Historiker*innen versuchen, uns über Moral an das Thema heranzuführen. Doch das greift zu oberflächlich. Wir brauchen ein wesentlich tieferes Verständnis für die zeit- und personenübergreifende Wirkung von Vergebung. Wir verstehen einfach nicht, was die Ereignisse von damals mit uns heute zu tun haben. Wir begreifen Zeit linear. Wir denken: Was vorbei ist, ist vorbei. Wir definieren uns selbst vom Zeitpunkt unserer physischen Geburt an. Beides ist falsch. Die Zeit verläuft nicht nur in einer Richtung. Die Dimensionen beeinflussen sich. Unsere Weigerung, den Zusammenhang zwischen damals und jetzt zu erkennen, hält nicht nur das Leid der Vergangenheit fest. Es sorgt dafür, dass sich die nicht erlöste Geschichte in der Zukunft wiederholen wird. Und du bist eben nicht nur dieses eine Leben. Du bist das Ergebnis vieler vergangener Leben und die beeinflussende Person vieler zukünftiger Leben. Du bist nicht nur du. Du bist der Zugang zum kollektiven Feld der Menschheit. Das bedeutet, du musst als Mann begreifen, dass dich alle männliche Gewalt – auch in anderen Männern und anderen Zeiten – etwas angeht. Da, wo du etwas Neues lernst, lernt das ganze Feld etwas Neues. Wenn die Frau dir gegenüber durch dich eine wirklich neue Erfahrung mit Männern machen kann, schöpfen alle Frauen Hoffnung.

 2. Es geht nicht um Schuld.
Es geht um Verantwortung.
Niemand, auch nicht die Frauen, haben etwas davon, wenn du dich in Schuldgefühlen wälzt und ab jetzt impotent und mit eingezogenen Schultern durch die Gegend läufst. Es nutzt aber auch nichts, wenn du dich wie ein kleiner, bockiger Junge mit verschränkten Armen der Heilungsarbeit entziehst und dich darauf berufst, dass du ja nicht an allem schuld warst. Darum geht es gar nicht. Es geht um die Übernahme von Verantwor-

tung. Schuld lähmt. Verantwortung befreit. Du hast als Mann Verantwortung für jede Gewalt und jede Ungerechtigkeit, die du selbst in diese Welt bringst. Du hast als Repräsentant des gesamten männlichen Feldes Verantwortung für die Heilungsarbeit, die zwischen Frauen und Männern ansteht. Diese Arbeit beginnt mit unserer Bereitschaft, stehen zu bleiben und zuzuhören. Wir werden aus unserer Position heraus niemals vollständig begreifen, was ein männliches Privileg und was männliche Gewalt ist. Dafür müssen wir lernen, Frauen zuzuhören. Halt dich nicht damit auf, wie sie es dir sagt und wie sehr es eventuell dein Ego verletzt. Bleib stehen und hör hin! Lass dir erklären, was bestimmte Situationen mit *ihr* machen. Hör nicht nur intellektuell zu, sondern sei bereit, dies auch zu fühlen. Hör hin, auch wenn es nicht *deine* Frau oder *deine* Tochter sind. Frauen sehnen sich nach der Erfahrung, dass Männer stehen bleiben, zuhören und mitfühlen. Vielleicht erscheint dir im Augenblick der Begriff *Gewalt* noch übertrieben, weil du dich selbst für einen Mann von sanftem Wesen hältst. Doch erstens geht es nicht nur um dich, sondern um eine kollektive Dimension. Zweitens wirst du, wenn du zuhörst, verstehen, dass Gewalt auf sehr vielen verschiedenen Ebenen ausgedrückt werden kann, auch durch Blicke und Sitzhaltungen, durch ungerechte Gesetzgebungen, durch abfällige Witze, durch Pornografie, durch Abwenden – und natürlich durch psychische und körperliche Gewalt und Missbrauch. Noch einmal, weil es so wichtig ist: Es geht nicht um Schuld. Es geht um ein Erkennen, wie sehr Gewalt alle unsere Systeme, unser Denken und Fühlen geprägt haben. Es geht darum, deinen Part der Verantwortung zu sehen und zu übernehmen. Erst wenn unsere Welt für den Eros in uns allen ein sicherer Ort geworden ist, werden nicht nur Frauen und Kinder, sondern auch wir Männer aufatmen, uns entspannen und uns neu, sanfter und mitfühlender aufeinander zu bewegen. Bring deine Beziehungen in Ordnung, aber bleib da nicht stehen. Wenn du ein guter Mann sein willst, dann öffne dein Herz für jede Ungerechtigkeit. Beschütze jedes Mädchen auf der Straße. Behandle jede Frau respektvoll. Fordere jeden deiner Brüder heraus, seine Gewalt in den Griff zu bekommen.

Bist du bereit, der anderen Seite zuzuhören und dich challengen zu lassen? Und bist du bereit, an einer für alle Frauen und Männer gerechten Welt mitzuwirken? Auch wenn du dabei definitiv einige Vorrechte verlieren wirst, wirst du so viel mehr gewinnen. Denn der Dämon unserer Gewalt hat sich nicht nur gegen Frauen gerichtet, sondern auch gegen uns selbst. Wir waren unvorstellbar hart zu uns selbst. Wir haben unsere feinfühlige und zarte Seite unterdrückt. Wir haben uns durch das Leben gepeitscht, anstatt es zu genießen. Wir haben uns selbst verachtet, wenn wir mal schwach waren. Vergebung bedeutet auch, dir anzuschauen, wie oft du dir selbst gegenüber Gewalt angewendet hast, indem du versucht hast, die Erwartungen der Welt, deiner Eltern oder der Frau an deiner Seite zu erfüllen. Wenn du Frieden finden willst, Mann, bleib stehen. Hör der Frau an deiner Seite mehr zu. Hör dir mehr zu. Es ist Zeit, die Rüstung abzulegen und zu heilen.

Tragen auch Frauen Gewalt in sich?

Natürlich, und ich lade dich, Frau, ein, die Waffen deines Geschlechts genau und selbstkritisch zu untersuchen. Dafür wird es sehr hilfreich sein, den Männern mehr zuzuhören. Lass sie dich lehren, was sie als Gewalt von deiner Seite empfinden.

Tatsächlich zeigen Statistiken eine Zunahme weiblicher Gewalt in Haushalten. Aktuell sind knapp 20 Prozent der Tatverdächtigen bei Partnerschaftsgewalt weiblich.[37] Doch effektive Gewalt muss sich gar nicht körperlich ausdrücken. Lügen, Manipulation und Verachtung sind auch Formen der Gewalt. Also ja, bitte, liebe Frau, schau auch du in diesen Spiegel.

ESSENZIELLE STADIEN DER VERGEBUNGSARBEIT

Menschen sind so tapfer und die meisten von uns sammeln im Laufe der Jahre so viele Enttäuschungen in sich an. Da hat sich so viel Unausgesprochenes und nicht vollständig Gefühltes zwischen den Geschlechtern angestaut. Das macht einen frischen Neuanfang fast unmöglich. Wir brauchen Heilungsbiotope in Form reifer, starker Beziehungen und Gemeinschaften, in denen der alte Schmerz gesehen, gefühlt und verabschiedet werden darf. Wir müssen verstehen, dass wir nicht nur zusammenkommen, um Sex zu haben, eine Familie zu gründen oder ein Geschäft miteinander aufzubauen. Jede wache Begegnung ist auch die Chance, diese alten Wunden zu heilen. Wir sind die Medizin füreinander.

> **Anleitung zur vollständigen Vergebung**
> Hier kommt eine herzliche Bitte: Etabliere Vergebungsarbeit als wesentliches Element in all deinen wichtigen Beziehungen – besonders natürlich in deinen Liebesbeziehungen. Allein und mit deinem Partner, deiner Partnerin. Ich habe dir zur Unterstützung eine Anleitung im Downloadbereich (siehe Anhang) unter dem Titel »Die 7 Schritte zur vollständigen Vergebung« zur Verfügung gestellt. Darin erfährst du die essenziellen Schritte eines vollständigen Vergebungskreislaufs.

Es lohnt sich so sehr! Wenn es einmal klick macht und du fühlst, wie sich deine Energie aus einer alten Erfahrung löst, wirst du Lust bekommen, regelrecht auf Jagd nach deiner Kraft zu gehen. Du installierst Vergebung als einen Lebensstil. Du schleppst einen Fehler oder ein hässliches Ereignis nicht erst Tage mit dir herum. Du vergibst sofort. Irgendwann sind die Schritte so in dir verankert, dass du nur noch Minuten brauchst, um den Irrtum aufzulösen. Du lebst dadurch viel freier in der Gegenwart. Menschen werden gern mit dir zusammen sein, weil du nicht nachtragend bist. Dein Leben verwandelt sich in eine Oase, die andere nutzen, um sich zu erinnern und um zu vergeben. Du wirst aufhören, in alten Wunden herumzustochern. Du blühst immer mehr auf, denn dein Bewusstsein kehrt von all den alten, längst verstaubten Baustellen in deine Gegenwart zurück. Jetzt wird es erst so richtig spannend! Denn nun, da du mit deiner vollen Power hier und jetzt angekommen bist, bist du frei, eine wirklich neue Zukunft zu erschaffen.

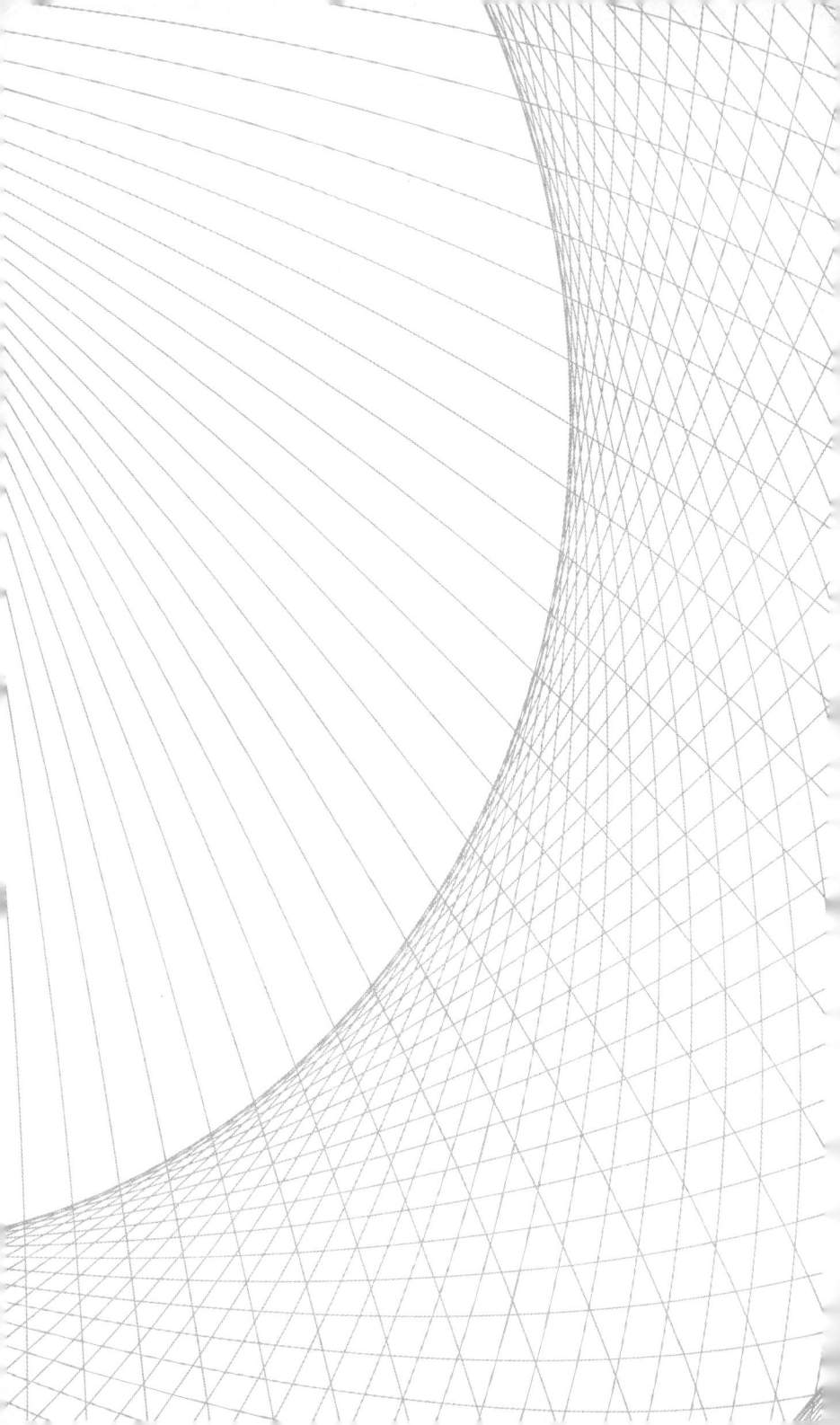

TEIL III

Befreiung

»Gott schläft im Stein,
atmet in der Pflanze,
träumt im Tier und
erwacht im Menschen.«

Rabindranath Tagore[38]

DU BIST GENESIS

Was war, ist vergangen. Was kommen wird, ist noch nicht da. Wir lernen aus der Geschichte, warum wir heute sind, wie wir sind. Doch letztendlich geht es darum, das Alte loszulassen. Bist du bereit, dich neu zu entdecken? Bist du bereit, dich aus den alten Geschlechterrollen zu befreien? Denn du bist so viel mehr. Du bist unbegrenztes Bewusstsein. In dir stellt sich der Kosmos existenzielle Fragen und kreiert neue Möglichkeiten. Du bist alles andere als normal. Du bist eine magische Abnormalität in der Matrix des Universums. Es ist ein Wunder, dass du überhaupt lebst. Dich wird es so nicht noch einmal geben. Du bist die exklusive Sonderedition eines Parfums, in dem ganz bestimmte Begabungen und Sehnsüchte, plus Eros und Logos in einem speziellen Verhältnis gemischt wurden, um dich und die Welt zu verzaubern. Verschwende deine kostbare Lebenszeit nicht damit, die langweilige Kopie einer langweiligen Kopie zu sein. Befreie das Original in dir. Egal, wie alt du bist, es ist nie zu früh und nie zu spät, dir die Frage zu stellen, wer du wirklich bist.

Der Abschnitt »Befreiung« besteht aus drei großen Kapiteln:

>**Die Rückkehr der Königin**« wendet sich nicht nur an die Frau, sondern an die weiblichen Anteile in uns allen.
>**Das Erwachen des Königs**« wendet sich nicht nur an den Mann, sondern an die männlichen Anteile in uns allen.
>**LGBTQI+ – Der Regenbogen der Geschlechter**« wendet sich zuerst an die offiziell 7 bis 8 Prozent unserer Bevölkerung, die sich nicht mit den klassisch binär-heterosexuellen Geschlechterrollen identifizieren können, doch darüber hinaus wendet er sich an uns alle. In ihm treffen sich die Königin und der König zum befreiten Tanz. Lies daher auch du es, unabhängig von deinem Geschlecht. Lass dich überraschen. Vor allem von dir selbst.

Bitte versteh den Abschnitt Befreiung nicht als ein ratgebendes Kapitel, in dem dir jemand anders erklärt, was du tun sollst. Das kann und will ich nicht. Es kann keine fertige Bedienungsanleitung für den richtigen Mann oder die perfekte Frau geben. Auf dieser Welt leben 7,8 Milliarden Originale.[39] Ich wünsche dir die wilde Neugier, alle begrenzenden Überzeugungen und Rollenmuster über dich als Mann, Frau oder wer auch immer du bist, radikal einzureißen, deinen Verstand und dein Herz der Sonne und den Sternen entgegenzustrecken und den heiligen Geist des Lebens herauszufordern, dir zu zeigen, wer du wirklich bist. Vor allem wünsche ich dir den Mut, jeden Tag etwas mehr in die Antwort hinein zu leben.Wenn du die ausgetrampelten Pfade verlässt, beginnt Schöpfung.

 **Genesis ist kein Märchen, keine Idee.
Genesis, das bist du.**

DIE RÜCKKEHR DER KÖNIGIN

Als ich mit den nun folgenden Perspektiven auf Vortragstour ging, kam im Vorfeld ein starker Zweifel in mir auf. Sollte ich es nicht Frauen überlassen, über Frauenthemen zu Frauen zu sprechen? Also bin ich in mich gegangen und zu dem klaren Schluss gekommen, dass es eine meiner zentralen Lebensaufgaben ist, Frauen zu sehen, zu verstehen und zu ermutigen. Liebe Frau, ich weiß natürlich, dass du mich nicht brauchst, um loszugehen. Doch manchmal tut es gut, wenn wir aus einer anderen Ecke noch einmal das zu hören bekommen, was wir in der Tiefe längst schon wissen. Bemerkenswert viele Frauen kamen nach dem Vortrag zu mir und gaben mir, meist still berührt, das Feedback: »Danke. Ich wusste dies irgendwie schon. Doch es war für mich extrem heilsam, dies aus dem Mund eines Mannes zu hören.«

Was ich damit sagen möchte: Ich nähere mich dir und deinem Mysterium mit Respekt. Vielleicht kann ich dir dies anhand meiner eigenen Geschichte zeigen, denn ich lebe seit 28 Jahren mit einer Frau zusammen. Das ist eigentlich ein Wunder, denn ich langweile mich sehr schnell. Doch diese Beziehung hat mich noch nie unterfordert. Sie begann als ein Abenteuer und das hat sich bis heute nicht geändert. Andrea hat sich von Beginn an allen sterotypen Erwartungen entzogen und mich auf eine gute Weise immer wieder *ent-täuscht*. Heute verstehe ich: Ich habe keine starre Person geheiratet, sondern einen *lebendigen Prozess*. Eine wache Frau ist eine evolutionäre Jukebox. Es ist kein Ende der Überraschungen in Sicht. Unsere Beziehung startete wie wohl die meisten relativ unbewusst und mit einem starken Faktor an Co-Abhängigkeit. Wir projizierten blind und ungestüm Sehnsüchte und Forderungen aufeinander. Wir klagten uns gegenseitig für Verletzungen an, die uns lange vor unserer Begegnung zugefügt wurden. Wenn wir nicht beide sehr willensstark und freiheitsliebend wären, wären wir wahrscheinlich miteinander in diesen altbekannten Grabenkämpfen eingeschlafen. Doch so brachen wir beide immer wieder aus dem Bannstrahl unserer gegenseitigen Vorurteile aus. Früher geschah dies oft sehr brutal, heute wesentlich sanfter und schneller. Wir sind nicht zusammengekommen, um Rollen zu bedienen. Wir begreifen unsere Beziehung als ein evolutionäres Dienstleistungsunternehmen mit einer zentralen Mission – uns selbst und den anderen in seinem Erwachen und Erblühen zu fördern.

Mein Fazit dieser intensiven Entdeckungsreise bis hierher lautet: Eine freie Frau ist ein lebendes Paradox. Andrea ist in dieser Zeit weicher *und* (in einem guten Sinne) fester geworden. Sie ist weiblicher *und* männlicher. Ihr Verstand schärft sich wie ein Schwert, während ihre Liebe tiefer und bedingungsloser wird. Je mehr sich Andrea befreit, desto größer wird die Bandbreite der Qualitäten, auf die sie zugreifen kann. Von tough bis ultrazart. Von charmant bis zornig. Von still bis wild.

Ich erwähne dies, weil es mir wirklich wichtig ist, dass du als Frau verstehst, dass ich dir weder deinen Weg aufzeigen kann noch will. Ich biete dir einen liebevollen, aber bestimmt auch manchmal provokativen, männlichen Spiegel an. Nicht als Richtschnur, sondern als ein Echo von der anderen Seite des Ufers. Gerade weil wir uns alle in einem tiefgreifenden Transformationsprozess befinden, sollten wir in einem achtsamen Austausch bleiben. Ich habe mir privat und als Mentor angewöhnt, nur dann Feedback zu geben, wenn ich gefragt werde. Das handhabe ich mit Andrea so und in meiner Arbeit. Wenn Frauen in meine Vorträge kommen, gehe ich davon aus, dass sie hören wollen, was ich zu sagen habe. Also spreche ich zu ihnen. Wenn du dieses Kapitel liest, werte ich dies als Zeichen, dass du an meiner Meinung interessiert bist. Also teile ich sie offen mit dir. Die folgenden Abschnitte sind meine Einladung und Aufforderung an die Königin in dir, ihren Thron noch viel mehr einzunehmen.

Ich habe in meinen Seminaren mit sehr vielen Frauen zu tun. Da ich Frauen liebe, beobachte ich sie gern und höre zu. Ich bin überzeugt, dass sehr viele Frauen weit unter ihren Möglichkeiten leben und sich dümmer stellen, als sie sind. Das sage ich ganz in Liebe. Es macht mich traurig und oft wütend. Deshalb will ich gar nicht erst versuchen, in diesem Kapitel jedes Fettnäpfchen zu vermeiden. Ich möchte das, was ich denke, nicht durch den Filter der politischen Korrektheit oder Vorsicht filtern. Ich sage es, wie ich es denke. Du kannst das oder auch mich ruhig bescheuert finden. Doch vielleicht markierst du dir die Stellen, die dich besonders empören, und kommst dann später noch einmal darauf zurück. Eventuell steht dort später etwas anderes, als du beim ersten Mal gelesen hast. Möglicherweise machst du dann sogar die Erfahrung, dass dich deine Vorbehalte bis jetzt davon abgehalten haben, den vollen Nutzen aus dem Feedback der Männer um dich herum zu ziehen. Männer sind nicht dumm. Sie verarbeiten die Welt nur anders als du. Sie sehen dich anders, als du es tust. Ihr Feedback kann dir helfen, ganzer zu werden.

Geh in Führung

Geh in allen Bereichen des Lebens wesentlich mehr in Führung. Natürlich brauchst du dafür nicht die Erlaubnis eines Mannes. Doch derzeit müssen Frauen häufig noch viel zu sehr kämpfen, um gehört zu werden. Auf dem Weg in die Sichtbarkeit bezahlen deshalb viele von ihnen einen großen Preis. Sie legen sich einen Panzer zu. Sie werden hart. Sie werden in einer gewissen Weise *männlich*, um sich durchsetzen zu können. Das ist nicht gut. Denn dabei gehen Natürlichkeit, Tiefe und die besondere Magie eures Geschlechtes verloren.

Ich erlebe viele Frauen bissig, frustriert und häufig bereits resigniert. Ich verstehe, warum. Ich verstehe, dass viele Frauen nicht einmal mehr entschlossen versuchen, die Genesis der Menschheit proaktiv und konstruktiv zu beeinflussen. Doch dies ist eine evolutionäre Katastrophe. Denn das Vakuum, welches die Königin hinterlässt, wenn sie ins Exil wandert, werden die kleinen und großen Tyrannen dieser Welt füllen. Sie werden die Beziehungen, Familien, Schulen, Unternehmen und Regierungen übernehmen und nicht führen, sondern herrschen. Dieser Unterschied ist existenziell. Beim Herrschen dreht sich alles um den Erhalt von Macht, egal, wie sehr das System darunter leidet. Beim Führen sitzt die Person mit der

135

meisten Kompetenz auf dem Thron. Sie führt nicht, um zu herrschen, sondern um dem Wohlergehen des Systems zu dienen. In einer idealen Welt würden wir alle den Unterschied kennen und so souverän in uns selbst ruhen, dass wir völlig selbstverständlich der Person die Führung anvertrauen, die in diesem Bereich die Beste ist. Lass uns an diesem Traum festhalten und im Abschnitt Co-Creation weiterspinnen (siehe Seite 242).

Über Jahrtausende haben Männer die Story aufgebaut, sie wären für viele entscheidende Systeme einfach die besseren Führer. Das mag für eine auf Ausbeutung und Konkurrenz basierende Gesellschaft sogar stimmen. Männer mögen tatsächlich kompetenter darin sein und mehr Begeisterung dafür entwickeln können, Kriege zu führen, Unternehmen auf pure Wachstumszahlen zu trimmen und Krankenhäuser in wirtschaftliche Unternehmen zu verwandeln. Aber mal ganz ehrlich, wer braucht das noch? Wenn ich in den Nachrichten sehe, wie sich erwachsene männliche Staatsoberhäupter wie stolze Pfaue oder wild gewordene Gorillas aufführen, bekenne ich als Mann, der an die Zukunft der Menschheit glaubt, Folgendes: Ich bevorzuge es, wenn unser Land von einer Frau regiert wird.

Interessanterweise werfen wir Frauen in führenden Positionen gern Führungsschwäche vor. Mich verwundert es nicht. Denn wir wissen noch sehr wenig darüber, wie weibliche Führung aussehen kann. Deshalb bitte ich dich auch, beim Weiterlesen daran zu denken, dass ich von einer neuen Form der Führung schreibe, die uns alle überraschen wird. Begehe als Frau bitte nicht den Fehler und werde zu einer männlichen Kopie, um mitbestimmen zu können. Dann haben wir nichts gewonnen. Verfalle aber auch nicht in den kindlichen Glauben, dir stünde nach 10 000 Jahren das Recht auf Bestimmen einfach so zu, egal, ob du die erforderliche Kompetenz aufbringst oder nicht.

Erziehung

Ich bin absolut überzeugt, dass Frauen in vielen Bereichen eine natürliche Kompetenz besitzen und diese noch lange nicht voll auf den

Tisch packen. Nenn mich altmodisch, doch ich glaube, dass die meisten Frauen die Führung übernehmen sollten, wenn es um die Erziehung ihrer Kinder besonders in den ersten Jahren geht. Logos denkt sich gefühlt alle zwei Jahre ein neues spektakuläres Erziehungskonzept aus. Doch welche Absicht steht dahinter? Kinder in noch effektivere Leistungsmaschinen zu verwandeln? Für mich klingt dies sehr einseitig und männlich. Ich glaube, dass Frauen ganz genau wissen, was diese Wesen brauchen. Denn sie waren und sind eins mit ihnen. Eros trimmt nicht auf Leistung. Eros hütet und gewährt Raum für eine natürliche Potenzialentfaltung. Dies ist keine Aufforderung, Männer aus der Erziehung auszuschließen – weder was ihr Feedback noch die Übernahme von Verantwortung betrifft. Jedes Familiensystem ist einzigartig. Wenn du als Frau deiner Stimme vertraust und deine Wünsche klar kommunizierst, findet ihr die für euch angemessene Rollenverteilung. Ich habe großen Respekt vor der Zerreißprobe, vor der Mütter heutzutage stehen: Kind, Karriere, Wünsche, Ängste, Druck von außen, … Das alles unter einen Hut zu bringen – puuuh! Doch gerade deshalb musst du in Führung gehen, sonst werden dich die Erwartungen der äußeren Welt führen. Lass dir von niemandem erzählen, was möglich ist und was nicht. Zieh dich zurück. Werde still. Frag dein Herz, was es braucht, um dich als Frau, Mutter und Geliebte wohlzufühlen. Formuliere eine vollständige Vision deines Lebens. Und dann mach es möglich! Geh in Führung!

Sex und Liebe

Ich habe bewusst mit dem Thema Erziehung begonnen, denn dies ist die entscheidende Phase, in denen wir Einfluss auf das Gedeihen der kommenden Generationen haben. Ein weiterer essenzieller Lebensbereich, in dem ich mir wesentlich mehr Führung durch Frauen wünsche, sind unsere Liebesbeziehungen. Du als Frau bist (eigentlich) die Expertin lebendiger Beziehungen. Du weißt, was es braucht, um eine Verbindung zu nähren. Du erkennst sehr wahrscheinlich wesentlich früher, wenn etwas fehlt. Sein Logos kann sich wegbeamen und verrennen. Er ist in der Lage, nächtelang vor seiner Playstation zu hocken und tagsüber in seiner Arbeit zu verbrennen und dennoch das Gefühl zu haben, die Beziehung wäre in Ordnung. Dein Eros schlägt viel eher Alarm. Du weißt, was es braucht, um ein Feld der Nähe und Freude zu erschaffen. Warte nicht darauf, dass er dies irgendwann von sich aus erkennt. Mach es ihm liebevoll und konsequent klar. Wenn du dich mit dem, was du siehst, nicht voll in eure Liebesbeziehung einbringst, besteht eine hohe Wahrscheinlichkeit, dass sich der Mann an deiner Seite verrennt. Logos ohne Eros verirrt sich gern in kopfgesteuerten Projekten. Ich habe im Coaching und in Seminaren schon mit so vielen Frauen gesprochen, die leider zu spät schmerzhaft erkannten, dass das Zurückhalten ihrer Wahrheit letztlich niemanden geschont hat, sondern zum Niedergang der Partnerschaft führte. Geh in Führung, was deinen und euren Sex betrifft. Du weißt, was dir guttut und was dich bestenfalls nervt. Der Mann wird es wahrscheinlich nicht wissen und doch glauben, dass er ein Checker ist. Es kann gut sein, dass du sein Ego erschütterst, wenn du sein Rumfummeln stoppst, ihm tief in die Augen blickst und dann erklärst, wie genau du berührt werden möchtest. Wenn er dich nicht nur als eine Sexpuppe betrachtet, sondern achtet, wird er dir nach anfänglicher Irritation dankbar sein und es sogar erregend finden, von dir zu lernen. Denn jetzt bekommt er die Chance, sich von einem nur eingebildeten Superlover in einen echten Liebeskünstler zu verwandeln. Warte nicht still auf seine sexuelle Erleuchtung. Geh in Führung.

Arbeit

Arbeitest du? Als Selbstständige, Angestellte oder Vorgesetzte? Betrachte das Unternehmen, für das du wirkst, in jedem Fall als dein System. Wenn sich unsere Wirtschaft nicht ändert, kommt der Mensch nicht zur Ruhe. Eros erfährt gegenwärtig viel zu wenig Raum und Wertschätzung. Hier einen echten, systemischen Wandel zu manifestieren geschieht derzeit noch frustrierend langsam. Doch du kannst hier nicht kneifen. Deine Perspektive auf den Sinn und die Organisation von Arbeit ist so wichtig. Doch solange du auf ein Wunder von oben wartest, wird nichts passieren. Geh in Führung. Bring dich ein.

Du selbst

Doch der allerwichtigste Bereich, in dem du die Führung übernehmen musst, bist du! Kannst du dich selbst gut führen? Wie steht es um deine Selbstwirksamkeit? Deine Fähigkeit, dir selbst Kommandos zu geben und ihnen zu folgen? Hast du deinen Logos bereits voll hochgefahren und dir deine persönliche Ethik in Form wohldurchdachter Werte erarbeitet? Ich höre bei vielen Frauen immer wieder ein Vorurteil gegenüber dem analytisch-rationalen Denken heraus. Alles soll aus dem Herzen kommen. Das klingt nett, ist aber eine gefährliche Vereinfachung. Du bist ein hochkomplexes Wesen und vieles von dem, was du Herz nennst, sind Gefühle. Sie können dich blind machen, wenn dein Logos nicht voll angeknipst ist.

Führe dich, indem du dich darin schulst, konstruktiv-kritisch zu denken, auch wenn es dir vielleicht zuerst keinen Spaß bereiten sollte. Nüchtern und scharf zu denken mag sich nicht romantisch anfühlen, doch ich persönlich finde, es stärkt unseren Sexappeal enorm! Führe dich mit klaren Visionen, was du in deinem Leben erreichen willst. Stell deine Werte so kristallklar auf und verpflichte dich ihnen, sodass du ihnen auch unter Bedrohung oder im Liebeskummer treu bleibst. Die Königin, von der ich schreibe, ist nicht nur eine Idee. Sie existiert als mächtiger Archetyp in deiner Psyche. Solange du dich wie ein kleines Mädchen oder eine naive Mutterfigur verhältst, wird sie sich nicht zeigen.

Meditationstipp

Wenn du die Königin in dir respektvoll anrufst, wird sie kommen. Nimm dir Zeit. Am besten täglich. Allein. Schließe deine Augen und rufe sie an. Bitte sie, ihren Thron in dir wieder einzunehmen. Bitte sie, dich mit Würde und Souveränität zu speisen. Sie wird dich in Selbstachtung unterrichten. Sie wird dir zeigen, welche Spiele du endlich aufgeben solltest. Sie wird dich lehren, was es bedeutet, *weiblich* zu führen. Du findest im Downloadbereich (siehe Anhang) unter »Deine innere Königin« eine geführte Meditation, die dich einlädt, deiner inneren Königin zu begegnen.

Verabschiede das Opfer in dir

Die Königin in dir wird sich niemals zeigen, wenn du darauf bestehst, das Opfer zu sein. Diese zwei Archetypen – Königin und Opfer – schließen sich aus. Damit meine ich nicht die juristische Bezeichnung eines Opfers. Wenn dir die Handtasche geklaut wurde, warst du das Opfer eines Diebes oder einer Diebin. Wenn dein Mann oder deine Frau dich schlägt, bist du Opfer häuslicher Gewalt. Diese Dinge muss man klar benennen. Punkt. Was ich hier meine, ist die geistige Haltung eines Opfers. Ein Opfer ist ein Mensch, der die Ursache für sein Leid auf fremden Baustellen sieht, die er nicht beeinflussen kann. Diese Perspektive ist die mächtigste Form der Selbstentmachtung. Du nimmst deine Power und deponierst sie an einem Ort, an den du scheinbar nicht mehr herankommst. Wenn dein Geist wählt, Opfer der Umstände in deiner Vergangenheit zu sein, wirst du dein Leben lang an etwas leiden, was längst vorbei ist. Wenn du wählst, alle Frauen als Opfer des Patriarchats zu betrachten, wirst du nicht nur dich, sondern auch deine Freundinnen entmächtigen. Ihr werdet Gründe sammeln, warum das, was eigentlich gut und richtig wäre, jetzt nicht stattfinden kann. Ihr werdet euch im Recht fühlen, aber so niemals eure vollen Möglichkeiten entfalten. Wenn dein Geist entscheidet, dass der Grund für deine Nichterfülltheit der Mann neben dir auf der Couch ist, dann wirst du all deine kostbare Lebensenergie investieren, um den Typen zu verändern. Wenn du das schon einmal versucht hast, dann weißt du, dass es nicht funktioniert. Entweder wird er sich deinen Bekehrungsversuchen widersetzen oder er unterwirft sich deinem Willen. Dann wird er dich allerdings noch weniger glücklich machen.

Der springende Punkt ist: All das sind Umstände, die dein Leben natürlich beeinflussen. Doch der mächtigste Hebel für die Interpretation deines Lebens liegt in deinem Geist. Wenn der dem Umstand mehr Macht verleiht als dir, hast du verloren. Denn nun kämpfst du gegen eine Gegnerin, die genauso mächtig ist wie du: Du kämpfst gegen dich selbst. Es sind nicht diese Dinge da draußen, die die Kraft besitzen, egal, wie überzeugend es danach aussieht. Du hast ihnen diese Macht verliehen und nur du kannst sie ihnen wieder nehmen. Ich habe zum Beispiel Frauen in Coaching und Seminaren dabei beobachten dürfen, wie sie mit ihrem ganzen Wesen wählten, ihre eigene Macht nach einem Missbrauch zu sich zurückzuholen. Nichts und niemand wird diese Frauen nun davon abhalten, ihr Glück zu finden.

Achtung, jetzt kommt ein Satz, der dich erst einmal empören könnte: Ich glaube, dass die Haltung des Opfers so tief im Unterbewusstsein vieler Frauen verankert ist, dass es zur Grundhaltung ihres Lebens wurde. Ihr glaubt, dass ihr einfach nur Gründe aufzählt, die euch von eurem Glück abhalten. Doch in Wahrheit rezitiert ihr sie, weil ihr euch vor eurer wahren Power fürchtet. Solange es noch einen »Grund« gibt, mit dem du dir überzeugend erklären kannst, warum du nicht glücklich sein kannst, wirst du dich nicht voll erheben. Opferbewusstsein ist ein schleichendes Gift, welches den Geist lähmt. Es wird von Generation zu Generation weitergegeben. Wenn du mir nicht glaubst, hör dich doch einmal auf dem nächsten großen Fest unter den Frauen deiner Familie um. Wie viele von ihnen leben nicht ihren Traum und wem geben sie die Schuld dafür?

Ein Opfer leidet, doch es hat es auch einfacher. Es muss seine kreativen Kräfte nicht voll mobilisieren. Es muss sich nicht ganz sichtbar machen. Es muss sich nicht seinen eigenen Scheiß anschauen. Es muss sich keine wirklich eigenen Gedanken machen, keine Vision für sein Leben entwickeln und dann rausgehen und sich beim Erfüllen dieses Traumes blutige Knie und viele frustrierende Niederlagen vor dem Sieg abholen. Nein. Es sitzt am Rand, mit einer Thermoskanne lauwarmer Erinnerungen, umgeben von sorgfältig ausgesuchten Freund*innen oder Therapeut*innen, die ihm recht geben, weil sie in derselben geistigen Falle sitzen.

Das Opfer in uns bäumt sich wie ein Tier in wilder Empörung auf, wenn es adressiert wird. Daran kannst du es erkennen. Es flüstert uns zu, dass die anderen ja gar nicht wissen können, wie sehr wir leiden. Es wird alles tun, um nicht enttarnt zu werden. Hier ist der Punkt. Dein Geist ist *so* mächtig. Wenn er wählt, sich in der Gefängniszelle des Opfers einzusperren und dann so zu tun, als hätte er den Schlüssel verloren, wird dich niemand von etwas anderem überzeugen können. Du sitzt in deiner Zelle und sammelst Gründe, warum du nicht haben kannst, was du eigentlich willst. Und diese Gründe werden sich zu 100 Prozent echt anfühlen! Nicht, weil sie es sind, sondern weil du willst, dass sie sich wahr anfühlen. Denn nur so kannst du an sie glauben. Es gibt einen klaren Hinweis, woran du erkennst, ob jemand gerade in dieser Zelle sitzt:

> *Ein Opfer spricht immer darüber, warum es nicht haben kann, was es will.*
> *Ein freier Geist spricht darüber, was er will und wie er es bekommen kann.*

Ich möchte es noch einmal differenzieren, denn hier darf es keine Missverständnisse geben: Wenn ein Mann deine Grenze missachtet und seine körperliche Überlegenheit ausnutzt, um dich, etwa sexuell, zu missbrauchen, dann bist du natürlich in dieser Situation juristisch gesehen das Opfer. Alle angemessenen Konsequenzen sollten erfolgen, um sicherzustellen, dass dies nicht noch einmal geschieht. Ich schreibe allerdings von dem, was nach der Schock-, Wut- und Trauerphase in deinem Geist passiert. Bleibst du in diesem inneren Gefängnis der Opferrolle sitzen? Verleihst du diesem Ereignis Macht über dein gesamtes zukünftiges Leben? Oder holst du deine Power zu dir zurück?

Es geht nicht darum, Gefühle über eine schmerzhafte oder nicht erfüllende Situation zu unterdrücken. Benenne die Dinge beim Namen. Sprich aus, welche Grenze überschritten wurde. Nimm dir Zeit für Heilung und Vergebung. Doch bleib nicht rückwärtsgewandt stehen. Ich bin zutiefst überzeugt, dass ein menschlicher Geist, der Heilung wählt, Heilung erfahren wird. Wenn du wählst, frei zu sein, wirst du frei sein. Dein Körper kann verletzt werden. Deine Emotionen und dein Verstand können erschüttert werden. Doch du bist so viel mehr. Du bist eine Titanin der Schöpfung. In dir ruht das Gedächtnis der evolutionären Erfahrungen von Steinen, Pflanzen und Tieren. Du wurdest so oft getötet und bist wieder auferstanden. Du bist das Leben selbst. Wenn du diese Kraft auf Licht und Freude ausrichtest, bist du nicht aufhaltbar. Dein Gehirn verfügt über etwa 100 Milliarden Nervenzellen, die alle auf dein Kommando warten. Was sollen sie für dich kreieren? Noch mehr Gründe, warum du unglücklich bist? Kein Problem für dein Gehirn. Doch du unterforderst es damit so sehr. Ermächtige es doch lieber, dich zu heilen und für dich nach Ekstase zu jagen. Beauftrage es, für dich Lösungen der Erfüllung zu finden. Mitgefühl ist gut. Doch verbiete dir Selbstmitleid. Steh auf, schau in den Spiegel und ruf die Kriegerin an. Lass sie ab jetzt nach Kraft für dich jagen. Neben dir werden andere Frauen auftauchen. Jägerinnen wie du. Sie werden dir liebevoll verbieten, ins Klagen abzurutschen. Sie werden dich fragen: »Was willst du, Schwester? Was willst du wirklich-wirklich?« Wenn du deinen Wunsch kristallklar ausgesprochen hast, werden sie dir zujubeln: »Geh los und hol es dir, Schwester! Wir helfen dir dabei!«

Vielleicht fragst du dich, was dann mit dem Mann an deiner Seite ist, der vielleicht so gar nicht zu deiner kühnen Vision passt? Nun, hast du dich je gefragt, warum er genauso in deiner Realität erschienen ist? Weil er die perfekte Kulisse für dein Drama bietet. Er bedient dein Opfer und liefert dir täglich Gründe, warum du nicht voll glücklich sein kannst. Doch hier kommt der Trick: Realität ist ein Spiegelkabinett. Du siehst im Grunde genommen immer nur dich. Klar kannst du den Mann austauschen. Das hast du vielleicht sogar schon probiert. Solange du in der Gefängniszelle deines Opfers sitzt, bestimmt es das Spiel. Du wirst magisch den nächsten Frustbolzen oder Versager anziehen. Wie wäre es, wenn du den Typen für eine Weile aus dem Bannstrahl deiner Erwartungshaltung entlässt? Konzentriere dich auf dich und deine Vision. Jage deine Kraft. Setze dich zu 100 Prozent selbstverantwortlich für deine Erfüllung ein. Dann tritt eine von zwei Optionen ein.

Option A: Der Mann passt nicht zu deinem neuen Level an Freude und will da auch gar nicht hin. Dann wird er deine Realität verlassen und Platz für einen besseren Matchpartner machen.

Option B: Der Mann hat das Zeug dazu. Du konntest es bis hierher nicht sehen, weil dich dein Opferbewusstsein blind gemacht hat. Du wirst ihn neu sehen. Er wird aus sich heraus neue Eigenschaften entwickeln und du wirst erkennen, dass sie schon immer da waren.

So oder so, du wirst immer recht behalten. Doch wenn du willst, dass die Königin ihren Thron einnimmt, muss ihn das Opfer verlassen. Bitte sprich zu uns allen. Frauen ist eingetrichtert worden, sie hätten nichts zu sagen. Dieser Glaubenssatz wird noch dadurch unterstützt, dass viele Frauen sich natürlicherweise nicht wichtiger nehmen als ihre Mitmenschen. Doch diese Demut sollte euch nie davon abhalten, eure Wahrheit einfach und ungeschminkt zu teilen. Lebendige Wahrheit ist immer einfach. Und in einer verworrenen Welt ist einfach das Neue *spektakulär*. Bitte scheue die Sichtbarkeit nicht und teile, was du zu sagen hast. Denn wenn du die Bühnen des Lebens weiterhin den selbstverliebten Marktschreiern überlässt, wird sich unsere Kultur zu langsam verändern. Mädchen werden weiterhin meist Männer sprechen und führen sehen. Männer werden weiter glauben, dass es ihr Geburtsrecht ist, jede Kanzel zu besteigen, egal, ob sie wirklich etwas zu sagen haben. Erhebe deine Stimme. Halte es aus, dass die Spots auf dich gerichtet sind. Ja, du wirst angreifbarer, wenn du dich sichtbar machst. Du wirst mehr Fehler machen als auf der Zuschauerbank. Wahrscheinlich wirst du dich intensiver anzweifeln, als es die meisten männlichen Egos tun. Das wird dich vor Hochmut bewahren. Du wirst eventuell nach einem guten Auftritt denken: »Warum klatschen die? Ich habe doch gar nichts getan. Ich habe nichts Großes zu sagen.« Denn Eros in dir nimmt nichts persönlich. Es weiß, dass alles aus der einen großen Quelle kommt und im Grunde genommen niemandem gehört.

 Nimm dich nicht wichtig, aber erkenne, dass du wichtig bist. Sprich deine Wahrheit. Sprich zu uns allen. Befreie deinen Ausdruck, bis du gehört wirst. Mach die Welt zu deiner Bühne.

Verwandle das Leben wieder in einen Tempel

Du musst nicht an Gott glauben, um den gravierenden Unterschied zwischen einem profanen und einem sakralen Leben zu verstehen. Das Wort *sakral* stammt von *heilig* ab. Heilig ist nicht gleichbedeutend mit *religiös*. Wir bezeichnen damit die Aspekte des Lebens, die für uns *besonders*, ja, *verehrungswürdig* sind. Gleichzeitig ist darin als Wurzel *heil* enthalten. *Heil* steht für *ganz*, für *gesund*. Das Heilige hilft uns zu gesunden, indem es uns an unsere Ganzheit erinnert. Lange Zeit war es Kirchen vorbehalten, sakrale Räume und Rituale zu gestalten. Wir trennten strikt zwischen sakralen Auszeiten und der profanen Welt. *Profan*, das Gegenteil von *sakral*, bedeutet so viel wie *gewöhnlich*, *alltäglich*, *gemein*. Wir bezeichnen damit Objekte und Handlungen, die keine besondere, heilige Bedeutung besitzen. Doch das ist ein Irrtum. Denn in Wahrheit ist alles heilig, wenn wir es wirklich sehen. Ein Tautropfen, das Zwitschern eines Vogels im Morgengrauen, die kleine Hand deines Kindes in deiner, der sexuelle Akt, die wache Begegnung zwischen dir und deinen Kolleg*innen … Wir können dies alles ins Profane ziehen, indem wir es als Routine verpennen oder lediglich aus der Perspektive unseres kleinen, ständig defizitären Egos benutzen. Oder wir wachen mitten in der scheinbaren Normalität auf und erkennen, dass wir immer Zeuge eines Wunders sind.

Unsere stark materialistisch orientierte Gesellschaft füttert zwar unseren Körper und unterhält unseren Verstand. Doch unsere Seelen hungern. Sie staunen und lieben zu wenig. Die Burn-out- und Depressionsraten werden weiter ansteigen, bis unsere Welt wieder sakraler wird. Ich setze dabei starke Hoffnungen auf euch, Frauen. Denn während sich Logos sehr gern in einer transzendenten Vorstellung Gottes verliert (Gott ist nicht hier, sondern im Himmel), weiß die erotische, weibliche Intelligenz instinktiv, dass Gott immanent, in allem ist. Um das zu erfahren, brauchen wir keine Kirchen aus Stein. Wir werden mit eurer Hilfe unseren gesamten Alltag in eine Kirche verwandeln, in der das Wunder unserer Existenz unabhängig von Religionen von uns allen gefeiert wird. Alles andere ist eine traurige Verschwendung der kostbaren Chance unseres Lebens. Weil wir nicht mehr über das sakrale Sehen verfügen, verrennen wir uns in der Tristesse von Alltagsroutinen, der Kälte von Umsatzzahlen und der Hektik unserer Hamsterräder. Uns selbst als unwichtige Winzlinge in einem riesigen Monstrum der Geschäftigkeit zu erleben verletzt unsere spirituelle Integrität. Es reicht nicht aus, wenn wir ab und zu ein Räucherstäbchen anzünden oder am Wochenende auf ein Seminar gehen. Wir lassen unsere Seele hungern, wenn wir nicht unseren gesamten Alltag in einen Tempel verwandeln, in dem wir das Wunder unserer Existenz feiern. Die Zeit, in der wir leben, ist kein Spiel. Sie ist auch – hinter den Kulissen – ein existenzieller Kampf zwischen Licht und Dunkelheit. Wird unser Bewusstsein in einer digitalen, hochtechnologisierten Matrix immer tiefer einschlafen oder werden wir unserem Bewusstsein endlich ausreichend Respekt entgegenbringen und erwachen? Es braucht die Haltung einer friedvollen Kriegerin, um den gegenwärtig vorherrschenden Tendenzen etwas entgegenzusetzen und das Heilige zu beschützen. Doch damit du dich dabei nicht in Aktionismus verlierst, musst du diesen sakralen Raum zuerst in dir entdecken und bewahren. Dafür musst du ein Opfer bringen, welches vielen Frauen erstaunlich schwerfällt: Sei mit dir allein. Ich meine hier nicht unfreiwillige Einsamkeit. Ich meine selbstgewähltes Alleinsein, um deine Wahrheit in dir hören zu können. Frauen sind bemerkenswert ausdauernd in allem, was sie tun, und haben gelernt, meist das *Wir* auf dem Radar zu haben. Die Kinder, der Partner oder die Partnerin, die Eltern, Mitarbeiter*innen ... Frauen sind ganz selbstverständlich für alle da. Dies ist eine wertvolle Qualität, doch sie birgt eine große Gefahr. Das *Ich* kommt zu kurz. Nimmst du dir diese Zeit für dich? Kennst du den inneren Raum, in dem alle lauten Stimmen der Welt verblassen und die Königin direkt mit dir sprechen kann? Hierherzukommen ist kein Egoismus. Es ist ein heiliges Opfer, mit dem du uns alle beschenkst.

Erkenne deine Schönheit

Stell dir vor, wir wären alle blind geboren. Wie würden wir dann Schönheit definieren? Woran würdest du das Gefühl festmachen, ob du schön oder hässlich bist? Der visuelle Sinn des Menschen ist eine seiner stärksten Gaben, doch leider auch bis hierher ein großer Fluch. Kennst du dich in der Welt der Filmsuperheld*innen aus? Dort existiert ein ferner Planet einer wesentlich höher entwickelten Zivilisation – Krypton.[40] Seine Bewohner*innen, unter anderen Superwoman, besitzen überirdische Kräfte. Sie sind quasi unbesiegbar – es sei denn, sie kommen mit Kryptonit, einem Erz ihres Heimatplaneten in Kontakt. Das schwächt sie sofort und macht sie extrem angreifbar. Frauen kommen vom Planeten Eros. Sie wissen um das Geheimnis wahrer Schönheit und entfalten erotische Superkräfte – es sei denn, jemand konfrontiert sie mit ihrem Kryptonit – mit *Scham*. Lass uns ehrlich über *Schönheit* und *Scham* sprechen. Auch wenn das Wort *Schönheit* so sanft klingt, ist es eng mit einem der toxischsten Themen unserer Gesellschaft verbunden. Schönheit ist nicht nur eine Idee. Schönheit ist eine Reflexion von Harmonie, aber anders, als die meisten Menschen denken. Wir müssen zwischen dem Diktat eines kulturell vorgegebenen Schönheitsideals und unserem Sinn für echte Schönheit unterscheiden. Wir messen die Intelligenz eines Menschen an seinem Intelligenzquotienten. Viele haben auch schon mal von emotionaler Intelligenz gehört. Doch was ist mit unserer ästhetischen Intelligenz? Mit unserer Fähigkeit, lebendige Schönheit in ihren verschiedenen

Ausprägungen und Nuancen wahrzunehmen, zu empfinden und zu feiern? Ästhetik wird sehr verschieden definiert. Das Wort kommt aus dem Griechischen und bedeutet *Wahrnehmung, Empfindung*. Bis ins 19. Jahrhundert verstand man darunter vor allem die Lehre von der Schönheit, von Gesetzmäßigkeiten und Harmonie in der Natur und Kunst. Ich möchte dir für dieses Kapitel eine etwas andere Definition anbieten: Deine ästhetische Intelligenz ist deine Fähigkeit, Dinge, Ereignisse und Menschen nicht nur oberflächlich zu betrachten, sondern die darin verborgene Ordnung (Harmonie) wahrzunehmen und wertzuschätzen. Ich glaube, dass die ästhetische Intelligenz vieler Menschen unterentwickelt ist. Sie wird einfach zu wenig gefördert. Denn sie »bringt ja nichts«, keinen Umsatz, keine Leistung, keine Rekorde ... Doch wenn wir nicht lernen, wahre Schönheit zu erkennen, hat dies langfristig verheerende Auswirkungen auf die Entwicklung von Selbstachtung bei Kindern und Heranwachsenden und kreiert eine Gesellschaft, in der so gut wie jede Frau in der Wahrnehmung ihrer natürlichen Schönheit gestört ist.

Es ist mir fast unmöglich, wahre Schönheit in Worte zu fassen. Denn sie spiegelt die Ordnung des Lebens auf einer tieferen Ebene als das geschriebene Wort. Außerdem ist sie eine Qualität von Eros und das *Wort* steht quasi am anderen Ufer – in Form von Logos – und versucht von hier aus, Schönheit zu erkennen. Der sehnsüchtige Versuch, Schönheit zu beschreiben, wenn wir ihr begegnen, hat Poesie, Malerei, Musik hervorgebracht. Wir wissen, wenn wir offen für Schönheit sind, auf einer nonverbalen Ebene, was wir gerade sehen. Dann stammeln wir los. Wir ringen um die richtigen Worte und manchmal schweigen wir hilflos verzückt. Doch auch wenn es unmöglich erscheint, müssen wir hier über wahre Schönheit reden. Denn die Seele einer Frau wird durch das grobe und verzerrte ästhetische Verständnis unserer Zeit zutiefst verletzt. Warum trifft dies gerade Frauen so? Weil ihr innerer Eros seine Kraft aus Schönheit zieht. Doch wenn diese durch die Gesellschaft, besonders die Reaktionen von Männern nicht gespiegelt wird, erzeugt dies eine krasse Dissonanz in ihrem Inneren. Frauen wissen nicht intellektuell, sondern auf Wesensebene, dass sie schön sind. Denn sie stammen aus der heiligen Ordnung des Lebens und sie repräsentieren sie. Sie wissen instinktiv, dass sich wahre Schönheit nicht an einem Body-Maß-Index messen lässt. Kein kleines Mädchen würde aus sich heraus denken, es wäre hässlich. Es steht vor dem Spiegel und sieht seine Schönheit! Doch es wächst in einer Welt auf, die ihm bald etwas anderes erzählen wird. »Deine Beine sind zu kurz. Du bist zu dick. Deine Brüste sind zu klein.« Und irgendwann glaubst du es selbst. Du schaust in den Spiegel und schämst dich. In diesem Moment wird der Zugang zu deinem Eros unterbrochen und die kritische Stimme in deinem Kopf übernimmt die Führung.

Ich behaupte: Fast nichts hat euch Frauen mehr in der Entfaltung eurer Power irritiert als die gemeine Idee von Hässlichkeit. Wenn du glaubst, ich übertreibe, frag doch einmal alle Frauen, die du kennst, unter vier Augen:

Bist du schön?
Fühlst du dich durch und durch schön?
Fühlst du dich auch schön, wenn die Waage mehr anzeigt, als du willst?
Fühlst du dich schön, wenn ein Mann dich ablehnt?
Fühlst du dich schön, wenn du älter wirst und registrierst, dass die Männer auf der Straße mehr auf deine Tochter schauen als auf dich?
Fühlst du dich, egal, was du anhast, egal, ob du geschminkt bist oder nicht, schön?
Fühlst du dich von innen heraus schön?

Ich habe diese Fragen vielen Frauen gestellt und so gut wie keine konnte sie mit einem überzeugenden Ja beantworten. Wow. Lass uns kurz innehalten und das voll ankommen lassen: **Die wenigsten Frauen auf diesem Planeten empfinden sich als wirklich schön!** Das sollte keine Normalität sein! Diese Botschaft sollte uns alle zutiefst erschüttern, denn sie offenbart uns eine seuchenartige Verletzung der weiblichen Seele. Ich stehe überhaupt nicht auf Verschwörungsgeschichten. Doch wenn ich mir eine ausdenken müsste, wäre es diese: Wie bringe ich eine wunderschöne, starke, hochintelligente Spezies dazu, sich klein zu fühlen, und mir, dem Mann, hinterherzurennen und dabei die wesentlichen Fragen des Lebens aus den Augen zu verlieren? Die Antwort: Ich irritiere sie bereits als kleines Mädchen in ihrer ästhetischen und erotischen Intelligenz. Ich verunsichere ihren inneren Sinn für natürliche Schönheit mit unzähligen dummen Kommentaren. Ich setze ihr eine besorgte Mutter vor die Nase, die sie zur kleinen, schönen Prinzessin trimmen will. Ich degradiere sie mit meinem Verhalten zu einem Objekt. Ich mache ihr klar, dass ihre Schönheit von äußeren Reaktionen abhängt. Ich konditioniere sie mit arschwackelnden, immer perfekt aussehenden Supermodels auf Instagram, in Musikvideos und Hochglanzmagazinen auf ein Schönheitsideal, dem sie nicht entsprechen wird. Ich bringe sie so dazu, ihre Intelligenz auf Themen wie Diäten, Falten, Fett und Botox zu konzentrieren, anstatt auf Lust, Freiheit und Erwachen. Ich kreiere ein Gesellschaftsspiel, in dem sie schnell als einsamer Freak auf der Zuschauerbank landet, wenn sie sich nicht an die vorgegebenen Regeln hält. Doch vor allem setze ich diese Frau ihr gesamtes Leben lang dem Feedback einer ästhetisch-erotisch unterentwickelten Spezies aus: Männerhirne, deren Empfindung von Schönheit durch Pornos und Medien auf ganz bestimmte Äußerlichkeiten geeicht wurde.

Der eigentliche Plan war, dass Männer ihre ästhetischen Sinne so fein entwickeln, dass sie in der Lage sind, dich ein Leben lang mit anerkennendem Feedback durch die Transformationsphasen deiner Schönheit zu begleiten. Stattdessen machst du – wieder und wieder – die schmerzhafte und schamvolle Erfahrung, nicht so gesehen zu werden, wie du wirklich bist. Diese Umstände verletzen die Würde einer Frau massiv. Sie erschüttern ihr Selbstverständnis. Denn sie ist in Wahrheit eine Hohepriesterin der Schönheit. Es ist, als hätte das Patriarchat ihren Tempel geschändet und ihr selbst das Sehen genommen. So irrt sie blind durch eine Welt, die ihr vorschreibt, was Schönheit ist. ich sage mit diesem Kapitel nicht: »Lass dich gehen und verwahrlose. Du bist unter allen Umständen schön.« Etwas ist schön, wenn es lebt, mit Bewusstsein durchdrungen ist und eine innere Harmonie ausstrahlt. Das im Verborgenen vorherrschende Gefühl einer Frau, die den Zugang zu ihrer Schönheit verliert, ist *Scham*. Eine Frau ist ein komplexes *Gefühls*wesen. Sie ist fähig, sich an der Oberfläche stolz und erregt zu fühlen, weil sie spürt, dass sie das Spiel dominiert und sie begehrt wird. Und doch kann sie sich darunter schamvoll und unsicher fühlen. Denn die erregten Blicke gelten im Grunde genommen nicht wirklich ihr, sondern der Form und dem Spiel. Sie fühlt sich nicht erkannt. Scham ist nicht irgendein Gefühl. Es wirkt auf dich so hemmend wie Kryptonit auf Superwoman. Es ist neben Schuld die energetisch schwächste Frequenz, die ein Mensch empfinden kann. Scham raubt dir deine Kraft. Sie lähmt dich. Sie nimmt dir deine natürliche Lust an Sichtbarkeit.

Das Patriarchat hat Frauen beigebracht, Scham als ein normales, fast stetig im Hintergrund vorhandenes Gefühl zu akzeptieren. Du schämst dich für deinen Speck. Du schämst dich für Schwangerschaftsstreifen. Du schämst dich für deinen dicken Po oder dafür, dass er zu klein ist. Du schämst dich für deine Brüste, deine Falten, deine Beine, deinen Teint. Du schämst dich für deine Zartheit in der Sexualität und deine Wildheit, für deine Stille und dein Lautsein. Du schämst dich für dein Bluten, für das Aufhören deines Blutens. Um voll aus diesem Wahnsinn zu erwachen, mach dir noch einmal vollständig bewusst:

 Du bist ein Wunder und du schämst dich?!
Das ist Wahnsinn.

Vielleicht denkst du: »Auf mich trifft das nicht zu. Ich schäme mich nicht.« Ich möchte dir wirklich nichts einreden. Vielleicht hast du das alles bereits hinter dir gelassen. Halleluja! Eventuell bist du aber nur gerade on Top of the Game. Du bist noch relativ jung. Dein Körper ist knackig. Du siehst viele begehrende Blicke und denkst: »Ich bin

schön! Ich habe keinen Grund, mich zu schämen.« Super. Genieß es.
Denn du *bist* schön. Feiere diese Form der jugendlichen Schönheit und
Sexiness in vollen Zügen. Genieß das Spiel. Doch wenn du smart bist,
stellst du dir jetzt bereits ein paar darüber hinaus zielende Fragen:

> *Wer bin ich?*
> *Wofür bin ich hier?*
> *Wer lebt, tanzt und liebt in diesem wunderschönen Körper?*
> *Für wen ziehe ich mich jeden Morgen an und schminke mich?*
> *Ist es mein Spiel? Wer bestimmt die Regeln?*
> *Spiele ich es von innen nach außen oder von außen nach innen?*

Die Fragen müssen dir nicht den Spaß am Spiel verderben, doch ihre
Antworten können dir helfen, diese Phase des Spiels entspannt loszulassen, wenn die Zeit gekommen ist und du auf das nächste Level
wechseln willst. Vielleicht gehörst du aber auch zu denen, die schon
vor Jahren protestierend aus dem Spiel ausgestiegen sind. Nicht weil
du es wirklich transzendiert hättest. Es hat dich einfach zu sehr verletzt. Deine Seele wurde nie vollständig erkannt. Du redest dir ein,
dass du das alles gar nicht brauchst. Weder die Anerkennung noch
das erotische Knistern oder wahre Nähe. Du arrangierst dich mit dir
selbst und erzählst deinem Spiegelbild jeden Morgen erneut tapfer,
wie glücklich du doch allein bist. Auch auf die Gefahr hin, dass du
mich als unsensibel empfindest, hake ich noch einmal hartnäckig
nach: Reicht dir das? Reicht es dir wirklich? Bist du bis in deine Zehen-
spitzen von Eros durchflutet oder hast du dich in einen Schutzkokon
zurückgezogen?

Ich nehme immer mehr Frauen ab Mitte 40 wahr, die sich scheinbar arrangiert haben: in einer mittelmäßigen Ehe, die sie auf vielen
Ebenen unbefriedigt lässt, oder in einer Art Ehe mit sich selbst. Für
viele ist es nur scheinbar erfüllend. Vielmehr ist es eine leise Mischung
aus Trotz, Traurigkeit und Resignation. Ich sehe Frauen, die so oft
schmerzhaft verkannt wurden, dass sie sich in eine Blase geschlechts-

neutraler Selbstliebe zurückgezogen haben. Ich sehe Enttäuschung und den Versuch, dem Schmerz darüber aus dem Weg zu gehen, indem sie sich einreden, mit all diesen Themen bereits abgeschlossen zu haben. Ich habe volles Verständnis dafür. Falls du dich gerade angesprochen fühlst, bitte ich dich, die folgenden Zeilen persönlich zu nehmen: Bitte bleibe nicht hier stehen, du wunderschönes Wesen. Egal, wie alt du bist, wie oft du frustriert wurdest, da ist immer heiße Glut unter der Asche. Bitte ersticke deine Bedürfnisse nicht. Gib dich nicht zufrieden. Du bist die Hüterin von Eros. Du weißt, wie es sich anfühlt, in deiner wahren Schönheit erkannt zu werden. Bejahe deine unbändige Sehnsucht nach einem erotischerfüllten Leben und erfülle es dir. Ich muss den Finger in diese Wunde der Scham legen. Denn selbst wenn ihr Frauen das Spielfeld resigniert verlasst, seid ihr immer noch Teil des Spiels. Ihr sitzt dann halt als traurige Verliererin oder wütende Feministin am Rand. Doch dadurch verändert sich nichts! Das dämliche Spiel läuft weiter, weil noch viel zu viele Frauen mitspielen und weil viel zu wenig Männer realisieren, was sie verpassen. Bleib auf dem Spielfeld. Frech. Bunt. Ungewöhnlich. Verletzbar und gleichzeitig so würdevoll. Sei ein Vorbild für kleine Mädchen und irritiere Männer auf eine gute Weise mit deiner sinnlichen Selbstverständlichkeit. Komm mit all deinen Fragen, mit aller Sehnsucht, Wildheit und Verletzbarkeit auf das Spielfeld zurück. Schönheit ist deine Domäne! Erobere sie dir zurück und lehre uns alle, was es bedeutet, die Schönheit in allem zu sehen.

Schönheit ist Wahrheit. Die Schönheitsideale, die uns alle verrückt machen, sind nicht Wahrheit. Sie sind vorgegebene Parameter des Patriarchats, die Frauen kirre machen und von ihrer Powerquelle zu trennen. Doch nicht nur sie, sondern auch wir Männer verlieren so viel durch diesen Irrtum. Die Entwicklung unserer ästhetisch-erotischen Intelligenz stagniert auf dem Niveau sabbernder Teenie-Hirne, wenn sie zum ersten Mal einen nackten Busen im *Playboy* entdecken. Wir verpassen die Chance, unseren Eros immer feiner zu entwickeln und so Schönheit bis ins hohe Alter immer wieder neu zu entdecken. Für mich als Mann ist es tragisch und peinlich zu beobachten, wenn reife Männer mit glasigem Blick jungen Mädchen hinterherschauen. Ich weiß dann, dass diese Männer in einem Loop hängen geblieben sind. Sie träumen immer noch vom Vorgarten, dabei könnten sie schon längst im Heiligtum des Tempels stehen. Hier geht es um so viel mehr als Sex. Es geht um die Chance, uns selbst und einander endlich wirklich zu erkennen.

Du kennst sicher das Sprichwort: »Schönheit liegt in den Augen des Betrachters.« Doch was, wenn das Gehirn dieses Betrachters massiv darauf konditioniert wurde, Schönheit nur in ganz bestimmten Formen zu finden? Und was, wenn du darauf getrimmt wurdest, deine Schönheit nicht aus dir heraus wahrzunehmen, sondern über die Augen dieses Typen? Dann haben beide Seiten ein massives Problem. Wir missbrauchen unseren visuellen Sinn. Anstatt uns zu erkennen, projizieren wir aufeinander. Wir verpassen Schönheit. Wir verpassen Leben. Wir verpassen uns.

Ich freue mich sehr über die vielen kleinen und großen Zeichen einer ästhetischen Revolution, in öffentlichen Bereichen: Supersize Models, Frauen, die stolz ihre Geburtsstreifen präsentieren, alte Ladys in verrückten Posen … Doch wir haben noch einen Weg vor uns. Noch sind so viele Gehirne in die alte Matrix eingeklinkt. Noch wirst du dich manchmal allein und nackt fühlen. Männer werden dich mit verletzenden Reaktionen konfrontieren. Deine eigenen Schwestern werden das Spiel weiter befeuern. Dennoch lohnt sich das Risiko so sehr. Denn am Ende deines Lebens wirst du nicht noch einmal alle aufzählen, die dich für deine straffen Brüste bewundert haben. Du wirst nicht jubilierend an die Anzahl deiner Follower*innen auf Instagram denken. Du wirst dich mit leuchtenden Augen an jene Momente erinnern, als du allein und voller Lust im Regen tanztest. An den Blick der Menschen, die dich wirklich erkannten. Du wirst in deinen letzten Stunden liebevoll über deinen faltigen, schwachen, aus der Form geratenen Körper streicheln und ihm für all die Augenblicke danken, in denen ihr gemeinsam auf den Wellen des Lebens geritten seid.

So bitte ich dich als Mann und evolutionärer Partner: Lass dich von einer so schönheitsblinden Gesellschaft nicht verführen. Geh nach innen in deinen Tempel. Fühle alles. Heule. Schreie. Schwitze. Tanze. Werde still. Finde das Geheimnis wahrer Schönheit in dir. Bring Eros zurück in jede Zelle deines Körpers. In deine Brust, genau so, wie sie ist. In deinen sexy Speck! In deine Falten und deine Schwangerschaftsstreifen. Lass jede Zelle – Nervenzelle, Hautzelle, Muskelzelle, Fettzelle – in Eros vibrieren und leuchten.

 Wach auf und sieh!
Du bist wunderschön.

Vernetze dich mit anderen Frauen

Ein weiterer genialer Schachzug des Patriarchats war das Sprengen eurer Kreise. In alten Stammeskulturen verbrachten Frauen viel Zeit miteinander – in Kreisen. Ohne Hierarchien. Ohne Frontalunterricht. Es war ein generationsübergreifender Kreis von Frauen, die sich liebevoll unterstützten. Frauen lernen das Leben nicht nur in der Schule, sondern überall. Sie lernen im Verbund, im Gespräch, im Miteinander, auf so vielen Ebenen gleichzeitig. Die meisten Männer reagieren schnell überfordert, wenn sie in so eine Runde kommen. Frauen denken vernetzt. Sie verstärken ihre Kraft, indem sie sie miteinander teilen. Sie nähren sich. Sie inspirieren sich. Sie passen aufeinander auf. Frauen im Kreis sind enorm mächtig. Sie beziehen Kraft, Lust und Weisheit aus diesem weiblichen *Wir*. Eine Frau mit einer solch starken Schwesternschaft lässt sich nicht von einem einzelnen Mann breitquatschen, unter Druck setzen oder gar schlagen.

Wenn ihr das tut, wenn ihr euch vernetzt, werdet ihr das Patriarchat aus den Angeln heben. Eure Kraft wird exponentiell steigen. Ihr werdet für jedes bisher scheinbar unüberwindbare Problem eine Lösung finden, und zwar *ohne* Männer. Die frisch erfahrene Unabhängigkeit werdet ihr wie einen zuerst sanften Wirbelwind zurück in

eure Kleinfamilien tragen oder ihr werdet völlig neue Gemeinschafts-
modelle erschaffen.

Stell dir für einen Augenblick vor, du hast einen Kreis von power-
vollen, wachen, lustvollen Schwestern, mit denen du dich nicht nur
hin und wieder auf einen Kaffee triffst. Ihr arbeitet und lebt zusammen. Ihr passt aufeinander auf. Ihr inspiriert euch. Ihr wisst, dass ihr
euch vertrauen könnt. Ihr achtet euch so sehr, ihr würdet nie auf die
Idee kommen, hinter dem Rücken übereinander zu reden oder euch
gegenseitig einen Mann auszuspannen. Ihr spiegelt euch so viele verschiedene Facetten von Weiblichkeit wider, was ein einzelner Mann
an eurer Seite nie könnte. Ihr lacht, weint und flucht miteinander. Ihr
fordert euch liebevoll und zugleich schonungslos heraus. Wenn eine
von euch kurz davor ist, sich in einer toxischen Beziehung mit einem
Mann zu verlieren, lest ihr ihr die Leviten, bis sie wieder aufwacht.
Euer modernes, agiles und zugleich verbindliches Netzwerk wird ein
altes, in euch hinterlegtes Wissen aktivieren. Eure miteinander neu
vernetzten Gehirne werden revolutionär neue Lösungsansätze für die
Herausforderung unserer Zeit hervorbringen.

Eigentlich ist es paradox, wenn ich dich bitte, den Kreis deiner
Schwestern wieder ins Leben zu rufen. Denn ich beschleunige damit
den Sterbeprozess eines Systems, das uns Männer mit reichlich Privilegien verwöhnt hat. Es wird uns zuerst verunsichern und herausfordern, wenn ihr euch nicht mehr nur auf uns bezieht. Wir sind es so
gewohnt, eine Frau an unserer Seite zu haben, die glaubt, dass sie uns
braucht. Doch wenn wir diese Dynamik bejahen, wird sie auch uns
ungemein bereichern. Eine freie Frau kann uns endlich frei lieben und
challengen. Sie wird uns nicht mit einer nur dürftig befriedigenden
Version unserer selbst durchgehen lassen. Sie wird uns verführerisch
und nüchtern zugleich vor die Wahl stellen: entweder selbst richtig
Gas zu geben oder aus dem Weg zu gehen.

 **Kreise sind der Nährboden der Erinnerung für die Köni-
gin in dir. Reaktiviere deine Sisterhood.**

Für deine Lust brauchst du keinen Mann

Eros wird meist mit sexueller Erotik assoziiert. Eros ist aber so viel mehr. Das Gewebe des Universums vibriert in sehr verschiedenen Frequenzen von Freude. Körperliche Lust ist nur eine davon. Eine Person, die intensiv und in der Gegenwart lebt, hat da, wo sie gerade ist, Sex mit dem ganzen Universum. Sex mit den Regentropfen auf der Haut. Sex mit dem eigenen Logos, der sich, befreit von einem verrückenden Gedanken, weiter und weiter ausdehnt. Sex mit der Praline, die auf der Zunge zerschmilzt. Sex mit der Arbeit, in der die eigene Seele ihren Ausdruck feiert. Sex mit einem Vibrator, einer Frau, einem Mann … Ich möchte dir dafür einen Begriff anbieten, den du vielleicht schon aus einem meiner Bücher kennst – *seelengevögelt*.[41] Seelengevögelt zu sein bedeutet, dass du bis in dein tiefstes Inneres vom Leben durchdrungen wirst. Du bist eins mit deinem Leben, du bist eins mit *allem*. Die Grenzen verschwimmen und du weißt nicht, ob du führst oder geführt wirst, ob du das Leben vögelst oder vom Leben gevögelt wirst. Seelengevögelt zu sein ist alles andere als moralisch und gleichzeitig ist es absolut rein.

Wir haben Sex auf eine erbärmliche Schmalspurversion reduziert. Du lernst jemanden kennen. Keiner von euch hat eine Meisterklasse in sexueller Kunst genossen. Also fallt ihr irgendwann übereinander her und hofft, dass es irgendwie klappt. Anschließend wertest du aus: Vielleicht war es nicht so schlecht. Was willst du auch sagen, du weißt ja nicht, was alles möglich ist. Wer nie ein 6-Sterne-Büfett gesehen, geschweige denn geschmeckt hat, freut sich über ein Käse-Salami-Sandwich, auf dem liebevoll ein Stängel Petersilie drapiert ist.

Wach auf! De facto brauchst du niemanden, um Spaß mit dir und dem Leben zu haben. Orgasmus ist als elektrobiologische Fähigkeit in jeder Zelle deines Körpers gespeichert. *Du* bist (eigentlich) personifizierte Lust. Bevor du bettelnd, manipulierend oder resigniert an irgendeinem Typen hängen bleibst, der dir nicht geben kann oder will, was du brauchst, lerne dein erotisches Atomkraftwerk kennen. Erforsche die heilende und orgastische Energie deines Atems, wenn er nicht im oberen Teil deiner Lunge hängen bleibt, sondern bis in deine Schamlippen strömen darf. Erlerne mit Hilfe von Büchern oder in Workshops die Kunst, dir allein so viel Freude zu bereiten, dass die freigesetzte Ekstase den Raum um dich herum hell erleuchtet. Tanze, schreie, singe, berühre, schwitze, bebe, lache, stöhne … bis Eros in jeder Zelle deines Körpers reaktiviert ist.

Mir ist schon klar, dass das weit weg klingt, wenn du seit Jahren nicht mehr gevögelt hast und du gerade drei Kinder zu versorgen hast. Ich schreibe hier nicht über einen Orgasmuszwang. Wenn du gerade einfach gar keinen Bock hast, ist auch das natürlich voll okay. Deine Lenden, dein Herz und dein Geist sind – wenn du es willst – jederzeit wieder entflammbar, und zwar egal, wie alt du bist.

Auch wenn wir im Alltag von pornografischen Bildern umgeben sind, heißt das noch lange nicht, dass wir in einer sexuell freien Gesellschaft leben. Wir haben Sex reduziert, objektifiziert, in Ehen sediert, in Bordelle und Internetpornografie ausgelagert. Bis auf diejenigen, die sich bereits ausführlich mit Sex als Kunst beschäftigt haben, wissen die meisten nicht, welche Freuden sie ihrem Körper entlocken können. Und wenn du die Geheimnisse deines Körpers nicht kennst, wie willst du andere, zum Beispiel deinen Mann, denn auf eine selbstbewusste Weise zum Sex einladen?

Frauen sind von Natur aus schön. Deine Schönheit hat jedoch viel weniger mit deiner Figur oder deiner Art, dich zu schminken, zu tun. Je mehr Eros durch deinen Körper fluten kann, desto attraktiver wird deine Ausstrahlung. Vergiss für einen Moment den tatsächlichen Geschlechtsakt. Es geht mir dabei um viel mehr als physischen Sex. Es geht um deinen Zugang zu Ekstase. Dein Gehirn ist, wie jedes andere auch, permanent auf der Suche nach Erfahrungen von Ekstase. Falls du jetzt sofort an Drogen denkst, vergiss auch sie. Du brauchst einen geschützten Raum, die passende Musik, einen frei fließenden Atem – und ab geht die Post. Eine Frau, die ihre Quellen der Ekstase kennt und pflegt, ist frei. Sie wird sich nicht vor einem Mann erniedrigen. Sie wird im Bett keine faulen Kompromisse eingehen. Sie bittet nicht.

Sie lädt ihren Partner ein, Zeuge ihrer Lust zu sein und sie gemeinsam zu feiern. Es wird die Einladung einer Königin sein.

Wenn du dich wie eine Bettlerin auf einen Typen fixierst, der nicht bereit ist, mit dir gemeinsam zu lernen, würdevolle Räume für Orgasmen aller Art zu kreieren, verlierst du massiv an Kraft und an Attraktivität. Männer werden dich entweder als leichte Beute ansehen oder meiden, weil sie deine Bedürftigkeit wittern. Hör auf, dir einzureden, du bräuchtest keine Ekstase. Sie ist für dein Gehirn und deinen Körper ein biologischer Imperativ und für deinen Geist kreativer Treibstoff. Wenn du dir keine gesunden Quellen für Ekstase erschaffst, wird dein Unterbewusstsein dies durch Süßigkeiten, Horrorfilme, Arbeitssucht und Pseudospiritualität zurückkompensieren. All das wird dich noch unerotischer fühlen und strahlen lassen. Es ist wirklich egal, wie alt du bist. Es ist auch egal, ob du im Augenblick an eine mögliche Erfüllung glaubst oder nicht. Es gibt noch hundert Wege zu dutzend verschiedenen Orgasmen, die du alle noch nicht kennst.

Affirmation

Vertrau deiner Sehnsucht. Sie führt dich. Leg eine Hand herzhaft auf deinen Schoß, sodass er warm wird. Mit der anderen Hand berühre dein Herz. Spüre die Verbindung zwischen den beiden. Lass die Energie vom Herz in deinen Schoß und von dort zurückfließen. Und dann sprich die folgende Affirmation: *Ich wähle Freude als mein Geburtsrecht. Ich wähle, lustvoll und erfüllt zu leben, bis zum letzten Atemzug. Mein Leben wird ab heute ein einziger Orgasmus sein. Ich lasse die Kontrolle los. Ich lasse das Leben kommen. Eros, hier bin ich.*

Befreie Gott

Woran genau glaubst du aus spiritueller Sicht? Glaubst du zum Beispiel an Gott? Und wenn ja, wie fühlt sich diese Quelle allen Lebens für dich an? Eher männlich, weiblich, neutral? Woher stammt deine Vorstellung von Gott? Aus einer direkten Erfahrung oder einer Erzählung? Wer genau hat dir von Gott berichtet? Waren es Menschen, die Gott persönlich erfahren haben, oder haben sie einen Mythos an dich weitergegeben, der ihnen erzählt wurde? Stammt dieser Mythos von Männern oder von Frauen?

Seit der Mensch bewusst denkt, hat er große Schwierigkeiten, Unsicherheit auszuhalten. Eine ganz große Unsicherheit ist die, in ein Universum geboren zu werden, von dem wir so wenig verstehen. So haben wir Götter erschaffen, um uns Chaos und Ordnung zu erklären. Dann kam die Wissenschaft und stieß die Götter vom Thron. Nicht wirklich Gott, aber unsere Konzepte von IHM. Noch reiben sich diese zwei geistig-kulturellen Entwicklungsebenen wie zwar unsichtbare, aber sehr mächtige tektonische Platten aneinander und bekämpfen sich in vielen Bereichen. Die einen halten verbissen am alten Glauben fest, weil sie – zu Recht – anzweifeln, ob Wissenschaft und Logik auch die Seele nähren können. Die anderen verachten Religion, weil sie sie als rückwärtsgewandten Aberglauben betrachten. Doch wir brauchen eine Fusion aus offenem, unschuldigem Staunen und konstruktiv-kritischem Hinterfragen in Form einer postreligiösen Spiritualität. Wir sollten unsere Kinder dazu ermutigen, nichts, aber auch wirklich gar nichts blind zu glauben. Wenn eine göttliche Quelle dieses Universums existiert, ist sie sicher so souverän, dass sie sich am rationalen Wissensdurst ihrer Geschöpfe erfreuen kann. Doch wir brauchen auch Räume, in denen wir den urteilenden Geist entspannen und einfach glauben können. Denn Leben ist ein riesiges, unbegreiflich heiliges Mysterium und wird es wohl immer bleiben, egal, wie weit wir unseren Verständnishorizont dehnen. Und paradoxerweise können wir uns ihm von beiden Seiten am besten nähern, wenn wir bereit sind, unsere Unwissenheit zu freudig anzunehmen. So, wie aufrichtige Wissenschaft ihre eigenen Theorien immer wieder neu infrage stellt und weiterentwickelt, so darf und muss sich auch Religion selbst herausfordern und neu erfinden. Einen großen Beitrag dazu werden Frauen leisten, die nicht mehr bereit sind, sich hauptsächlich von Männern und Büchern Gott erläutern zu lassen. Du, Frau, kennst das Mysterium des Lebens. Du bist intuitiv mit dem Gesamtgewebe des Universums verbunden. Dein Empfinden von Gott ist in den spirituellen Schriften bis hierher zu selten geschildert worden. Bitte beteilige dich aktiv an der Weiterentwicklung einer Religion, die den Seelen der Menschen Nahrung bietet *und* sie zum Denken ermutigt. Wenn du dich zutiefst mit einer bestimmten Glaubensrichtung verbunden fühlst, dann bring in dieser Kirche deine Stimme ein. Befreie Gott aus überholten, zum Teil lebensfeindlichen Konzepten. Bereichere den Mythos deiner Konfession durch dein ganz persönliches Kapitel. Du weißt so viel über Gottes weibliche Seite. Befreie SIE aus der Rolle eines zornigen, strengen Vaters. Gott will lieben. Gott will feiern. Gott will atmen. Durch dich.

Wenn du außerhalb einer bestehenden Religion nach Wahrheit und Seele suchst, bleib bitte nicht in netter Flachlandspiritualität hängen. Du näherst dich der Wahrheit nicht, indem du dir ein Sammelsurium an lauwarmen Ideen und harmlosen Ritualen zusammenstellst – hier mal ein bisschen Tanzen, eine Schwitzhütte, Räucherstäbchen, Tarotkarten und am besten einen toten Guru, der nicht mehr widersprechen kann. Das ist keine dich herausfordernde und wirklich transformierende Spiritualität, sondern eine beruhigende Wohlfühlblase für Menschen im westlichen Kulturkreis. Dieses Spiri-Schlaraffenland fördert keine Entwicklung. Es schläfert uns ein. Die Basis einer radikalen Spiritualität muss unsere Bereitschaft sein, sich nackt und verletzbar mit Unwissenheit gegenüber dem Absoluten zu konfrontieren. Also, schone dich nicht, sondern konfrontiere dich mit unbequemen Fragen, mit deinem Schatten und dem Feuer der Ekstase. Und bitte denke auch nach, anstatt dich nur aufs Fühlen zu verlassen. Wenn Gott existiert, hat er keine Angst vor einem scharfen Geist. Gott liebt es, wenn du denkst! Wenn du weiterdenkst! Und noch weiter … Stelle alles infrage, bis du still wirst. Bleib nicht in starren Konzepten oder blindem Aberglauben stehen. Fordere Gott heraus, sich dir zu offenbaren. Suche die direkte Erfahrung und sprich darüber. Finde deine Worte. Und sei so mutig, deine eigenen spirituellen Paradigmen immer wieder auf den Prüfstein zu legen.

Lass uns gemeinsam eine wertebasierte und postreligiöse Spiritualität entwickeln, die es einem Atheisten, einer Christin, einem Buddhis-
ten und einer Muslimin ermöglicht, sich in einem Raum des Staunens
zu treffen. Ein innerer Raum, in dem wir uns nicht wegen verschiedener Vorstellungen von Gott streiten, sondern erfahren, was uns eint.
Wo auch immer du mit diesen Themen in Kontakt bist, bitte bring
dich aktiv ein. In den turbulenten Zeiten, die sicher auf uns zukom-
men, werden Menschen mehr denn je einen starken, inneren Halt
brauchen. Lass sich Logos *und* Eros in einer integralen Spiritualität
vereinen, die sich nicht aus dem realen Leben verabschiedet, sondern
genau dort nach Gott sucht, wo es dreckig, kompliziert und menschlich zugeht.

 **Es waren Männer, die Gott in den Himmel verbannten.
Es werden Frauen sein, die Gott auf die Erde holen.**

Sei deiner Tochter eine Königin

Das volle Potenzial des menschlichen Gehirns entfaltet sich nicht
unter Druck, sondern durch Ermutigung und Inspiration. Am meisten wird es durch Vorbilder inspiriert. Wenn wir ein lebendiges Beispiel sehen, dann weiß unser Gehirn, dass es möglich ist, und wird es
auch für uns möglich machen! Also, schütze deine Tochter, solange
sie Schutz braucht. Ermutige sie, an sich zu glauben. Doch vor allem
inspiriere sie durch dein konkretes Vorbild. Lebe dein Leben so, dass
deine Tochter sich wünscht: »Wow. Wenn es das bedeutet, eine Frau
zu sein, dann will ich es unbedingt auch sein!«

Deine Tochter ist auch deine Schwester. Sie ist deine, unsere Zu-
kunft. Sie wird viele Männer beeinflussen. Überlasse diese junge
Königin nicht allein dem Erziehungssystem. Sie lernt so viel von dir.
Speise sie nicht mit ein paar wohlklingenden Phrasen ab. Sie ist so
smart. Sie sieht sehr genau, wo du selbst nicht lebst, was du sie lehrst.
Sei eine Mutter, die für ihre Sache brennt, die leidenschaftlich liebt

und Grenzen setzen kann. Lebe ihr eine wahre Königin vor. Zeig ihr, dass sich Würde und Verletzbarkeit, Vollkommenheit und Fehler nicht ausschließen. Lass sie stolz darauf sein, eine Frau zu sein. Lehre sie, die Power ihres erotischen Charismas zu verstehen und intelligent einzusetzen. Nimm sie von Anfang an mit in deine Kreise. Zeige ihr, dass sie nicht allein ist, sondern die Kraft der Schwesternschaft nutzen kann. Warte nicht darauf, dass deine Tochter alt genug ist. Sie lernt *jetzt* von dir. Selbst wenn sie noch nicht sprechen kann, schaut sie auf dich und lernt, was es bedeutet, in unserer Welt eine Frau zu sein. Wenn deine Tochter bereits aus dem Haus ist, lernt sie immer noch von dir. Sei das wacheste, sexieste, lebendigste, verrückteste, weiseste weibliche Vorbild für sie. Zeig ihr, dass es schön ist, älter zu werden. Tu ihr einen existenziellen Gefallen, indem du sie vollständig aus dem Anspruch entlässt, zu deinem Glück beitragen zu müssen. Gib dir selbst die Erlaubnis, ohne sie erfüllt zu sein. Das befreit sie aus jeglichem unausgesprochenen, karmischen Vertrag, sich aus Rücksicht auf dich bremsen zu müssen. Sie lernt bis zum letzten Atemzug von dir.

 Befreie dich.
Das ist der kostbarste Beitrag, den du dem Leben deiner Tochter schenken kannst.

Erkenne Logos als deinen mächtigen Freund

Die gesamte Geschlechterdiskussion ist emotional stark aufgeheizt und jede Bemerkung kann leicht missverstanden werden. So ist mir aufgefallen, dass manche Frauen die Aussage »Frauen kommen eher vom Pol des Eros« manchmal als Unterstellung missverstehen, Frauen wären weniger intelligent. Dem ist natürlich nicht so. Wir wissen mittlerweile, dass Menschen sehr verschiedene Formen von Intelligenz entwickeln können. Bis heute sind mindestens acht davon allgemein anerkannt:

- Logisch-mathematische Intelligenz: Sie ermöglicht uns, Probleme logisch zu analysieren, mathematisch zu denken und wissenschaftliche Fragen zu untersuchen.
- Verbal-linguistische Intelligenz: Sie finden wir häufig bei Dichter*innen und Redner*innen wieder. Es geht um die Sensibilität für die gesprochene und geschriebene Sprache und darum, Worte sehr gewählt zu bestimmten Zwecken einzusetzen.
- Räumlich-mechanische Intelligenz: Hierzu gehört der sowohl geistige, aber auch praktische Sinn für die Dimensionen weiter Räume (Pilot*innen, Kapitän*innen), aber auch begrenzter Räume, die etwa von Architekt*innen oder Chirurg*innen erfasst werden müssen.
- Musikalische Intelligenz: Hiermit ist die Begabung zum Musizieren und zum Komponieren gemeint.
- Körperlich-kinästhetische Intelligenz: Diese Intelligenz befähigt uns, unseren Körper sehr geschickt und exzellent einzusetzen. Sie ist wichtig für Tänzer*innen, Sportler*innen, aber auch zum Beispiel Handwerker*innen.
- Interpersonal-soziale Intelligenz: Dies ist unsere Fähigkeit, die Motive, Gefühle und Absichten anderer Menschen empathisch zu erfassen und sie wiederum auch zu beeinflussen.
- Intrapersonale Intelligenz: Dies ist unsere Möglichkeit, uns selbst gut zu verstehen und zu führen. Menschen mit einer hohen intrapersonalen Intelligenz kennen sich genau und sind in aufmerksamem Kontakt mit ihren Gedanken, Gefühlen und Motivationen.
- Naturalistische Intelligenz: Menschen mit einer tiefen Verbindung zur Natur sind naturalistisch intelligent. Sie beobachten gern die Natur und fühlen Pflanzen, Tiere, Erde, Rhythmen …

Wir hatten also lange Zeit ein sehr reduziertes Verständnis von Intelligenz. Wie viele Kinder wurden in ihrer Selbstachtung verletzt und in der Entfaltung ihres Potenzials nachhaltig blockiert, weil man ihnen in der Schule suggerierte, sie wären dumm. Später trauen wir uns bestimmte Projekte und spannende Träume gar nicht mehr zu, weil wir glauben, dafür nicht intelligent genug zu sein: »Dafür bin ich zu dumm!« Wir schenken Menschen, die mit Fachbegriffen um sich werfen können, unsere blinde Bewunderung, anstatt uns zu fragen, was deren Erkenntnisse tatsächlich zu einem guten Leben beitragen.

Warum fühlt sich ein Mensch, der den Wald wahrnehmen und verstehen kann, weniger wert als ein*e Quantenphysiker*in? Warum kommen Mütter, die die feinsten Regungen ihrer Kinder lesen und deuten können, nicht einmal auf die Idee, dies als eine intelligente Höchstleistung zu bezeichnen? Weil Logos bestimmte Intelligenzen bevorzugt wahrnimmt und diese im Patriarchat stärker gefördert und höher bewertet wurden. Das hat verheerende Auswirkungen auf unsere gesamte Gesellschaft. So viele Mädchen und Jungen fühlen sich in der Schule minderwertig, weil ihre einzigartige Mischung an Intelligenzen nicht ausreichend anerkannt wird. Später zwingen wir uns in die Karrierelaufbahn, die das meiste Geld verspricht, anstatt unserer Begabung zu folgen. Bestimmte Intelligenzen werden krass gehypt und sehr gut bezahlt. Gute Programmierer*innen haben zum Beispiel im digitalen Zeitalter den Status von Stars. Doch was ist mit Empathie oder Intuition? Sollten wir nicht gerade jetzt, da alles immer technischer und kälter wird, diese Qualitäten fördern?

Für die Bewältigung der gegenwärtigen Herausforderungen werden wir alle Intelligenzen benötigen und nicht nur hochspezialisierte Fachidiot*innen. Dieser Form der offenen Potenzialentfaltung stehen leider auch viele Klischees über Frauen und Männer im Weg.

Männer sind rational, aber zu wenig im Herz.
Frauen sind sehr emotional und dafür unlogisch.

Das alles ist natürlich großer Bullshit. Es sitzt lediglich tief in unserer Denke drin.

Fakt ist: Logos ist nicht intelligenter als Eros. Eros ist anders intelligent und folgt einer anderen Motivation. Logos nutzt Intelligenzen, um Grenzen zu sprengen, zu erobern und zu verstehen. Eros nutzt Intelligenzen, um zu verbinden, zu hüten und zu lieben. Auch wenn jeden Menschen ein einzigartiger Mix an Intelligenzen ausmacht, sollte jeder in sich vollständige Mensch sowohl auf Logos als auch auf Eros zurückgreifen können. Das Patriarchat hat viele Frauen dazu gebracht, sich für dumm zu halten oder sich dumm zu stellen. Gleichzeitig entwickeln viele eine subtile Verachtung für Logos. Das schwingt in solchen Aussagen mit: »Nur mit dem Herzen sieht man gut.«[42] »Denken ist Ego.« »Vertrau deinem Gefühl.« Diese Verachtung stammt aus den Rollenklischees unserer Gesellschaft, aber auch aus vielen negativen Erfahrungen mit dem selbstherrlichen, männlichen Logos. Ein unbewusster Logos kann sich in blinder körperlicher Kraft, sinnlosen Taten, blutleeren Worten und einer realitätsfernen Spiritualität verrennen. Mädchen und Frauen finden sich häufig in Situationen wieder, in denen sie diesen Attitüden ausgesetzt sind, ohne adäquat widersprechen zu können.

Im Ergebnis entwickeln Frauen zwar den Pol von Eros, aber nicht ihren Logos. Der wandert in den Schatten. Denn dein Logos ist nicht weg, nur weil du ihn nicht pflegst. Er wird versuchen, aus dem Untergrund die Führung zu übernehmen. Da er aber nie richtig entwickelt und trainiert wurde, kann er sich in einer gewissen Form von selbstverliebter Arroganz, gemischt mit Ignoranz zeigen. Um es mal ganz hart auszudrücken: Frauen mit einem nicht bewusst integrierten Logos erzählen dummes Zeug, verhalten sich auch des Öfteren dumm, halten sich aber für schlau. Eine peinliche Mischung. Sie neigen zu plumpen Vereinfachungen, wischen logische Argumente mit Plattitüden vom Tisch, projizieren ihren Ballast gern auf andere (am liebsten Männer), fühlen sich im Recht (insgeheim sogar überlegen), entwickeln eine subtile Herrschsucht und können sich irgendwann nur noch gut mit den Freundinnen unterhalten, die ähnlich ticken wie sie. Keine attraktive Mischung. Um Missverständnisse zu vermeiden: Frauen sind keineswegs dumm. Sie sind vom Potenzial her hochintelligent. Doch wenn sie Logos im Außen bekämpfen, werden sie auch ihren inneren Logos nicht entwickeln können. Und wenn dessen Reflexion fehlt, kommt es nun mal zu dummen Gedanken und Handlungen.

Eros allein reicht nicht aus. Fördere auch deinen Logos. Das macht dich nicht weniger weiblich. Es macht dich ganz. Logos macht dich nicht wirklich intelligenter. Er wirkt eher wie ein Scheinwerferlicht für deine bereits vorhandenen Intelligenzen. Er hilft dir, sie zu sehen und ihren Wert anzuerkennen. Vielleicht stellst du überrascht fest, dass du tatsächlich eine hohe mathematisch-rationale Intelligenz besitzt und nur über einen schlechten Mathelehrer gestolpert bist. Oder du begreifst endlich, dass das, was du jeden Tag selbstverständlich aus dem Ärmel schüttelst, auf einer sehr feinen und wertvollen Lebensintelligenz beruht, an der jeder Professor und jede Professorin scheitern würde.

Der Evolution sei Dank, drängen immer mehr Frauen selbstbewusst in alle »Männerdomänen« vor. Sie hacken Code, bekommen den Nobelpreis für Physik und führen Staaten an. Doch es sind noch viel zu wenige. Gerade in den Generationen ab 40 aufwärts beobachte ich noch viel zu viele Frauen in einer Antihaltung gegenüber Logos verharren. Besonders scheint dies die psychospirituelle Szene zu betreffen. Die hier häufig anzutreffenden stark vereinfachten Thesen über Gott und die Welt wirken auf einen differenzierten Logos wie Weihwasser auf den Teufel. Ich kann nur immer wieder warnen: Wer es seinem Verstand zu einfach macht, verblödet schleichend. Es ist auch ein überholtes Vorurteil zu glauben, Denken würde dem Erfahren von Wahrheit im Weg stehen. Wir wissen mittlerweile, dass die Entfaltung kognitiver Intelligenz auch alle anderen Intelligenzlinien fördert. Also bitte, Frau, und das meine ich überhaupt nicht überheblich, stell dich dem Denken. Bejahe ganz bewusst deinen inneren Logos, als wäre er eine eigene Identität. Ruf ihm zu, dass du ihn gern kennenlernen möchtest. Biete ihm Futter in Form geistreicher Dialoge, philosophischer Konzepte und konstruktiv-kritischer Hinterfragung. Wenn du deinen Logos einlädst zu erstarken, wird er dir Gesprächspartner*innen senden, mit denen du dich darin üben kannst, *logisch, analytisch, konzeptionell* zu denken.

Wenn du das nächste Mal im Gespräch denkst: »Typisch, so kann nur ein Mann denken!«, untersuche doch einmal neugierig, wie er gerade gedacht hat. Wie versucht er, die Welt zu verstehen und Probleme zu lösen? Du musst und kannst ihn nicht eins zu eins kopieren. Doch allein der Versuch, seinen geistigen Standpunkt einzunehmen, schult deinen Verstand in Schaulogik.[43] Denke nach. Anders als sonst. Spiele mit Sprache und Konzepten.

Dein Eros wird vielleicht manchmal rummaulen, weil ihm das zu nüchtern vorkommt. Sieh es einmal so: Du erdenkst dir die Freiheit, in Zukunft wählen zu können, ob du dasselbe Problem romantisch, mystisch, intuitiv oder logisch betrachten möchtest. Wenn sich dein Logos entwickelt, wird dies auch deiner Weiblichkeit zugutekommen. Denn Logos schenkt dir die Fähigkeit, dich wie von außen zu reflektieren und all das, was du schon immer gewesen bist, nun noch bewusster zu erkennen. Er wird dir helfen, deine Wahrheit und Weisheit durch die richtigen Worte auszudrücken und mehr Menschen damit zu erreichen.

Zum Abschluss noch ein wunderbares Beispiel: Ein Großteil unseres Unternehmens findet mittlerweile im digitalen Dienstleistungsbereich statt. Das bringt natürlich auch viele Meetings mit sehr guten Programmierer*innen mit sich. Lange Zeit hörte ich Andrea in solchen Treffen sagen: »Ich bin ja von Beruf nur Hebamme. Ich verstehe nicht, was ihr Genies da macht.« Irgendwann begann sie, diesen alten Glaubenssatz zu hinterfragen. Es stimmt, sie beherrscht keine Programmiersprache. Die will sie auch gar nicht erlernen. Doch Andrea verfügt unter anderem über eine extrem stark ausgeprägte Wahrnehmung für Ordnung – innen und außen. Sie hat ein untrügliches Gespür Sinn für Harmonie. Außerdem akzeptiert ihr Geist kein *unmöglich*. Ihr wurde klar, dass sie nicht weniger intelligent war als die Programmierer*innen, sondern anders. Seitdem bereichert sie den digitalen Bereich unserer Firma enorm. Sie kommt dazu und erfasst – ohne irgendetwas vom Coden zu wissen – intuitiv Schwachstellen und Möglichkeiten. Ich habe mehrmals erlebt, wie gerade ihre andere Herangehensweise zu einer signifikanten Verbesserung des Systems führte.

Ich wähle bewusst dieses Beispiel, weil unsere Welt immer digitaler wird und es mir Sorgen bereitet, dass wir diesen Entwicklungssprung der Menschheit bis jetzt hauptsächlich Männern überlassen. Diese entwickeln einfach alles, was machbar ist, und stellen sich viel zu selten die Frage: »Ist es denn auch sinnvoll?« Bitte strenge dein Gehirn an. Push deinen Geist aus der Komfortzone hinaus. Lies Bücher, die dir zuerst fremd erscheinen. Beschäftige dich mit Bereichen, die du bis jetzt gemieden hast. Blockiere dich nicht mit der Ausrede, du wärest zu dumm dafür. Du kannst alles angehen, was auch Männer angehen. Trau dich. Bilde dich. Misch dich ein.

 Frauen, wir brauchen euch.
Mit voll angeknipstem Logos.

Stopp das Betteln und lade den Mann als Königin ein

Frauen haben gelernt zu warten. Zu lange. Ich beobachte in unserem Netzwerk viele Frauen in starken Veränderungsprozessen. Sie wissen, was ihnen fehlt. Sie wissen, was sie wollen. Und doch zögern sie häufig, mit voller Kraft loszugehen. Oft bremst sie die Furcht, der Mann an ihrer Seite könnte nicht mitziehen, und sie wollen ihn nicht verlieren. Oder sie haben gerade einen Mann kennengelernt, der sie interessiert. Doch dieser setzt sie in eine Warteschleife. Egal, wie überzeugend dir dein evolutionäres Gedächtnis versucht einzureden, dass du genau diesen Mann für dein Überleben brauchst – du brauchst ihn nicht! Es hat nichts mit Liebe zu tun, wenn du dich vor ihn hinhockst, bittest, bettelst, dich selbst und ihn nervst und auf ein Wunder hoffst. Tu dir den Gefallen und hör auf, auf Männer zu warten. Lade ihn ein und dann lass los.

Ich meine hier nicht die Vereinbarungen, die zwei Menschen eingehen, wenn sie eine Familie gründen. Hier werden Regeln aufgestellt
und diese müssen von beiden eingehalten werden. Ich schreibe von
der Hingabe eines Mannes an eure Beziehung. Die kannst du nicht
einfordern. Ich verstehe deinen Schmerz, denn du siehst eure Möglichkeit. Doch er muss da selbst draufkommen. Wenn du an ihm
ziehst, wird er mehr damit beschäftigt sein, dich abzublocken, als frei
herauszufinden, wie viel ihm diese Beziehung tatsächlich wert ist. Du
willst keinen Mann, den du überreden musstest. Du willst einen Kerl,
der an deiner Tür Sturm klingelt. Korrekt? Also steck deinen Kopf in
kaltes Wasser und dann schau noch einmal nüchtern hin. So viele
Frauen wollen nicht klar erkennen, was er mit seinen Handlungen so
offensichtlich ausdrückt. Ihr seht und hört das, was ihr euch wünscht,
anstatt die Realität. Männer sind Meister darin, die Hoffnung einer
Frau mit kleinen verbalen Häppchen wach zu halten, doch in Wahrheit einfach weiter ihr Ding zu machen. Wach auf!

Ich weiß, dass wir Männer wunderbare Liebhaber sein können. Ich
weiß, wie sehr uns eine lebendige und tiefe Beziehung bereichern, beflügeln und heilen kann. Doch ich sehe auch, wie sehr sich Männer
vor dieser Hingabe fürchten oder aber den Wert einer solchen Partnerschaft noch nicht erfasst haben. Diese Chance zu erkennen und
sie voll wahrzunehmen – diese Wahl muss in uns allein fallen. Dein
Drängen lenkt ihn ab und erzeugt Widerstand. Es entsteht ein trauriger Teufelskreis. Je mehr du energetisch ins Betteln oder Fordern
verfällst, desto unattraktiver wirst du. Die Ausstrahlung deines Eros
sinkt in den Keller. Du wirst dich weniger wert fühlen und der Mann
wird deinen Wert nicht mehr spüren.

Ich befürworte damit auf keinen Fall all die albernen Machtspiele,
zu denen manche »Beziehungsratgeber« auffordern, nach dem Motto:
»Lass ihn zappeln, dann kommt er schon.« Wenn du mich fragst, ist
das Teenagerniveau. Das mag bei unbewussten Männern funktionieren, doch nicht bei einem König. Finde die Königin in dir. Wenn diese
einen Mann für potenziell würdig erachtet, spricht sie eine offene Ein-

ladung aus, ein Gespräch, eine Nacht oder eine echte Partnerschaft mit ihr zu teilen. Und dann lässt sie los. Ich weiß, das kann hart sein, denn du wirst dich mit alten Konditionierungen und den damit verbundenen starken Emotionen auseinandersetzen müssen. Doch bitte sei es dir und der Möglichkeit dieser Beziehung wert. Wenn er dein Mann für diese nächste Runde der Evolution ist, brauchst du nicht um ihn zu kämpfen. Er wird sich voller Freude für dich erheben.

Wenn du einen Menschen dafür verantwortlich machst, deine Defizite zu kompensieren, vertreibst du die Liebe. Du bist die Quelle deines Glücks. Es ist nicht schlimm, wenn deine Bedürftigkeit oder alte Wunden in einer Beziehung getriggert werden. Die Frage ist nur, wie gehst du damit um? Wenn du den Mann vor dir für deine Erfüllung verantwortlich machst, schwächst du dich und erhöhst ihn. Du gibst deine Macht ab und verrätst die Liebe für eine Fata Morgana. Du kannst dich in solchen Momenten nicht auf deine Gefühle verlassen. Dein limbisches System spielt verrückt und trübt deine Sinne. Schreib es dir fett an die Wand:

Er schuldet mir nichts und ich brauche ihn nicht.
Ich *bin die Quelle meines Glücks.*
Ich warte nicht. Ich lade ein.

Lerne gut für dich zu sorgen. Mach dich selbst glücklich, dann macht dich die Beziehung noch glücklicher. Kein Mann schuldet dir etwas. Doch du bist auch nicht verpflichtet, dein Leben für einen Kerl auf Eis zu legen, der nicht bereit für eine heilige Beziehung ist.

Affirmation und Gebet

Du findest im Downloadbereich (siehe Anhang) unter »Die Einladung einer Königin« eine Affirmation, von Andrea geschrieben und gesprochen, die du als Gebet anpassen und nutzen kannst, um einen würdigen Mann als Königin in dein Leben einzuladen.

Ihr Frauen habt die Mindestanforderungen für eine Partnerschaft durch Warten und Betteln drastisch gesenkt. Erhöht sie endlich wieder ordentlich, indem ihr einladet, loslasst und lernt, allein richtig viel Spaß zu haben. Die Nulpen werden aus eurer Realität verschwinden, die starken Männer werden wach.

 **Wähle die Liebe, nicht den faulen Kompromiss.
Du bist eine Königin und keine Bettlerin.**

Bring auch das Schwert in deine Beziehung ein

Die mit Abstand am häufigsten gestellte Frage in unseren Beziehungsseminaren lautet: »Woran merke ich, dass es Zeit ist zu gehen?« Dass diese Frage gestellt wird, ist so verständlich. Wir investieren ja unsere unersetzbare Lebenszeit, Aufmerksamkeit, Gefühle, Tausende Gespräche in eine Beziehung und wollen, wenn sie längere Zeit nicht gut läuft, natürlich wissen, ob wir uns noch auf dem richtigen Weg befinden. Es gibt keine mathematische Formel, mit der wir den Zeitpunkt zum Gehen berechnen können, doch dein Herz weiß die Antwort. Es wird dich gehen lassen, wenn du wirklich alles gegeben hast. Wenn du es vorher versuchst, wirst du entweder noch einmal für eine Runde zurückkehren müssen oder du darfst das unerlöste Drama in der nächsten Beziehung wiederholen. Also frag dein Herz, ob du schon alles gegeben hast. Wenn ich das in Seminaren ausspreche, melden sich meist sofort einige Frauen und protestieren: »Das hilft mir nicht weiter. Ich habe doch schon so viel gegeben. Ich bin müde vom Geben!« Da liegt ein Missverständnis vor. Wenn du aufrichtig erforschst, ob du wirklich alles gegeben hast, schau nicht nur auf die positiv bewerteten Dinge wie Charme, Dienen, Geduld, Wärme. Vielleicht hast du dich auf dieser Ebene tatsächlich voll eingebracht. Aber was ist mit deiner Wut, deinem Schmerz oder deiner Bereitschaft, Grenzen zu setzen? Eine lebendige Beziehung braucht alle Zutaten und Frauen halten oft die scharfen Gewürze zurück. Dahinter steckt ein verklärtes Bild von Liebe: nett, wohlwollend, unterstützend. Das ist nur eine Seite.

*Liebe ist Muttermilch und Schwert zugleich. Es ist das Schwert, mit dem du Grenzen ziehst und deutlich **Nein** sagst. Es ist das Schwert, mit dem du konkrete Konsequenzen folgen lässt, wenn dein **Nein** nicht respektiert wird. Du brauchst dieses Schwert, um die physische Verbindung zu einem Menschen zu trennen und um die Verbindung zu deinen Werten halten zu können.*

Solange du nicht erleuchtet bist, ist bedingungslose Liebe ein gefährliches Konzept. Du hast einen Körper. Du hast Bedürfnisse. Du bist in eine duale Welt inkarniert und es ist deine Aufgabe, gut für dich zu sorgen. Dich unter den Anspruch zu stellen, bedingungslos lieben zu müssen, führt nicht nur zur Selbstverarsche. Du lädst andere Menschen mit deiner »Bedingungslosigkeit« regelrecht dazu ein, in Mittelmäßigkeit abzuschlaffen oder sich dir gegenüber respektlos zu verhalten. Entwicklung entsteht durch Reibung. Und Reibung braucht klare Positionen. Deshalb sage ich: Solange du keine Heilige bist, ist die höchste Form deiner Liebe das Schwert. Denn wenn du, nach sorgfältiger Überprüfung, zu dem Entschluss kommst, dich von jemandem zu trennen, fügst du auch dir Schmerzen zu. Dein Schwert zerschneidet eine Illusion und *ent*täuscht dich. Du wirst Wut und Traurigkeit über die verpasste Chance fühlen. Du begibst dich durch deine Konsequenz freiwillig in die Einsamkeit. Es braucht einen selbstkritischen Geist, um zu durchschauen, warum wir ungesunde Coabhängigkeit gern als Liebe verklären. Wir müssen uns dann nicht mit der schmerzhaften Wahrheit konfrontieren. Wenn das, was du Liebe nennst, den anderen nicht in seinem Wachstum fördert, ist es keine Liebe, sondern Selbstbetrug. Das Schwert im Namen der Wahrheit und deiner Werte zu ziehen ist ein Akt der Selbstliebe und ein heiliges Geschenk an den anderen, auch wenn er dies erst einmal nicht so sehen kann.

Ich möchte dich hier nicht aufrufen, wahllos mit dem Schwert herumzufuchteln und bei jeder Gelegenheit mit Konsequenzen zu drohen. Doch wenn es Zeit ist, eine Grenze zu wahren, zieh dein Schwert. Geringschätzung, Missbrauch oder Süchte zu dulden ist keine Liebe, sondern aktive Beihilfe. Alles, was sich an destruktiven Verhaltensmustern immer wieder und längerfristig in deinem Umfeld zeigt, manifestiert sich, weil du es gestattest! Solange du ausstrahlst, dass »man es mit dir machen kann«, werden Männer auftauchen, die es mit dir machen. Du wirst niemals herausfinden, wer du wirklich bist und was für dich möglich ist, wenn du dich weigerst, dein Schwert zu ziehen. Wenn du wissen willst, was du und die Menschen um dich herum tatsächlich drauf haben, fordere euch positiv heraus. Zieh das Schwert deiner Klarheit. Wenn du beginnst, in deinen Beziehungen konkret-überprüfbare Werte aufzustellen, passieren zwei Dinge. Zuerst werden alle Lügen und coabhängigen Strukturen auffliegen. Das tut weh, doch das musst du aushalten. Bleib ruhig im Feuer stehen. Du wirst sehen, wer es wirklich ernst meint und wer nur große Worte gelabert hat. Du wirst falsche Freund*innen, schwache Businesspartner*innen und Fake-Liebespartner*innen verlieren. Dann wird durch alle, die geblieben sind, ein Ruck gehen und sie werden mit Dankbarkeit reagieren. »Endlich bekennt sich jemand in unserem Kreis zu Größe und Exzellenz. YES! Darauf habe ich gewartet. Ich ziehe mit.« Wenn der Mann an deiner Seite dein Mann ist, wird er aufwachen und dich mit ganz neuen Augen sehen. Er wird Kraftreserven freilegen, von denen er nicht wusste, dass sie existieren. Er wird über sich selbst staunen und dir für alle Zeiten dankbar sein, dass du den Mut hattest, dein Schwert zu ziehen. Denn dein Schwert ist die höchste Form menschlicher Liebe.

DAS ERWACHEN DES KÖNIGS

Lieber Mann, ich bin nicht hier, um dir zu erklären, was für dich richtig ist. Das kann ich nicht und das will ich nicht. Aber ich möchte dich von Mann zu Mann herausfordern, die folgenden Seiten für eine selbstkritische Analyse zu nutzen. Wir sind – vom Potenzial her – toll. Aber wir stellen uns an vielen Stellen noch so hilflos bis grob an. Männer befinden sich auf so vielen Ebenen in der Krise und haben es größtenteils noch nicht einmal realisiert. Unsere klassischen Rollen – der Tyrann, der Macho, der Mitläufer, der Schlaumeier ... – greifen nicht mehr. Das ist kein Verlust. So originell waren die nicht. Wenn wir uns persönlich gegenübersäßen, würde ich dich sehr gern fragen, warum du diese Zeilen liest. Was hat dich dazu motiviert, dich mit diesen Inhalten zu beschäftigen? Waren es eigene Fragen, die ich zur Lektüre bewegt haben? Die Bitte einer Frau? Was bringt einen Mann wie dich dazu, innezuhalten?

Ich möchte dich in ein Bild einladen. Stell dir vor, wir kennen uns. Gut sogar. Wir sind Freunde und vertrauen uns unsere Ängste, Zweifel und Wünsche an. Wir haben uns für dieses Kapitel in einer kleinen Hütte in den Bergen getroffen. Keine Kids, keine Frauen. Nur zwei Kerle am Kaminfeuer. Wir lassen unseren Stolz fallen und schauen gemeinsam, ehrlich auf unser Leben. Ich habe diesem Kapitel den Titel »Das Erwachen des Königs« gegeben, weil ich glaube, dass Männer vor langer Zeit auf dem Thron eingeschlafen sind, der ihnen anvertraut wurde. Ich weiß auch nicht, was genau passieren wird, wenn der König in dir und mir wieder voll erwacht. Doch ich weiß, dass er dringend gebraucht wird. Ich möchte mit dir über scheinbar altmodische Tugenden sprechen wie Ehre, Tugend, Anstand und Höflichkeit. Ich möchte mit dir erkunden, ob und wie wir sie neu beseelen können. Bist du bereit, den Jungen, den Krieger und den König an einen Tisch zu rufen und mit ihnen gemeinsam zu beraten, wie es weitergehen soll? Du lässt ein altes, 10 000 Jahre lang besiedeltes Ufer hinter dir und brichst ins Neuland auf. Was für ein Abenteuer! Was haben wir

Männer alles noch nicht in uns entdeckt, geschweige denn gelebt? Die Welt hat von unserer wahren Tiefe und Schönheit bis hierher nur einen Bruchteil zu Gesicht bekommen.

Es ist Zeit, dass wir uns aus coabhängigen Beziehungsmustern mit Frauen lösen und lernen, uns selbst auszuhalten, zu heilen und nach Hause zu holen. Einige unserer noch geheimen Stärken werden sich erst offenbaren, wenn wir Mut zur Schwäche aufbringen. Es ist Zeit, dass wir uns eingestehen, dass wir unter unserem Panzer ein zartes, großzügig liebendes Herz beschützt haben. Und jetzt werden wir aus Liebe zu uns selbst die Rüstung ablegen und unser offenes Lieben ertragen lernen. Diesen sanften Befreiungsschlag schulden wir uns, unseren Liebsten und der Welt. Sie brauchen uns *jetzt*, nicht morgen. Niemand hat etwas davon, wenn wir schuldbewusst kuschen und uns kleinmachen. Wir werden gebraucht. In unserer edelsten, feinfühligsten, freiesten Version.

Wenn du eine Frau bist, lade ich dich ein, diesen Abschnitt offen und neugierig zu lesen. Möge er dir dabei helfen, unser Geschlecht noch besser zu verstehen, aber auch einen noch direkteren Zugang zu deinem inneren Mann zu gewinnen.

Hol dir deine Eier zurück

Beginnen wir mit einer einfachen und direkten Frage:

Wer hat deine Eier?

Interessanterweise wissen die meisten Männer sofort, worauf diese Frage abzielt. Natürlich nicht auf deine physischen Hoden. Die baumeln hoffentlich putzmunter zwischen deinen Beinen. Ich meine die metaphorischen Eier deiner schöpferischen Potenz. Nur weil ein Mann eine große Klappe hat, heißt dies noch lange nicht, dass er frei darüber bestimmt, wohin er seine Power lenkt. Auch wenn wir im Außen gern bullig und selbstbewusst auftreten, wollen wir dazugehören, gefallen und geliebt werden. Ich kenne viele Männer, die bereits als kleiner Junge ihre Eier bei ihrer Mutter abgegeben haben. Sie durften nicht laut und aggressiv werden. Ihre Mutter hat sie darauf getrimmt, nett und sanft zu sein. Verstehe mich nicht falsch. Ich mag sanfte, höfliche Männer. Doch es macht einen großen Unterschied, ob du dies aus freier Wahl heraus bist oder ob du auch noch mit 30, 40 oder 50 versuchst, der Erlöser deiner Mutter zu sein. Dann ziehst du zwar in die Welt, doch deine Eier bleiben »zu Hause«. Dann gibt es Männer, die sich heiraten (erjagen) lassen und die dann ihre Eier im Nachtschränkchen ihrer Ehefrau ablegen. Sie trauen sich nicht mehr, frei zu denken und wild zu fühlen. Die Frau hat die Hosen an. Frauen, die ihre eigene Kraft fürchten, kastrieren ihre Männer. Sie erschaffen sich ein harmloses Männchen an ihrer Seite, was sie im Namen der »Liebe« kontrollieren können. Manche Männer gehen laut und rockig in eine Beziehung und werden, wenn sie nicht aufpassen, immer leiser. Es beginnt vielleicht damit, dass sie aus Bequemlichkeit unangenehme Themen und Situationen vermeiden. Um den Drachen in ihrer Frau nicht zu wecken, schwächen sie Wahrheiten ab oder lassen sie ganz weg. Aber jedes Mal, wenn du dich versteckst oder klein machst, schrumpeln deine geistigen Hoden etwas mehr! Doch nicht nur zu Hause lauert die Gefahr. Die Welt bietet uns viele Versuchungen. Wenn du nicht aufpasst, gibst du deine Power schnell an die Vorstandsetage deines Unternehmens, die goldene Karriereleiter, eine heimliche Geliebte, einen Guru oder den Alkohol ab. Du siehst es auf Familienfeiern am trüben Blick, dem schlurfenden Gang und den traurigen Witzen, wer seine Eier vor langer Zeit in fremde Hände gegeben hat. Du wirst sie brauchen, um die folgenden Kapitel wirklich offen zu lesen. Deine Eier gehören beim Erschaffen, Arbeiten und im Sex immer zu dir! Solange du einer anderen Person, einem dir fremden Projekt oder einer Sucht dienst, anstatt deiner wahren Mission, wirst du nicht deine volle Größe erfahren. Ein Mann, der seine Eier bei sich hat, denkt frei. Er ist nicht bestechlich. Er kann seine Wahrheit auch unter unbequemen oder sogar bedrohlichen Umständen aufrechterhalten. Er hält Einsamkeit und Ablehnung aus. Er geht nicht den leichten Weg, sondern den, der für ihn bestimmt ist. Wir verraten unsere Eier aus Bequemlichkeit, Bedürftigkeit, Angst, Geilheit oder Gier. Wenn wir dies tun, können weder Logos noch Eros in uns zu Höchstform auflaufen. Es ist, als ob wir mit abgedrosselter Maschine durch das Leben fahren.

Visualisierung für mehr schöpferische Power
Ich lade dich zu einer ermächtigenden Visualisierung ein. Schließe deine Augen und frage dich schonungslos ehrlich: Wo sind deine Eier? Sind sie voll bei dir? Oder hast du sie ganz oder teilweise bei jemandem oder etwas abgegeben? Wer hat Zugriff auf deine schöpferische Power? Wo sind deine Kraftlecks? Lege eine Hand auf dein Geschlecht und die andere auf dein Herz. Sage dir selbst entschlossen: »Ich hole mir beim Lesen der kommenden Seiten meine volle Power zu mir zurück.« Atme mehrere Male tief in deinen Körper und stell dir vor, wie deine Kraft von all den fremden Baustellen zu dir zurückströmt. Halleluja!

Ziehe dich von der Welt zurück und hinterfrage dich

Der männliche Logos, ohne erdende und zentrierende Rituale, ist extrem leicht verführbar. Lass uns ehrlich sein: So gut wie jeder Bullshit mit katastrophalen Folgen für die Menschheit wurde von Männern angezettelt, die von ihrer Eingebung begeistert waren. Lass uns offen über diese Phasen reden, in denen wir uns kopfüber, regelrecht manisch besessen, einem Plan verschreiben. Logos liebt es, sich in Ideen hineinzudenken und sich darin zu verrennen. Das kann eine Liebschaft sein, Karriere, Aktien, Sport, Hobbys oder Erleuchtung. Es liegt in der Natur von Logos, sich permanent ausdehnen und erobern zu wollen. Solange wir dies als kleine Jungs im Sandkasten tun, ist das noch süß. Doch was, wenn du als erwachsener Mann nicht wirklich weißt, wer du bist und wofür du lebst? Mittlerweile hast du einen Schwanz, der innerhalb von ein paar Sekunden Kinder zeugen kann. Du hast über Computer Zugriff auf die ganze Welt. Du kannst mit

Worten und Waffen das Leben von anderen Menschen zerstören. Wenn du wissen willst, zu welchem Wahnsinn fehlgeleiteter Logos fähig ist, studiere die Geschichte der Kreuzzüge oder die brandgefährlichen Manipulationstechniken der sozialen Medien.

Es beginnt mit einer Idee, einer Fantasie – Sex, Erfolg, Ruhm, Geld, Religion ... – und dann steigert sich Logos in diese von ihm erschaffene Welt hinein. Männer sind stark verführbar und unsere Welt bietet uns tausend Optionen, verloren zu gehen. Dazu kommt unser verdammter Stolz. Selbst wenn wir spüren, dass etwas nicht stimmt, reden wir uns die Sackgasse schön, in der wir uns verrannt haben. Bis uns unsere Frauen verlassen, das Unternehmen crasht oder der Körper streikt. Weißt du, was für mich wirklich furchtbar ist? Am Ende meines Lebens zu realisieren, dass ich nicht dem für mich vorbestimmten Pfad treu gewesen bin. Oh, ja, dieser existiert und du fühlst ganz genau, wenn du nicht auf ihm unterwegs bist. Ich habe einige alte Männer so unerfüllt sterben, oder sollte ich sagen, dahinsiechen sehen. Der Anblick ihrer trüben, leeren Augen hat mich zutiefst berührt. Lass es nicht so weit kommen. Warte weder auf eine Krise noch auf die letzte Prüfung. Zieh dich regelmäßig aus dem Spiel zurück. Geh an einen Ort, an dem die Stimmen dieser Welt verebben und du mit dir allein bist. Ringe mit deinen Dämonen und berate dich mit deiner Seele. Kläre dein Ding mit der Existenz.

Wer bist du?
Wofür bist du hier?
Was ist dein Pfad?
Und mit wem willst du ihn gehen?
Wo in deinem Leben schläfst du?
Wo bist du vom Weg abgekommen?
Wo kämpfst du einen Kampf, der nicht deiner ist?

Bei Männern ist die Wahrscheinlichkeit groß, dass sie sich hin und wieder in Stolz, Gier oder Eitelkeit verrennen. Daher mein Tipp: Geh in die Wüste. In die Berge. Ans Meer. In ein Kloster. Leg dir selbst eine Beichte ab und finde auf deinen Pfad zurück. Denn diesen gibt es für jeden Mann. Davon bin ich hundertprozentig überzeugt.

Ich nehme diesen Rückzug von der Welt einmal täglich wahr. In der Meditation. Da ich ein sehr schnelles, volles Leben führe, versuche ich es zudem einzurichten, mich einmal im Jahr für mindestens 14 Tage aus allem rauszuziehen. Obwohl ich im Vergleich zu früher schon bewusster lebe, fühlt sich diese Auszeit jedes Mal an, als wenn ich aus dem Getümmel einer Schlacht auftauche und endlich wieder Luft hole. Aus der Stille heraus sehe ich sehr klar, wo ich meinen Weg vergessen oder verraten habe. Manchmal ist es gar nicht das, was ich getan habe, sondern *wie* ich es getan habe. Wir Männer können an den besten Projekten wirken, ohne richtig präsent dabei zu sein. Wir können mit unseren Liebsten und Kolleg*innen viel Zeit verbringen und diese Menschen doch verpassen. Das Wort *Seelenheil* klingt in deinen Ohren vielleicht religiös. Ich meine es zutiefst menschlich. Kein weltlicher Schatz und Sieg sind es wert, dein Seelenheil dafür herzugeben.

 Es ist niemals zu spät.
Geh in die Stille und finde dich.

Zerstöre den Mythos Mann

An dem Tag, an dem meine Mutter zum ersten Mal mit Wehen im Krankenhaus lag (ich brauchte zwei Anläufe), schrieb mein Vater ein Gedicht für mich. Unter anderem beschrieb er begeistert, wie sehr er sich darauf freuen würde, die erste Fensterscheibe zu bezahlen, die sein Sohn beim Fußballspielen zerschießen würde. Ich liebe meinen Vater und er mich. Doch im Grunde wurde damals das Fundament für unser Missverständnis gelegt. Denn ich hasste Fußballspielen. Ich war gern allein und las lieber. Ich war zart, verträumt und introvertiert und entsprach definitiv nicht dem Klischee eines *richtigen* Kerls. Kinder wollen dazugehören und sind sehr anpassungsfähig. So legte ich mir, bis ich die Schule verließ, einen »männlichen« Panzer zu. Ich trainierte meinen Körper hart. Ich gewöhnte mir an, Unsicherheit mit einer großen Klappe zu kompensieren. Ich hörte auf zu weinen und hackte am Wochenende stundenlang Holz. Ich versuchte, in vielem so zu werden wie mein Vater, und orientierte mich an den Helden der Abenteuerfilme und Western. Rückwirkend habe ich meinen Frieden damit geschlossen, denn ich habe so viele Qualitäten trainiert, die mir auch heute noch nutzen.

Unser gesellschaftlicher Alltag möchte uns alle gern am liebsten in überschaubare, berechenbare Rollen zwängen. Doch keine Box ist groß genug für uns. Auch nicht die, auf der »Mann« draufsteht. Ich bin genau wie du so viel mehr. Ich bin auch ein Raubtier. Ich bin ein Jäger, ein Krieger, ein Eroberer. Ich messe mich gern im Wettbewerb. Ich liebe Revolutionen und sprenge gern Systeme. Ich mag es zu verführen und anzuführen. Ich liebe diese wohl eher typisch männlichen Facetten an mir. Doch auf dem Weg zu einem »guten« Mann habe ich viele andere Facetten unterdrückt, bis ich sie gar nicht mehr fühlen konnte. Ich habe eine feminine Seite. Manchmal bin ich empfindsamer als Andrea. Ich gebe mich gern hin. Ich bin weich, zart, dumm, schwach, launisch, intuitiv, logisch, unlogisch, wissenschaftlich, mystisch. Ich bin heterosexuell, aber auch pansexuell und manchmal still asexuell. Ich bin gern Alpha und manchmal liebe ich es, mich von anderen, die kompetent in ihrer Sache sind, einfach führen zu lassen. Ich passe in keine Schublade. Du auch nicht.

Wie viele wunderbare Männer lehnen sich selbst ab, weil sie irgendeinem weltlichen Standardprotokoll nicht gerecht werden? Sie reden sich ein, sie wären nicht tough genug, ihr Penis wäre zu klein, sie wären schlecht, weil sie keinen Bock auf Kämpfen haben, weil sie feinsinnig, hingegeben und rezeptiv sind … Du bist ein einzigartiges Wesen mit strahlenden Facetten und dunklen Abgründen. Du bist eine lebendige Schnittstelle zu einem Universum der Millionen Möglichkeiten. Erlaube weder deinem Über-Ich, deiner Frau, deinem Kumpel oder Vater, dir vorzuschreiben, wie ein wahrer Mann zu sein hat. Denn dich gibt es so nur einmal. Verschwende deine Zeit nicht mit dem Kopieren einer Kopie.

Wann ist dein innerer Mann das letzte Mal aus der Erwartungsklammer der Gesellschaft ausgebrochen? Wie lang ist es her, dass du dich selbst überrascht hast? Wann hast du das letzte Mal etwas zum ersten Mal getan? Zieh etwas an, was du normalerweise nie tragen würdest. Triff dich mit dir selbst an einem Ort, an dem du noch nie warst. Schau dir einen Film an, der nicht zu deinem Männerklischee passt. Befreie den Träumer und das Kind. Das wird dich nicht weniger männlich machen, aber es wird dich ganz machen! Ein Mann, der zart *und* stark, rational *und* intuitiv, maskulin *und* feminin sein kann, lebt souverän und kreativ. Er hört auf, sich und seine Umgebung mit Wiederholungen zu langweilen. Er wird zu einem nicht kalkulierbaren, faszinierenden, lebendigen Prozess. Klingt doch gut, oder?

Führe dich

Männer verwechseln gern Führen mit Herrschen. Solange wir in einer Gesellschaft leben, in der in vielen Bereichen Lautstärke, Macht und Geld mehr zählen als Kompetenz, können schwache Männer herrschen und so ihre Familien, Unternehmen oder ganze Länder tyrannisieren. Herrscher setzen ihren Willen durch. Echte Führer dienen. Ich weiß, dass der Begriff *Führer* in Deutschland negativ besetzt ist. Ich benutze ihn dennoch und sehr bewusst. Denn gerade weil wir ein kollektives Trauma durch Machtmissbrauch und Massenmanipulation erfahren haben, ist es wichtig, die Qualität des integren Führens vom Schatten der Vergangenheit zu befreien. Hitler nannte sich Führer, aber er war keiner. Er war ein halbwahnsinniger, perfide demagogischer Diktator. Wirkliches, gesundes Führen beruht auf einer Mischung aus innerer Führung, Kompetenz und der Bereitschaft zu dienen. Niemand sollte anführen, nur weil er die Macht dazu hat. Aber wenn du dich mithilfe klarer Werte gut führen kannst und in einem bestimmten Bereich der Kompetenteste bist, ist es deine natürliche Verantwortung, zum Wohle aller in diesem Bereich in Führung zu gehen. Wenn du dich diesem Ruf verweigerst, ist dies in meinen Augen keine Bescheidenheit, auf die du stolz sein kannst. Denn du fehlst dann.

Mein junges, ehrgeiziges Ego wollte an viel zu vielen Stellen mitreden oder gar bestimmen. Wenn ich eine Portion Demut brauche, schaue ich mir sehr frühe Videos meiner Seminare von vor mehr als zwanzig Jahren an. Dann werde ich ganz still und möchte mich kurz verkriechen. Denn ich sehe meinen starken Geltungsdrang und gleichzeitig das Fehlen wirklicher Kompetenz und Reife. Das ist im Nachhinein peinlich, aber eine gute Medizin! Ich sage nicht, dass ich heute alles weiß und richtig mache. Das werde ich bis zu meinem letzten Atemzug nicht erleben. Doch heute habe ich ein wesentlich besseres Gefühl sowohl für die dunklen als auch für die hellen Seiten in mir. Ich weiß, worin ich gut bin, worin ich besser werden will und in was ich wahrscheinlich nie kompetent sein werde. Mein Instinkt für natürliche Kompetenzen in mir und meiner Umgebung wird immer feiner. Ich weiß, wann ich die Klappe zu halten habe, weil jemand anderes wesentlich mehr auf dem Kasten hat. Ich verstecke mich aber auch nicht und gehe natürlich in Führung, wenn ich in einem Gebiet offensichtlich gerade der befugteste bin. Früher habe ich mit Führung Bewunderung und Dominanzbefriedigung assoziiert, heute spüre ich wesentlich mehr die Verantwortung, die damit einhergeht.

Ich weiß nicht, wie Kriegsherren den Tod der Soldaten verkraften, die ihrem Ruf folgten. Oder wie die Herren aus der Vorstandsetage unserer Automobilkonzerne den Dieselskandal und all seine Folgen für so viele Menschen innerlich verarbeiten. Mir gehen meine Fehler nahe und es hat eine Weile gedauert, bis ich nicht mehr in Schuld versackt bin, sondern mir verzeihen konnte. Das Leben hat mir immer wieder Macht anvertraut, ohne dass ich die nötige Kompetenz und Reife gehabt hätte. Ich bin sehr, sehr dankbar, dass durch meine Unreife nicht noch mehr Leid entstanden ist, und ich bete jeden Morgen dafür, heute noch etwas bewusster mit der Verantwortung umgehen zu können als gestern.

Auch bei dir ist die Wahrscheinlichkeit sehr groß, dass du in Machtpositionen rutschst, auf die du eigentlich nicht vorbereitet bist: sei es durch eine Frau, die sich dir in einem Moment tiefer Hingabe voll öffnet, sei es durch dein kleines Neugeborenes auf deinem Arm oder durch die Leitung eines Teams. Uns Männern werden Privilegien zuteil, die wir ohne mit der Wimper zu zucken annehmen, obwohl wir sie uns (noch) nicht verdient haben. Doch wir können sie ehren, indem wir konstant nachbessern. Noch gibt es keinen Führerschein für einen fairen Bruder, einen achtsamen Ehemann, einen liebevollen Vater, einen weisen Chef. Doch wir können in diese Aufgaben hineinwachsen, wenn wir sie nicht als selbstverständlich, sondern als ein Vorschussvertrauen des Lebens betrachten. Uns wird keine Macht über etwas gegeben, sondern für etwas. Wir sollen nicht herrschen, sondern hüten. Zu führen bedeutet nicht, die Richtung zu bestimmen, in die sich alle anderen dann bewegen. Ein guter Führer dient dem System, das ihm anvertraut wurde. Er lauscht seinen Mitmenschen. Was wollen sie? Was brauchen sie? Und dann empfängt er möglichst offen, welche Entscheidung zum Wohle aller die beste ist.

Du wirst jede Form von Macht missbrauchen, wenn du dich nicht kennst und dich selbst nicht führen kannst. Wenn deine Eitelkeit deine Fehler in den Schatten verdrängt. Wenn deine Schwächen deine Stärken übermannen können. Wenn du keine Werte hast, die du auch unter Stress, Versuchung und Bedrohung aufrechterhalten kannst. Macht macht dich nicht zu einem besseren Menschen. Sie zeigt dir unter einem Vergrößerungsglas, wer du wirklich bist. Jede Unwucht deines Charakters wird durch Macht zu einem gefährlichen Schleuderspiel. Jede normalerweise verzeihbare Neurose mutiert dann schnell zum Monster für deine Mitmenschen. Du bist als Mann, ob du willst oder nicht, ein Werkzeug der Schöpfung. Du fehlst, wenn du dich in einer Kammer blasser Bescheidenheit oder Bequemlichkeit verrosten lässt. Doch du wirst gefährlich, wenn der kleine Tyrann in dir ein Schwert in die Hand gedrückt bekommt. Dich selbst führen zu können, dafür braucht es schonungslose Selbstkritik und die Bereitschaft, niemals fertig zu sein, sondern täglich neu auf der Übungsmatte deiner Meisterschaft anzutreten. Hab zuallererst einmal den Mut, dir die Lücke zwischen deinen Worten und deinen Taten nüchtern anzuschauen. Der männliche Logos kann sich in berauschende Visionen hineindenken und uns mit einem Mantel der Hybris kleiden, der gemessen an unseren konkreten Taten nur peinlich wirkt. Schau auf die Lücke. Lass es wehtun. Und dann schließe sie. Jeden Tag etwas mehr. Werde zu einem Mann, der sich selbst führt. Tu es nicht für die anderen, sondern für dich. Integrität ist der gesunde Boden eines großartigen Lebens.

Erkenne deine Werte

Kennst du deine Werte? Und mit Werten meine ich nicht irgendein lässig dahingerotztes Mission-Statement auf deiner Website. Werte wollen errungen, herausgeschwitzt, im Feuer echter Proben gestählt werden. Könntest du mir heute und hier die acht wichtigsten Werte deines Lebens so präzise definieren, dass wir beide genau analysieren könnten, wann du sie lebst und wann du sie verrätst? Ein Mann, der seine Werte nicht kennt, hängt wie ein formloser Schluck Bewusstsein irgendwo in der Kurve des Lebens. Er nervt. Sich und die anderen. Das Problem an einem Wert, zu dem du dich öffentlich bekennst: Du wirst nun deutlich spüren, wenn du ihn verletzt. Du hast nun im Grunde genommen keine Wahl mehr, als immer echter und standfester zu werden. Denn sonst fängst du an, dich zu hassen. Deine Werte werden zu deiner Richtschnur und zu deinem Schutz. Sie halten die Versuchungen in Form von Macht, Geld, Sex und Drogen ab. Ich schreibe das nicht aus der Warte eines Moralisten, der vorgibt, das Thema gemeistert zu haben. Ich scheitere immer wieder an meinen eigenen Ansprüchen. Doch ich bemühe mich, mich nicht zu verarschen, sondern hinzuschauen und die Lücke zwischen Anspruch und Realität jeden Tag etwas mehr zu schließen. Ich habe es mir angewöhnt, Freundschaft und Business nur noch mit Männern mit einem hohen Wertebewusstsein einzugehen, denn ich will mein Leben nicht auf Treibsand aufbauen.

Erkenne deine Stärken

Sobald du deine Werte kennst, wählst du deine Übungsmatte. Finde deine Stärken heraus und vervollkommne sie. Wir müssen keine Einsteins, Mozarts oder Schwarzeneggers sein. Jeder von uns – davon bin ich absolut überzeugt – wurde mit einem Set natürlicher Kompetenzen designt. Doch sie entwickeln sich nicht von allein. Du musst dich festlegen. Du musst dich in deine Übungsmatte verlieben und dann gehst du den Weg der Meisterschaft. Du bezahlst den Preis. Zeit, Energie, Schweiß, Verzweiflung. Endlose Übungsstunden, in denen scheinbar nichts vorankommt. Und irgendwann weißt du, was für ein Werkzeug du bist und wie man es am besten führt. Du musst nicht mehr protzen, bluffen, übertreiben. Du kuschst aber auch nicht mehr. Du weißt, worin du gut bist, und du bietest deine Kompetenz den Systemen an, in denen du wirkst. Wenn sie lebendig sind, werden sie deine Stärken erkennen und dich führen lassen. Es wird sich nun nicht mehr anfühlen, als wenn du den Ton angibst. Das Leben benutzt dich. Es hat dir Gaben anvertraut. Du hast sie aktiviert und verfeinert. Jetzt stellst du sie dem Allgemeinwohl zur Verfügung. Das tut nicht nur gut. Es erfüllt dich zutiefst. Denn es ist deine Bestimmung.

Du wirst nur herausfinden, was für ein Mann tatsächlich in dir steckt, wenn du aufhörst zu spielen und du dich deiner Übungsmatte hingibst.

Finde deinen Polarstern

Unsere profane, materialistische Kultur hat den Charakter vieler Männer vergiftet und uns etwas Essenzielles geraubt. Etwas, was unsere Seele dringend braucht, um in unserem Leben voll zu inkarnieren: unseren geistigen Polarstern. Ich behaupte, dass du es in den Augen eines Mannes sehen kannst, ob er seine Seele an die Welt verraten hat oder ob er ihrem Ruf treu geblieben ist. Ich bin mir sicher, dass du, wenn du ehrlich mit dir selbst bist, immer fühlst, ob du gerade deinem Pfad treu bist. Ich glaube, dass wir Männer tatsächlich stärker in Versuchung geraten. Logos hat eine natürliche Affinität zu Eroberung, Eitelkeit und

Erfolg. Alles, was Ausdehnung verspricht, fasziniert erst einmal. Aber erfüllt es uns auch? Es fühlt sich irgendwie geil an. Bis wir eines Morgens mit leeren Augen traurig in den Spiegel schauen und wissen, dass wir einen Preis gezahlt haben – und den nenne ich *Seele*. Heute frage ich mich bei jeder Idee, jedem Business, welches mir angeboten wird: Ist dies ein Weg mit Herz? Wenn nicht, lasse ich es sein. Denn nichts auf dieser Welt wiegt die Integrität unserer Seele auf.

Wir Männer sind wunderbare, begabte und verführbare Wesen. Wir brauchen einen Polarstern, an dem wir unseren Geist ausrichten können. Wir brauchen einen Altar, auf dem wir uns und unsere Fähigkeiten bereitwillig einer Sache opfern, die größer ist als unser Ego. Ich möchte dich daher gern fragen: Welchem Gott dienst du? Dem Gott des Ruhmes? Dem des Geldes? Dem der Macht oder der Bequemlichkeit? Wenn du darauf eine ehrliche Antwort finden willst, hör nicht auf das, was du dir gern erzählst. Schau auf deine Taten. Schau dir deine letzte Woche wie auf einer Leinwand an und frag dich nüchtern: Welchem Gott hat dieser Kerl auf der Leinwand in der letzten Woche wirklich gedient? Wohin floss der Großteil seiner Energie? Für welchen Wert entscheidet er sich unter Druck und in Versuchung?

Auch viele kleine Kompromisse werden irgendwann zu einer großen Last. Schau auf die Leinwand aus der Sicht des kleinen Jungen, der du mal warst. Wäre der stolz auf dich? Wäre er begeistert, weil du seine Träume manifestiert hast? Dann schau auf die Leinwand aus der Sicht des alten Mannes, der du in den letzten zwanzig Minuten deines Lebens sein wirst. Fühlst du dein gegenwärtiges Ich auf einem guten Pfad oder wirst du traurig? Denkst du, deine Augen werden in den letzten Stunden erfüllt leuchten oder grau verblassen?

Ich weiß, das sind unangenehme Fragen. Doch sie wecken uns rechtzeitig auf, wenn wir eventuell die falsche Abfahrt genommen haben.

Ich möchte dir von einem der wichtigsten und zugleich emotional unangenehmsten Momente meines Lebens erzählen. Ich arbeite unter anderem mit traditionellen und modernen Trance-Techniken. So versetze ich mich selbst auch manchmal gern mit Rückführungstrancen in vergangene Inkarnationen, um bestimmte Muster im aktuellen Leben besser zu begreifen. Ich stehe dem Thema Reinkarnation agnostisch gegenüber. Ich halte sie für wahrscheinlich, doch letztendlich weiß ich es nicht. Es ist durchaus auch möglich, dass meine Psyche lediglich den Film eines scheinbaren früheren Lebens kreiert, um etwas für mich verständlich zu machen. In jedem Fall ist es ein ungemein spannender und lehrreicher Prozess. In dieser Rückführung, von der ich dir berichten möchte, landete ich überraschenderweise in der letzten Stunde eines Mannes, der auf seinem Sterbebett realisierte, dass er den Seelenauftrag, für den er dieses Leben angetreten hatte, vollkommen verpasst hatte. Er hatte mit etwa dreißig Jahren seinen Weg verraten und war nie wieder zu ihm zurückgekehrt. Das Schlimmste waren nicht die Bilder, sondern die Gefühle, die ich in dieser Trance als real erfahren musste. Bis dahin war *Agonie* nur ein Wort für mich. Seitdem weiß ich, wie sie sich anfühlt. Es war ein Abgrund dunkelster, lähmender Verzweiflung. Kein Licht am Ende des Tunnels konnte mich trösten. Ich habe seit dieser Erfahrung ein völlig anderes Verständnis von dem, was in der Bibel als *Hölle* beschrieben wird. Sie ist keine Strafe, die uns der Teufel auferlegt. Hölle ist die elende Verzweiflung einer Seele, die ihren Selbstverrat erkennt und sich das nicht verzeihen kann. Der Mann in dieser Erinnerung hatte dem falschen Gott gedient und sein Leben auf einem toten Altar abgelegt. Auch wenn ich keine wissenschaftlichen Beweise dafür vorlegen kann, weiß ich, dass dies die schlimmste Verletzung ist, die wir uns zufügen können.

Wie bereits an anderer Stelle beschrieben, verwende ich *heilig* nicht in einem kirchlichen Sinn, sondern als ein Synonym für *ganz*. Eine Sache ist für mich heilig, wenn es mich an meine essenzielle Ganzheit erinnert und darin unterstützt, auf der menschlichen Ebene ganz zu werden. Wie kann ein Mann all die in ihm ringenden Triebe, Gefühle und Interessen jemals bündeln, wenn er nichts hat, was ihm heilig ist? Manche meiner Klienten beklagen ihre Disziplinlosigkeit. Sie verurteilen sich als faul. Sie glauben sich noch mehr anstrengen zu müssen, um endlich Willensstärke zu entwickeln. Das halte ich für einen Irrtum. Niemand ist willensschwach oder faul. Wer das von sich denkt, hat nur noch nicht den Polarstern seines Lebens gefunden.

Mit der folgenden Frage habe ich bis jetzt noch jedem Menschen deutlich vor Augen halten können, dass er zu Disziplin und Anstrengung fähig ist: Stell dir vor, ich würde dir etwas wegnehmen, was dir wirklich heilig ist. Zum Beispiel deine Kinder oder deine Frau oder deine Gesundheit. Ich würde eine Forderung an dich richten: Entweder du stehst ab jetzt jeden Morgen eine Stunde eher auf, joggst 10 Kilometer, duschst kalt, machst jeden Tag einen Liegestütz mehr und liest täglich 30 Minuten in einem neuen Buch – und das alles für 365 Tage, oder du verlierst diesen kostbaren Schatz für immer. Meinst du, du würdest zögern? Nein. Du wärst unaufhaltbar. Denn du kämpfst für deinen Polarstern.

Wenn du also wissen willst, wie großartig, willensstark und ausdauernd du bist, finde deinen Polarstern. Disziplin kommt vom lateinischen Wort *discipulus = Schüler*. Um dein wahres Potenzial zu entfalten, reichen schillernde Visionen nicht aus. Du musst zu einem sich hingebenden Schüler von etwas werden, was dir wichtiger ist als all deine Egobefindlichkeiten. Findet ein Mann diesen Altar, bringt er hier sein Biest zur Ruhe. Er opfert sein Eigeninteresse. Er geht täglich vor diesem Opfertisch auf die Knie und bittet um Führung und dann dient er *dem*. Er schult seinen Geist, läutert seinen Charakter, entwickelt seine Stärken zu Höchstform – alles *dafür*. Er ist zu Leistungen fähig, die er mit purem Willen nie erzwingen könnte. Sein Wirken wird aus einer größeren Kraft gespeist. Ich glaube übrigens nicht, dass dieses Heilige Frau oder Kinder sein können. Sie können der wichtigste Bereich sein, in dem wir unserem Polarstern dienen, aber sie sind nicht unsere Endstation. Auch sie werden wir einmal loslassen müssen. Gleichzeitig sind lebendige Beziehungen der beste, unbestechliche Prüfstein für die Echtheit unserer Mission. Ein Mann, der seinen Polarstern gefunden hat, wird das Feuer, das dadurch in ihm entfacht wird, auch mit seinen Mitmenschen teilen. Also, was ist deine Mission? Was ist das Credo deines Lebens? Woran werden sich die Menschen auf deiner Beerdigung erinnern? Hast du bereits *das* gefunden, dem du alles andere voller Freude opferst? Wenn noch nicht – es ist niemals zu spät. Zeit ist relativ.

Noch einmal: Unter deinem Polarstern verstehe ich das eine, wichtigste, heiligste Ziel deines Lebens. Einer meiner Lehrer hat es einmal in einer Frage ausgedrückt: »Was ist die eine Sache, die du in diesem Leben garantiert erfüllt bekommen würdest, wenn du bereit bist, alles andere dafür zu opfern?« Das wird ganz schön heiß, wenn du intensiv darüber nachdenkst!

 Es gibt diesen einen Pfad für dich. Nur du kennst ihn. Finde ihn und sei ihm treu. So wirst du am Ende deines Lebens sagen können: Ich habe meinen Glauben gehalten!

Ein Mann ist ein von der Natur auf Erfolg getrimmtes Werkzeug. Er muss wissen, was er wirklich-wirklich will, sonst endet er auf fremden Baustellen. Du bist ein schöpferisches Werkzeug, ob du willst oder nicht. Die Frage ist, *wofür* du es einsetzt.

Wir wachsen mit einer sehr begrenzten Vorstellung von Erfolg auf: stark sein, Ziele erreichen, hart arbeiten, erobern, reich werden, an die Spitze kommen, noch mehr arbeiten, noch reicher werden ... Dass viele von uns diese Form des Erfolgs infrage stellen, ist gut. Denn dieser Zwang bedient das monströse, in vielen Bereichen menschenunwürdige Leistungs- und Wachstumssystem, in dem wir alle leben. Für unsere Eltern und Großeltern hatte diese Art des Erfolgs in den Wiederaufbau- und Wirtschaftswunderjahren nach dem Zweiten Weltkrieg eine ganz andere, überlebensnotwendige und selbstbewusste Bedeutung. Doch nun wachen wir aus dieser Form des Erfolgsrausches auf und sehen die Wunden, die das Raubtier des Kapitalismus unseren Seelen und der Erde zugefügt hat. Dich dem alten Erfolg zu widersetzen, reicht aber nicht aus. Wenn du ihn für dich nicht neu definierst, hängt dein Logos auf der Couch des Lebens rum. Er schlafft ab, wird formlos, stellt Dummheiten an. Auch wenn du dir einredest, deine Haltung wäre alternativ und fortschrittlich – ohne eine gute, neue Vision und deren Umsetzung ist sie es nicht. Wenn du wirklich erschöpft bist, halte inne, ruh dich aus. Doch dann geh zurück ins Spiel. Erfolg ist nicht gleichzusetzen mit Geldverdienen. Erfolg besteht aus zwei Komponenten:

 Erstens: Wisse, was du wirklich-wirklich willst.
Zweitens: Setze dein volles Potenzial dafür ein, dies zu bekommen.

Egal, auf welcher Entwicklungsstufe du dich gerade befindest, es gibt immer etwas, was dein Herz wirklich-wirklich will. Ich schreibe wirklich-wirklich, weil es sich lohnt, nachzuhaken. Die erste Antwort auf die Frage: »Was willst du wirklich?« ist meist noch nicht die tiefste und wahrhaftigste. Gerade wir Männer sind arg versucht, einer Möhre hinterherzurennen, die vor unserer Nase baumelt, ohne uns radikal und genau zu hinterfragen: »Ist es wirklich genau diese Möhre, die ich will? Ist es vielleicht nur ein alter Jagdinstinkt, der mich beim Anblick einer solchen Möhre losrennen lässt? Oder steht sie eigentlich für etwas ganz anderes? Wäre es nicht powervoller, mich gleich auf das zu konzentrieren, was ich wirklich-wirklich erreichen will?« Auch wenn dies ungewöhnlich klingt, es lohnt sich, diese Hinterfragung in deinem Kopf zu installieren.

Was willst du wirklich-wirklich?
Was ist der dich wahrhaft erfüllende Sinn deines Lebens?
Was brennt dich nicht aus, sondern nährt deine Seele?
Wofür möchtest du deine wertvollen Power und Gaben einsetzen?

Gib dir Raum und Zeit für diese Fragen. Als Mann in einer schnelllebigen Welt der tausend Versuchungen herauszufinden, was du wirklich-wirklich willst, ist bereits ein Riesenerfolg. Wenn du lebendig bist und dich weiterentwickelst, wird sich deine Antwort wandeln.

Aber etwas gibt es immer. Etwas braucht dein Logos, um sich daran zu orientieren. Ich möchte dir ein paar Beispiele nennen, um es für dich ein wenig greifbarer zu machen. Die Antwort auf die Frage, was du wirklich-wirklich willst, könnte lauten:

> *Ich will herausfinden, wer ich wirklich bin.*
> *Ich will ein guter Familienvater sein.*
> *Ich will ein Buch schreiben.*
> *Ich will mit meiner Frau eine wirklich lebendige Liebesbeziehung gestalten.*
> *Ich möchte die Welt verbessern.*
> *Ich möchte Brunnen in Afrika bauen.*
> *Ich will frei sein.*
> *Ich will erwachen.*

Wenn du *deine* Antwort auf die Frage gefunden hast, ziehst du deine Energie von allen Ablenkungen ab. Du verschwendest dein Potenzial nicht mehr in *sinn*losen Spielchen. Du konzentrierst deinen Logos auf das dir heilige Ziel. Du bündelst dein schöpferisches Licht in einem Laserstrahl und findest heraus, wie weit du damit in diesem Leben kommen kannst. Irgendwann, nach ausreichend Niederlagen und Gewinnen, realisierst du, dass es nie um das Erreichen des Zieles ging. Denn es kommt ja immer ein neues. Es geht darum, wer du auf dem Weg zu diesem Ziel werden musst. In dir schlummert eine noch freiere Version von dir selbst. Dein Erfolgspfad weckt sie. Das Ziel ist der Köder. Deshalb muss es ein gutes sein. Es lockt dich aus deiner alten Begrenzung ins Licht.

Die Männer, die mich inspirieren und die ich respektiere, haben alle ihre Übungsmatte ihres individuellen Erfolgs gefunden. Sie treten jeden Tag neu an und üben. Sie wollen nicht irgendwo ankommen. Sie haben sich zu einem ewig andauernden Prozess der Veredelung bekannt. Für mich ist dies der Unterschied zwischen Jungs und Meistern. Jungs wollen am Gipfel ankommen. Meister wollen auf dem Weg erwachen. Ich kann mich noch gut daran erinnern, wie ich früher bei Wanderungen den Berg emporraste. Der Gipfel war das Ziel. Vom Weg bekam ich nichts mit. Oben angekommen, fühlte ich einen kurzen Siegerkick und dann – ja, dann brauchte ich ein neues Ziel. Ich habe mit dieser Taktik weltlich gesehen viel erreicht. Mit Mitte 40 hat mich das Leben dann durch verschiedene Ereignisse gewaltsam ausgebremst und in die Knie gezwungen. Ich bemerkte, wenn dies jetzt das Ende wäre, hätte ich sehr viel verpasst. Seitdem trainiere ich mein inneres Schlachtross darin, immer öfter, immer tiefer durchzuatmen, den Blick zu heben und das Wunder, was jetzt ist, voll zu erfahren. Ich bin immer noch dankbar, wenn die Buchhaltung meldet, dass die Zahlen stimmen. Ich freue mich, wenn ein Buch ein Bestseller wird. Ich will immer noch mit allem, was ich bin, dazu beitragen, dass diese Welt besser wird. Doch das alles berührt mich lange nicht so tief wie die Sehnsucht, heute und hier mehr zu erwachen. Wenn ich heute Abend ins Bett sinke, möchte ich fühlen, dass dies ein guter Tag war. Ich möchte gestaunt und geliebt haben. Ich möchte erfüllt einschlafen, weil ich mich komplett verschenkt habe. Mach auch du dir bewusst: Dieser Moment jetzt gerade ist ein Wunder. Besser wird es nicht. Wie willst du ihn nutzen?

 Was willst du wirklich-wirklich?
Schnapp es dir und wachse daran.

Lass Schwäche deine neue Stärke sein

Wie gehst du mit Momenten der Schwäche um? Kannst du akzeptieren, dass du Schwächen hast? Welche Beziehung hast du generell zu Schwäche? Ich kann für mich ehrlich sagen, dass ich Schwäche über viele Jahre unter allen Umständen vermieden habe. Dafür habe ich einen hohen Preis bezahlt und auch meine Mitmenschen haben gelitten. Ich war hart zu mir selbst. Ich bin auf eine ungesunde Weise über meine Grenzen gegangen. Ich habe die Angst vor meiner eigenen Schwäche nach außen projiziert und andere verachtet, wenn sie schwach waren. Ich glaube, ich habe Schwäche erst als meine Lehrmeisterin angenommen, als ich nach einem Fallschirmunfall mit gebrochener Wirbelsäule im Krankenhaus lag und auf so viel Hilfe angewiesen war. Ich habe damals zum ersten Mal erfahren, dass mich das Zulassen von Schwäche auf eine völlig neue, tiefere Weise stark machen kann.

Wenn wir die Zeit der Säugetiere dazurechnen, dann wurden wir Männer seit mehr als 200 Millionen Jahren darauf getrimmt, stark zu sein. Wir wurden nicht für unsere Feinfühligkeit belohnt, sondern für unseren Eroberungsdrang, unsere physische und energetische Dominanz. 200 Millionen Jahre Training in Große-Klappe-Haben und Bluffen können wir nicht so einfach abstellen! Das erklärt die vielen kuriosen bis nervigen Phänomene im männlichen Umgang mit Schwäche. Erwachsene Männer in Vorstandsetagen kämpfen um den größten Sessel im Raum. Wir rennen noch mit 40 Grad Fieber zur Arbeit und machen auf der anderen Seite ein Riesendrama um jeden kleinen Schnupfen. Wir blasen unsere Schultern auf der Straße auf, bis wir einen Gang haben wie ein gedopter Superman. Manche von uns tyrannisieren mit ihrer physischen Stärke immer noch Frauen und Kinder. Andere sind ins gegensätzliche Extrem kollabiert und zu hochsensiblen Weicheiern mutiert, die gar keine PS mehr auf die Straße bekommen.

Schwach zu sein – physisch, sexuell, geistig, finanziell, emotional –, wird von Männern nach wie vor als eine große Demütigung empfunden. Schwäche ist unsere Achillesferse. Wenn wir nicht lernen, mit ihr umzugehen, kapseln wir uns vom Leben ab – innen und außen. Wir kreieren enormes Leid für uns und andere. Wir stehen heute vor dem brennenden Haus Erde, welches »starke« Männer durch Ausbeutung und Eroberung erschaffen haben. Die Welt hat diese alte Form von toxischer Stärke so satt.

Wie wäre es, wenn wir Männer kollektiv den Mut aufbringen würden, uns einzugestehen, dass wir noch nie so stark waren, wie wir uns eingebildet haben? Es ist höchste Zeit, unser aufgepumptes

Ego mit einigen unangenehmen Tatsachen zu konfrontieren: Wir sind lange nicht so wichtig, wie wir uns meistens nehmen. Selbst wenn wir ein Imperium aufbauen, was ist das schon angesichts von 13,5 Milliarden Jahren kosmischer Geschichte? Unser Stern leuchtet kurz auf, erlischt und ein paar Jahre später hat man uns vergessen. Wir wissen viel zu wenig, um eine große Klappe zu rechtfertigen. Alles, was wir uns an Konzepten zurechtbasteln, ist wie ein winziger Tropfen im Ozean eines unendlichen Mysteriums. Auch wenn es so aussieht, wir haben lange nicht so viel Kontrolle über unser kleines Universum, wie wir uns gern einreden. Wir gleichen einem kleinen Jungen, den jemand auf dem Rücksitz eines Autos festgeschnallt und ein Lenkrad in die Hand gegeben hat, damit er Ruhe gibt. Doch wenn du aufmerksam beobachtest, wird sehr schnell klar, dass du nicht der Cheflenker bist. Wir sind emotional höchst verwundbar, auch wenn es auf den ersten Blick anders aussieht. Die meisten von uns sind wahrscheinlich emotionaler und sensibler als Frauen. Deshalb machen wir gern einen Witz über sie und haben uns selbst einen schützenden Panzer zugelegt. Doch dieser macht uns grob und unempfänglich für die Signale unserer Seele und der Umgebung. Wenn er irgendwann aufbricht, sind wir häufig überfordert, die neuen Erfahrungen zu integrieren.

Es ist Zeit, dass wir uns unseren Schwächen stellen und so eine echte Souveränität entwickeln. Denn die gute Nachricht ist: Unter unserem permanent bluffenden Ego existiert eine freie, unverletzbare Seele. Der Zugang zu ihr öffnet sich, wenn du aufhörst, dein Ego zu verteidigen. Halte still, wenn dich andere auf deine offensichtliche Nichtperfektion hinweisen. Lass dich von kritischem Feedback berühren. Gib dich deinen Niederlagen hin. Schluck, wenn du das nächste Mal eine Grippe hast, nicht gleich eine Pille, sondern erfahre die körperliche Schwäche bewusst. Gönne dir mehr Momente in Gesprächen, in denen du die Klappe hältst und lauschst, weil du weißt, dass du nichts weißt. Du wirst vielleicht dein Image als großer Macker verlieren. Doch dafür findest du dich. Renne nicht vor Alter und

Tod weg, sondern meditiere regelmäßig über diese Nebeneffekte des Lebens. Sie werden dir helfen, das in dir zu entdecken, was nicht kommen und nicht gehen kann. Lerne, deine Verletzbarkeit in der Nähe vertrauter Menschen auszuhalten. Glaub mir, sie sehnen sich so sehr danach. Denn eine wirklich lebendige Beziehung mit dir ist nur möglich, wenn du riskierst und deinen Panzer ablegst. Kleine Vorwarnung: Du wirst intensiver fühlen. Auch das, wovor du weggerannt bist: Schmerz, Bedürftigkeit, Ohnmacht ... Mach kein Drama draus und mach aber auch nicht wieder dicht. Bleib im Feuer dieser neuen Erfahrungen stehen. Das sich normalerweise aufbäumende Ego wird darin verbrennen und wenn die Hitze sich legt, bleibst du gelassener und souveräner zurück.

Doch wenn du diesen Weg beschreitest, achte darauf, dass du nicht ins andere Extrem kippst und beginnst, dich in übertriebener Empfindsamkeit zu suhlen. Es ist verständlich, dass das Pendel eventuell erst extrem in die andere Richtung ausschlägt, wenn du endlich einmal loslässt. Gönn dir ruhig eine Phase der Irritation, des emotionalen Aufbrechens und der ausführlichen Selbstreflexion. Zuerst fühlt sich das wohlig und zart an. Doch wenn du es als Mann damit übertreibst, bringst du dein Gehirn durcheinander. Aus Zartheit wird ungesunde Verweichlichung. Aus Entspannung mentale Unklarheit. Aus frisch empfundenen Emotionen eine launische Suppe. Männern in dieser Phase fehlt es dann häufig an Umsetzungskraft und echtem Selbstvertrauen. Keine sexy Mischung, wenn du mich fragst. Wenn du dich dabei ertappst, balancier dich wieder mehr aus. Rede weniger. Tu mehr. Schwitze in der Muckibude. Setze dir Ziele und geh sie auch an. Triff dich mit Männern, hacke Holz oder fahr mal wieder schnell Auto. Das mag wie ein abgedroschenes Klischee klingen. Doch alles, was du tust, beeinflusst deinen Hormonhaushalt, und dieser wiederum deinen Fokus und deine Stimmung.

 **Auf die richtige Balance zwischen Stärke und Verletzbarkeit kommt es an.**

Sei ein Mann von Ehre

Der Begriff *Ehre* bedarf der Erklärung. Er wird heutzutage nur noch selten verwendet und wenn, dann meist von Menschen, die noch im Clanbewusstsein verhaftet sind. Hier wird Ehre oft als der Familie übergeordnete moralische Prinzipien interpretiert, an die sich jedes Familienmitglied zu halten hat. Wird diese Form der Ehre durch das Verhalten eines Menschen verletzt, sehen sich die anderen Beteiligten gezwungen, aber auch autorisiert, den Zustand der Ehre wieder herzustellen – häufig mit Gewalt. Dies ist nicht die Form der Ehre, über die ich mit dir sprechen möchte. Was assoziierst du mit dem Begriff der Ehre? Würdest du dich als einen Mann der Ehre betrachten? Ich verwende diesen Begriff bewusst, weil ich kein Freund davon bin, Weiterentwicklung mit dem Abschreiben aller alten Traditionen gleichzusetzen. Es gibt Tugenden, die sollten wir Männer mit auf unseren weiteren Weg nehmen oder vielleicht zum ersten Mal richtig beleben. *Ehre* bedeutet im Wortstamm *achtungswürdig* oder *verdienter Achtungsanspruch*. Die Betonung liegt für mich auf *verdient*. Viele Männer in der Geschichte des Patriarchats mussten sich die Achtung ihrer Mitmenschen nicht verdienen. Sie waren schwache Ehemänner, korrupte Könige, verruchte Päpste, grausame Generäle. Nicht ihre Taten, sondern der Ehering, die Krone, das Kruzifix oder eine Uniform zwangen ihre Mitmenschen dazu, ihnen Ehrerbietung zu erweisen.

Doch wir besitzen auch einen natürlichen Instinkt für die wahrhaftige Ehrwürdigkeit eines Menschen. Wenn unser Geist nicht korrupt ist, spüren wir, wenn wir vor einem noblen, Wesen stehen, und wir bringen diesem ohne Anstrengung unsere Achtung entgegen. Ich bringe dieses Thema auf, weil ich mich nach einer Welt sehne, in der Männer wieder selbstverständlich von Frauen und Kindern geehrt werden können. Nicht bewundert oder gefürchtet, sondern geachtet. Doch das wird nur Wirklichkeit, wenn wir Männer Ehre neu beleben. Ein Mann von Ehre ist ein Mann des Anstands. Er spricht die Wahrheit. Er hält sein Wort. Er ist höflich und freundlich. Er schützt die Schwachen. Er steht auch unter Bedrohung für seine Werte ein. Er ist bereit, sein persönliches Interesse dem Wohl seiner Liebsten, seinen Werten, der Menschheit unterzuordnen. Er ist ein moderner Samurai. Das Wort *Samurai* bedeutet nicht *Krieger*, wie man es vielleicht vermuten würde, sondern *Dienender*. Ein Mann von Ehre hat noble Werte definiert und dient ihnen. Das klingt ganz schön anspruchsvoll, oder? Ich behaupte nicht, dass ich dieser Beschreibung bereits in allen Lebenslagen gerecht werde. Doch sie ist meine Richtschnur. Ich bin nicht hier, um mein Leben damit zu vergeuden, Alibis für Mittelmäßigkeit und faule Kompromisse zu finden. Ich möchte einer der konkreten Gründe dafür sein, dass Frauen und Kinder wieder an Männer glauben.

Das Gegenteil von Ehre ist *Schande*. Ein mächtiges Wort. Wer gesteht sich schon selbst gern ein, dass er sich und seinen Liebsten Schande bereitet hat? Lieber leugnen wir unser Versagen oder nutzen psychospirituelle Konzepte, um es weich zu zeichnen. Doch ich sage: Wenn wir lügen, bereiten wir uns und unserem Geschlecht Schande. Wenn wir eine Frau bedrohen oder sogar missbrauchen, bereiten wir uns Schande. Wenn wir unsere Familie im Stich lassen, aus Feigheit oder Geilheit, bereiten wir uns Schande. Wenn wir unser Herz für Geld und Macht verkaufen, bereiten wir uns Schande. Wenn wir schwach und ehrlos leben, tragen wir aktiv dazu bei, dass die nächste Generation an Jungs ohne leuchtende, männliche Vorbilder aufwächst. Wir vertiefen das Misstrauen in Mädchen und die Verachtung in Frauen. Schande in diesem Sinne hat für mich nichts mit einer von einer Kirche vorgegebenen Moral zu tun. Schande ist der Verrat an unserem eigenen natürlichen Gutsein. Schande setzt Bilder in die Welt, die die, die sie sehen, an der Menschheit zweifeln lassen. Schande raubt Hoffnung, denn wir lernen alle voneinander. Wenn ich als kleiner Junge einen Mann auf der Straße ehrenhaft handeln sehe, kann dies für alle Zeiten den Ritter in mir wecken. Wenn ich jedoch in den Nachrichten sehe, dass ein Mann, der Frauen beleidigt und benutzt, Präsident der Vereinigten Staaten werden kann, vergiftet dies mein Verständnis von Mann, wenn ich selbst noch nicht in mir gefestigt bin.

Ich bin absolut überzeugt davon, dass jeder Mann, ausgenommen Extremfälle wie Narzissten und Psychopathen, einen Instinkt für ehrenvolles Handeln hat. Die Frage ist: Haben wir den Mut, stehen zu bleiben und diese Unsauberkeit in unserem Leben so lange zu untersuchen, bis sie aufgelöst ist? Vielleicht denkst du dir: Wenn es niemand anderes sieht, ist es keine Schande. Du irrst dich. Alles, was du in deinem stillen Kämmerlein tust, siehst du selbst! Du schwächst deine Selbstachtung und diese fehlt dir dann in all deinen Unternehmungen. Außerdem geht alles, wirklich alles, in das kollektive Bewusstseinsfeld der Menschheit ein. Dein Sieg über deine Dämonen stärkt alle Männer. Mach dir bewusst, dass jede deiner respektlosen Taten einer Frau gegenüber durch sie in das gesamte weibliche Feld eingespeist wird. Ich formuliere diese Worte nicht so hart, um dich und mich kleinzureden. Im Gegenteil. Ich möchte dich auf eine sportliche und brüderliche Weise herausfordern. Nenn mich einen Narren, aber ich glaube an uns. Ich glaube an die Würde und Güte unseres Geschlechts. Es ist kein Zufall, dass wir als Jungs alle Zeit vergaßen, wenn man uns die alten Heldengeschichten vorlas. Der Held in uns regte sich. Wer von uns wollte als Kind nicht die Welt retten? Doch wir leben in verdammt schwierigen Zeiten. Väter, die uns Ehre vorleben sollten, sind entweder selbst schwach oder nicht zu Hause. Die Welt belohnt häufig nicht die Ehrenhaften, sondern die Trickser und Gewaltbereiten. Wir leben nicht mehr in einem einfachen, übersichtlichen Dorf, sondern in einer komplexen, sich unglaublich schnell entwickelnden Welt voller Versuchungen. Ohne Vorbilder, ohne deine individuelle Form des Samurai-Trainings, ist es extrem leicht, verloren zu gehen und deine Ehre zu verraten. Und hast du damit erst einmal begonnen und stehst es dir nicht ein, wirkt der Selbstverrat wie ein schleichendes Gift. Er irritiert das Urteilsvermögen deines Herzens und bald ist es leichter, einfach so weiter zu machen, als stehen zu bleiben und den Kurs zu korrigieren.

Berühren dich diese Worte oder findest du mich altmodisch? Eines der wichtigsten Anliegen für dieses Buch ist mein Wunsch, möglichst viele Männer für die folgende Vision zu begeistern: eine Welt, in der kleine Mädchen, wenn sie gefragt werden, was sie schön auf dieser Erde finden, als eines der ersten Männer aufzählen. Nicht nur ihren Vater, sondern alle Männer. In dieser Vision laufen wir alle aufrecht, stolz, mit leuchtenden Augen durch die Straßen unserer Stadt. Wir sind Leuchttürme der Hoffnung. Wir sind Hüter des Guten, Wahren und Schönen. Wir sehen den Bruder im anderen Mann und nicht den Gegner. Wir fordern uns auf eine kameradschaftliche Weise heraus, das Beste von uns mit der Welt zu teilen. Es ist eine Welt, in der immer mehr Männer einen Weg mit Herz gehen und durch ihr öffentliches Vorbild eine transformierende Kettenreaktion auslösen. Wir lernen voneinander, dass sich Ehre auszahlt. Unternehmen richten ihre Ziele selbstverständlich am Wohlergehen aller aus. Korruption trocknet aus, weil sie nicht mehr funktioniert. Wir gewöhnen uns an Ehrlichkeit in den Medien, an aufrichtige Politik, an authentische Kirchen und integre Schulsysteme. Wir erinnern uns an die Helden unserer Kindheit und verstehen, dass sie keine Märchen, sondern Weckrufe unseres eigenen Potenzials waren. Also, nicht für die anderen, sondern für dich: Schau hin. Hör auf, dir deinen Scheiß schönzureden. Wir Männer haben dieser Welt Schande gebracht. Es ist nie zu spät, sich dies einzugestehen und den Weg zurück auf den Pfad unserer Ehre anzutreten. Egal, wie oft du deinen Schwur bereits gebrochen hast, du kannst heute wieder in den Raum der Ehre zurückkommen. Stelle deine Werte auf. Dann steh am Morgen auf und betrachte jeden Tag als eine gute, sanfte Schlacht, in der es nicht darum geht, jemanden zu besiegen, aber deine Ehre gewinnen zu lassen.

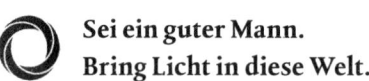 **Sei ein guter Mann.
Bring Licht in diese Welt.**

Meistere dein Schwert

Die Menschheit hat ein Aggressionsproblem. Die hauptsächlich von Männern offen ausgelebte Aggression hat eine Schneide der Verwüstung hinterlassen. Raufereien unter Brüdern, Prügeleien auf dem Schulhof – das mag noch harmlos klingen. Doch wenn Männer nicht lernen, ihre Aggression zu meistern, bedrohen und schlagen sie auch Frauen und fangen irgendwann den nächsten Krieg an. Vielleicht möchtest du nun antworten: Ja, aber Frauen werden auch gewalttätig. Das stimmt und ich will das nicht schönreden. Doch hier, in diesem Kapitel geht es um *dich* und *deine* Aggression. Ich will mit *dir* über *dein* Schwert reden. Denn glaub mir, wenn du es in den Griff bekommst, haben wir bereits viel gewonnen.

Hier ein paar Zahlen: Jede dritte Frau ist mindestens einmal in ihrem Leben von physischer und/oder sexualisierter Gewalt betroffen. Etwa jede vierte Frau wird mindestens einmal Opfer körperlicher oder sexueller Gewalt durch ihren aktuellen oder früheren Partner. Betroffen sind Frauen aller sozialen Schichten. Bei Vergewaltigung, sexueller Nötigung und sexuellen Übergriffen in Partnerschaften sind die Opfer zu 98,4 Prozent weiblich, bei Stalking und Bedrohung in der Partnerschaft sind es fast 88,5 Prozent. Bei vorsätzlicher, einfacher Körperverletzung sowie bei Mord und Totschlag in Paarbeziehungen sind 77 Prozent der Opfer Frauen[44]. Kein Wunder, das Aggression bereits bei kleinen Jungen als ein Makel angesehen wird. Doch so einfach ist es nicht. Aggression (lateinisch von *aggredī = sich auf etwas zubewegen*) ist erst einmal ein biologisch in Tieren und auch Menschen angelegter Instinkt zur Verteidigung oder Gewinnung von Ressourcen und zur Bewältigung potenziell gefährlicher Situationen. Es ist wichtig zu verstehen, dass dieser Trieb nicht nur antrainiert, sondern biologisch angelegt ist und bei Männern unter anderem wegen des signifikant höheren Testosteronspiegels wesentlich stärker ausgeprägt ist. *Wie* der Trieb ausgelebt wird, das unterliegt sozialen Normen und kann also von uns Männern gelenkt werden. Da wir bisher keinen allgemein in unserer Kultur verankerten Kontext für eine positive Meisterung von Aggression haben, läuft es meistens darauf hinaus, dass kleine Jungs bestraft werden, wenn sie wütend werden. Sie werden dazu angehalten, Aggression zu unterdrücken. Das ist keine Lösung! Denn Aggression ist nicht per se schlecht. Sie ist eine zwar primitive, aber vitale Ausdrucksform von Logos. Ein Trieb, der dazu dient, Neuland neugierig erregt zu erobern, selbstbewusst Hindernisse aus dem Weg zu räumen und Grenzen zu setzen. Das alles kann auch konstruktiv erfolgen. Wenn wir ein Kind dazu anhalten, die eigene Aggression zu unterdrücken, rauben wir ihm einen wichtigen Kanal seiner schöpferischen Potenz. Aggressionshemmung kann später zu Depression, Fresslust, Arbeitswut, Zwangsverhalten, Sexualstörungen oder unkontrollierten Wutausbrüchen bis hin zu Amoklauf führen.

Wie sieht deine Beziehung zu Aggression aus? Hast du sie in dich hineingefressen? Sedierst du sie mit Alkohol? Tobst du dich auf Arbeit oder im Fußball aus? Oder hast du sie ganz unterdrückt? Frauen fürchten männliche Gewalt, auch wenn sie »nur« in Form einer lauten Stimme oder dem Knallen einer Tür ausgelebt wird. Sie spüren instinktiv, wenn ein Mann seine Aggression nicht im Griff hat, und lassen nicht vollständig los. Wenn wundert's, bei all den grenzüberschreitenden Erfahrungen, die im kollektiv-weiblichen Feld gespeichert sind? Frauen nervt es aber auch, wenn wir uns zu passiven, verweichlichten, aggressionsgehemmten Schlappschwänzen entwickeln. Denn noch einmal: Aggression ist ein natürlicher Trieb. Unterdrückst du ihn, wird dir seine Power sehr wahrscheinlich im Sport, Sex, Denken und Erschaffen fehlen. Dein Logos ist in der Lage, den Drachen deiner Aggression zu zähmen. Das beinhaltet die Kunst, sein Feuer bewusst zu wecken, es halten zu lernen und dann in konstruktive Kanäle zu lenken.

Es geht eben nicht primär darum zu gewinnen und jemand anderen zu unterdrücken. Das Feuer, das in dir aufschießt, wenn du wütend bist, ist *Shakti*, pure Lebenskraft. Sie braucht einen starken, wachen Geist, um gehalten und gelenkt zu werden. Aggression zu meistern ist wie der Tanz auf der Schneide eines Schwerts. Es ist ein feiner Grad zwischen Unterdrückung und Ausleben. Sie zu unterdrücken löst sie nicht auf. Sie bricht irgendwann unkontrolliert hervor oder macht dich kraftlos und krank. Wenn du sie hingegen ungezügelt auslebst, ist es, als wenn du immer wieder Benzin ins Feuer kippst. Im Augenblick des Rausches fühlst du dich mächtig, doch danach bist du leer, ausgebrannt. Das Muster ist nicht erlöst, du verstärkst es mit jedem Ausagieren. Du reitest den Drachen nicht. Du bist sein Sklave. Er lässt dich Dinge tun, die andere Menschen verletzen und dich deine Integrität kosten. Du bereitest dir Schande und verlierst deine Ehre.

Zwischen Unterdrückung und Ausleben sitzt dein Buddha-Geist still im Feuer deiner Aggression. Du lässt ihre Hitze aufsteigen und tust … nichts. Du fühlst alles und tust … nichts. Der schwache Teil deines Verstandes wird dir zuflüstern oder zubrüllen: »Leb es aus! Lass dir nichts gefallen! Spring auf. Brülle. Wehre dich. Befreie das Tier in dir.« Doch du bleibst hier. Du fühlst alles und tust … nichts. Das Feuer wütet. Es wird heißer und heißer. Lenk dich nicht ab. Es kommt der Moment, der sich anfühlt wie: Entweder du lässt es jetzt raus oder du stirbst. Halte diesen Moment aus! Diese Schwelle trennt den Jungen vom Mann, den Verbrecher vom Krieger, den Tyrannen vom König. Das Fieber erreicht seinen Höhepunkt und dann sinkt es wieder. Du wirst ruhiger. Du wirst still. Das Biest in dir hat dich getestet und du hast widerstanden. Jedes Mal, wenn du das Feuer deiner Aggression bewusst fühlst und nicht ausagierst, verbrennt etwas: deine Anhaftung am Kampf, deine Identifikation mit dem Tier, deine Sucht nach Macht. Jedes Mal, wenn das Fieber geht, wird es dich etwas geläuterter, disziplinierter, reifer zurücklassen.

Meditationstipp
Du findest im Downloadbereich (siehe Anhang) unter »Der Buddha im Feuer« eine geführte Meditation für die Meisterung deiner Aggression. Sie ist durchaus auch für Frauen geeignet.

Es ist gut zu wissen, dass dein Schwert scharf ist und dass du es führen kannst. Doch es ist noch besser, wenn es bis auf extreme Ausnahmen in der Scheide bleibt. Du kannst lernen, deine Aggression bewusst zu wecken und als Kreativität und Umsetzungspower deine Herzensprojekte fließen zu lassen. Im Laufe der Zeit verfeinert sich die Aggression. Aus roher Kraft wird wertvolle Tat. Aus der Tat entwickelt sich das geschliffene Wort. Letztendlich verwandelt sie sich auf der feinsten Ebene wieder zu dem, was Logos ursprünglich ist – ein schöpferisches Licht, welches sich weiter und weiter ausdehnt, bis es den Sinn und das Geheimnis des Kosmos entdeckt.

Deine männlichen Freunde werden sehr wahrscheinlich eine andere Beziehung zu deiner Aggression haben als die Frauen an deiner Seite. Die meisten Frauen fürchten diese Kraft in uns. Zu Recht. Es wird Zeit brauchen, bis du ihr bewiesen hast, dass du dein Feuer im Griff hast. Begegne ihrer Vorsicht mit Respekt und Feingefühl. Wenn du dich auch nur im Ton vergreifst, ist dies für ihr Stammhirn die Ankündigung eines möglichen Angriffs. Wenn dir so etwas passiert, geh nicht darüber hinweg. Signalisiere ihr, dass du selbst weißt, dass du eine Grenze überschritten hast, und zeige ihr dein ehrliches Bedauern. Doch vor allem: Krieg deinen Shit in den Griff! Die Institution Ehe war viel zu lange der verborgene Raum, in dem schwache Männer ihre Wut an schwächeren Menschen ausgelebt haben. *Damit muss Schluss sein!* Wenn du es nicht allein schaffst, suche dir aufrechte Freund*innen oder Mentor*innen. Finde einen Sport, in dem du deine Energie auspacken und halten lernen kannst. Frauen werden deine bewusste Aggression im Bett und im Schaffen lieben, wenn sie die Erfahrung machen, dass *du* den Drachen reitest und nicht umgekehrt.

Wenn wir selbst diese Kraft meistern, können wir auch die Frau an unserer Seite viel besser dabei begleiten, ihre Aggression zu entdecken, zu integrieren und zu genießen. Für Frauen war es lange Zeit lebensgefährlich, die Stimme zu heben, geschweige denn eine körperliche Grenze zu setzen. Sie lernten, nett zu sein und still zu halten. Doch unter der Asche ihrer Selbstkontrolle glimmt die Glut einer verletzten Furie. Beweise ihr, dass euer gemeinsamer Raum sicher ist und sie ihre Wut voll und klar auf den Tisch packen kann. Beschwichtige sie nicht. Bleib stehen. Halte ihr Feuer aus. Es wird sie befreien und heilen. Ihre Wut wird auch dem Eros eurer Partnerschaft neues Feuer verleihen. Sie wird dich noch mehr achten, weil du sie ermutigst, ihren Drachen zu reiten.

Falls du zu den Männern gehörst, die ihre Aggression gar nicht spüren, lade ich dich ein, dir mal eine Runde Boxen im Fitnesscenter zu gönnen. Auch wenn du denkst, das würde nicht zu dir passen: Probier es aus. Vielleicht wirst du erstaunt feststellen, was sich in dir regt, wenn du kämpfen musst. Sei nicht arrogant. Auch als Intellektueller oder Poet kannst du eine Dosis Feuer gebrauchen. Sie wird deinen Geist schärfen und dir noch mehr Ausstrahlung verleihen. Sie wird dir helfen, deine PS aus dem Elfenbeinturm deines Verstandes auf die Straße des Lebens und in den Schoßraum deiner Liebsten zu bringen.

 Aggression ist ein wunderschönes und mächtiges Schwert – wenn du lernst, es weise und milde zu führen.

Lass Eros deinen Heiler sein

Die meisten Männer, die ich kenne, haben den Ehrgeiz, in dem, was sie lieben, gut zu sein. Sie investieren Zeit und Energie, um diesen Bereich oder diese Fähigkeit weiterzuentwickeln. Doch was, wenn ein Gebiet, in dem du wirklich gut sein solltest, gar nicht auf deinem Radar erscheint? Dann verpasst du es eventuell ganz. Oder du bleibst diesbezüglich auf dem Entwicklungslevel eines Barbaren stehen und merkst es nicht einmal, denn den anderen Männern geht es ja genauso. Die Rede ist nicht von irgendeiner handwerklichen Fertigkeit oder einer Wissenschaft, sondern von der Entdeckung und Befreiung der bisher unterdrückten Hälfte unserer Seele. Ich bin überzeugt, dass wir Männer unbewusst leiden, unstetig sind, ausbrennen und uns in sinnlosen Spielen verlieren, weil die meisten von uns keinen Zugang zu einer Hälfte ihrer Seele haben. Wir wurden darauf getrimmt, Logos zu entwickeln. Hier kennen wir uns aus. Unsere weibliche Seele –

unsere Anima und damit auch Eros – haben viele von uns auf Frauen projiziert. Wir begehren sie, doch wir nutzen die Begegnung mit ihnen nur selten, um selbst vollständiger zu werden.

Wie radikal anders würden sich alle Bereiche unserer Gesellschaft entwickeln, wenn wir die Qualitäten von Eros von klein auf ehren und erforschen würden? Seelen brauchen diesen nährenden, freudvollen Raum, um sich auszudehnen. Sie ziehen sich zurück, wenn es hart und unbewusst wird. 10 000 Jahre Patriarchat haben so nicht nur Eros ins Exil geschickt, sondern unser großzügiges, liebendes Herz. Diese Welt wäre niemals so ungerecht, wenn unsere Seelen mehr in uns zu Hause wären. Seelen sehen das Gute, Wahre und Schöne. Seelen gehen nicht einfach weiter, wenn dies verletzt wird. Sie bleiben stehen und heilen, was nicht der heiligen Ordnung entspricht. Es ist kein Zufall, dass in unserer Gesellschaft gerade die Spezialdomänen von Eros – Beziehung, Heilung, Kunst, Kultur, Sexualität, Erziehung – von uns allen zwar selbstverständlich benutzt, aber nicht gebührend erforscht, erlernt und wertgeschätzt werden.

Doch warum tun sich gerade Männer häufig so schwer, die Qualitäten von Eros zu entwickeln? Das hat vor allem zwei Gründe. Zum einen sind wir in einer Gesellschaft groß geworden, die nach wie vor Tugenden wie Milde, Hingabe, Zärtlichkeit und Intuition mit dem Attribut der Schwäche assoziiert. Das heißt, Männer erfahren ihren Weg in die Ganzheit häufig zuerst als einen Verlust an Durchschlagskraft und Dominanz. Es braucht Mut, sich diesem Prozess zu öffnen und den Panzer fallen zu lassen. Zweitens wird ein einseitig, logoslastig ausgerichteter Mann die Begegnung mit Eros als beunruhigend empfinden. Denn die Welt, die er sich in seinem männlichen Geist so plausibel erklärt hat, wird durch Eros massiv erschüttert. Du realisierst, dass das Leben keine mathematische Gleichung, sondern ein ewiges Mysterium ist. Und alles, worauf dein Logos so stolz ist – deine Muskeln, deine Arbeit, deine Philosophie –, wird durch die Begegnung mit dem stillen Urzentrum allen Lebens in einen völlig anderen, demütig machenden Kontext gesetzt.

Solange wir Männer keinen Zugang zu Eros in uns finden und dessen Tugenden bewusst integrieren, werden wir relativ grob und schlicht durch das Leben marschieren. Wir werden uns selbst ausbeuten und uns emotional von Frauen abhängig machen. Da unser Logos keinen starken Gegenpart in uns hat, wird er sich immer wieder verrennen und verbrannte Erde hinterlassen. 10 000 Jahre Patriarchat haben Eros gesellschaftlich in ein Nischendasein verbannt und ihm im Grundverständnis der meisten Männer auf Erotik, also Sex reduziert. Lass uns also mit Sex beginnen.

Stell dir vor, du würdest heute Nacht im Traum erfahren, dass alles, was du bis hierher als Sex erlebt hast, nur ein grober Abklatsch von dem ist, was eigentlich für dich drin sein könnte. Du erkennst, dass Sex in Wahrheit einem Tempel mit zwölf Vorräumen gleicht. Du hast es geschafft, durch Versuch und Irrtum in den dritten Raum vorzustoßen und denkst nun, das war es. Hier rammelst du weiter sportlich rum. Rein, raus. Doch eigentlich gäbe es da noch so viel zu entdecken.

Du könntest die Kunst entdecken, deine Erregung allein mit dir selbst ewig zu halten, sie in deinem ganzen Körper zu verteilen, bis sie dich komplett wegbeamt.

Du könntest lernen, deine sexuelle Energie ohne Fantasien zu entfesseln und in immer feinere Formen der Ekstase verwandeln.

Du könntest deiner Partnerin oder deinem Partner wahrhaftig begegnen, anstatt sie oder ihn wie ein Objekt zu benutzen. Du könntest dich mit ihr oder ihm durch alle Vorräume bis in den eigentlichen Tempel lieben und dort erleben, was es bedeutet, wenn der Kosmos sich in zwei Körpern selbst begegnet.

Nein, ich beschreibe damit keine Drogenerfahrungen, sondern nüchtern erreichbare Zustände. Sie stehen jedem Mann offen. Doch dafür müssen wir begreifen, was Sex neben der Möglichkeit der Fortpflanzung eigentlich ist: ein Pfad der Ekstase, Heilung und Erleuchtung.

Bewusster Sex erweckt Seelen und stärkt sie durch Ekstase. Sex ohne Bewusstheit greift unsere Seelen an. Selbst wenn *Seele* nicht zu deinem üblichen Wortschatz gehört, bin ich mir sicher: Nach einer sexuellen Begegnung ohne gegenseitiges Erkennen wirst auch du eine gewisse Form der Leere spüren. Vielleicht gehst du schnell darüber hinweg, indem du unter die Dusche springst, eine rauchst oder einschläfst. Es ist die Traurigkeit zweier Seelen über eine verpasste Chance. Sex ist so viel mehr. Sex fängt lange vor dem Aufeinandertreffen zweier Körper an. Wir sind von Geburt an sinnliche Wesen und unser gesamtes Leben kann eine zutiefst erotische Erfahrung sein – der Genuss einer leckeren Speise, der warme Frühlingswind auf deiner Haut, der Duft einer Rose, nackte Knöchel im Gras, ein Kuss, ein Streicheln, ein lustvolles Gespräch, ein Projekt voller Passion, Tanz, Kunst, Arbeit, Vögeln – all das erleben wir erotisch, wenn unser eigener, bewusster Eros auf verschiedenen Ebenen die Vereinigung mit dem Universum feiert. **Um es in einem harten Gleichnis überspitzt auf den Punkt zu bringen: Logos will den Kosmos ficken. Eros gibt sich ihm hin.**

Solange wir Männer Frauen auf ihren Körper und somit auf ein Objekt reduzieren, verletzen wir. Und dafür – das ist mir wichtig zu betonen – müssen wir sie nicht einmal anfassen. Ein Mann mit einem primitiv entwickelten Eros glotzt einem jungen Mädchen sabbernd hinterher und versteht nicht, was das Problem daran sein soll. Er macht ja nur das, was ihn als Mann definiert. Vielleicht glaubt er sogar, dass sein begehrender Blick eine Art von Kompliment wäre. Ist es nicht. Es ist bereits ein Missbrauch auf einer sehr feinen, energetischen Ebene. Denn das Mädchen, das gerade in seiner Fantasie ausgezogen wird, ist kein Stück Fleisch, das zur Schau auf dem Marktplatz ausgelegt wird. Sie ist eine feinfühlige Seele in einem Körper. Er hat sie eben mit seinem Blick und der damit verbundenen Energie auf ein Objekt reduziert.

Du kannst dich in solchen Fällen nicht damit herausreden, dass sie ja nichts davon mitbekommt. Das ist nämlich großer Bullshit. Unterhalte dich mit Frauen darüber. Frag sie, wie sicher sie sich in einer U-Bahn fühlen, wenn der Typ gegenüber seinen Trieb nicht im Griff hat. Frag Mädchen, wie wohl sie sich fühlen, wenn sie an einer Baustelle vorbeikommen. Das erotische Erwachen eines Mannes beginnt meist mit der schmerzhaften Erkenntnis, dass unsere Lust oft aggressiv ist und sich einen Teufel darum schert, ob sie von der anderen Seite eingeladen wurde. Du musst für diese Grenzüberschreitung nicht einmal aussprechen, was du denkst. Glaub mir, deine Energie kommt bei jeder Frau in deiner Nähe an. Und nein, sie betrachtet es nicht als ein Geschenk, von dir mental begrapscht zu werden. Falls du dich gerade ertappt oder angegriffen fühlst, bitte ich dich, tief durchzuatmen und offen weiter zu lesen. Ich schreibe dir das nicht vom hohen Ross herunter. Ich gebe nicht vor, immer sexuell völlig sauber zu sein. Doch ich wünsche mir tiefere, selbstkritischere Reflexionen von uns Männern über unsere sexuelle Integrität. Ich wünsche mir mehr Männer, die bereit sind zuzugeben, dass sie auf diesem Gebiet nicht alles wissen und dazu lernen wollen. Männer, die bereit sind, endlich wirklich zuzuhören, wenn Frauen über Wünsche und Wunden sprechen.

Ein Mensch ist im Grunde genommen ein sexuelles Dilemma. Wenn wir uns aufeinander zu bewegen, wird eben nicht nur eine Instanz in uns angesprochen, sondern eine wilde Mischung aus sehr verschiedenen Stimmen und Interessen. Unser Gehirn wurde im Zuge von Millionen Jahren Evolution eben nicht irgendwann komplett ausgetauscht, sondern ihm wurde permanent ein Update verpasst. Um in der Computersprache zu bleiben: Wir haben viele neue Funktionen dazu bekommen, doch das biologische Betriebssystem in der Tiefe ist immer noch das alte. Deine Seele sieht ihre Seele. Dein Neokortex hat Werte aufgestellt und will sich daran halten. Außerdem ist er vollgestopft mit jedem patriarchalen Klischee, Hunderten romantischen Liebesfilmen, alten Rittersagas und den neuesten Sexratgeber-Tipps. Du hast (hoffentlich) den bewussten Anspruch, den Frauen achtsam und liebevoll zu begegnen. Doch dein schlaues Großhirn ist evolutionär gesehen mit seinen 400 000 Jahren ein Baby im Vergleich zu deinem limbischen System, welches auf mindestens 250 Millionen Jahre Säugetiererfahrung zurückschaut. Damals, im Rudel, war es noch nicht angesagt, mit einem langen, sanften, emotionalen Vorspiel zu punkten. Dein Auftrag war simpel: »Verbreite dein Sperma in der Welt. Bereichere den genetischen Pool.« Dann hast du da noch das wesentlich ältere Stammhirn aus der Zeit der Reptilien. In seinem Reich existieren gar keine Emotionen. Hier heißt es: ficken, fliehen oder töten.

All diese Ebenen werden getriggert, wenn du an einer Frau vorbeiläufst, die dich auf einer gewissen Ebene anspricht. Chaos ist da vorprogrammiert. Erschwerend hinzu kommen einige gemeine biologische Besonderheiten: Dein Großhirn reagiert meist um Bruchteile langsamer als dein limbisches System. Dessen Anweisungen *fühlen* sich überzeugender an. Kein Wunder, denn es kreiert permanent mithilfe vieler Botenstoffe positive und negative Emotionen, um dich in eine ganz bestimmte Richtung zu lenken. Wenn es will, dass du ein Weibchen klarmachst, schüttet es beispielsweise eine Überdosis Dopamin aus. Diese lässt dich nur noch die Vorteile des Objektes sehen, du selbst fühlst dich unbesiegbar und »weißt« in diesem Anfall von Präpsychose ganz genau, dass dies eine lang vermisste Seelenverwandte ist, mit der du unbedingt und sofort Liebe machen musst. Wenn dann dein Blut noch in den Schwanz rutscht, fehlt es tatsächlich im präfrontalen Kortex, dem Zentrum deiner Vernunft.

Um es in aller Deutlichkeit zu schreiben: Wer diese Aufzählung von neurowissenschaftlichen Herausforderungen nutzt, um seine Eskapaden zu rechtfertigen, ist in meinen Augen ein Schlappschwanz. Unsere biologische Komplexität ist keine Ausrede für primitiven Sex, Grenzüberschreitungen oder gar Missbrauch. Wir haben gefälligst zu lernen, damit umzugehen. Ich werbe für Verständnis und Mitgefühl für unseren *ersten Gedanken*, wenn wir eine Frau sehen. Es kann nicht darum gehen, dass wir uns für unser genetisch-kulturelles Erbe schuldig fühlen. Dann werden wir es mit der Knute der Moral unterdrücken und so unsere Libido kastrieren. Es ist okay, wenn unser

Blick zuerst auf den Hintern und dann auf die Augen fällt. Es ist okay, wenn wir uns im Frühling manchmal wie streunende Kater fühlen. Es ist okay, wenn der erste Gedanke beim Anblick einer Frau nicht liebend, sondern objektifizierend ist.

Doch was passiert dann? Dein zweiter Gedanke ist entscheidend! Befeuerst du die alten Konditionierungen, indem du dich in Fantasien oder plumper Anmache verlierst? Oder verstehst du, dass dies *die* Challenge ist, die dich zum König macht?!

Noch einmal: Biologie und Geschichte erklären dir, woher du kommst und vor welchen Herausforderungen du im Sex stehst. Schwache Männer machen daraus: »Siehst du! Ich kann gar nicht anders!« Wenn du diesem Gedankengang folgst, stoppt die Entwicklung deiner erotischen Intelligenz. Du wirst Leid kreieren und unvorstellbare Freuden verpassen. Eros ist eine mächtige Power. Sie in Pornografie zu binden ist eine Beleidigung des Königs, der du sein könntest, und eine traurige Verschwendung deines Potenzials.

Die Bewusstwerdung deiner zweiten, inneren Hälfte macht dich nicht nur zu einem besseren Liebhaber, sondern auch zu einem Liebenden. Du fühlst dich in dir zu Hause wohl und begegnest dir selbst wertschätzend. Du wirst allein mit deiner Präsenz heilen, auch wenn du kein Arzt bist. Du wirst mehr geben und weniger kämpfen. Keine Angst, dein Logos wird seinen Drive behalten. Dein Geist und dein Wirken werden sich weiter ausdehnen, doch dies wird ausgewogener geschehen, denn du bist nun mehr in der Gegenwart angekommen. Du genießt den Tanz von stillem Sein und ewigem Werden. Eros wird dich lehren, das, was bereits da ist, wesentlich intensiver zu genießen. Deine Liebsten. Deine Freund*innen. Dein Zuhause. Diesen Planeten. Du verstehst Frauen nun so viel besser, ohne dafür eine Frau sein zu müssen. Du wirst feinsinniger und kreativer. Das alles schenkt dir dein Eros.

 Dein Schwert zu meistern macht dich zum Samurai.
Die Hingabe an deinen Eros krönt dich zum König.

Sieh die Welt mit milden Augen

Dein Eros eröffnet dir ein völlig neues Daseinsgefühl. Und eines kann ich dir versichern: Er raubt uns Männern nicht unsere Kraft. Er macht uns milder und souveräner, indem er uns den Unterschied zwischen Macht und Souveränität offenbart. Wenn sich unser Logos selbstherrlich und egozentrisch nur mit sich selbst beschäftigt, entwickelt er die Illusion eines von allem anderen getrennten Ichs. Dieses wird versuchen, sich seine persönliche Macht zu beweisen, indem es seine Umgebung dominiert. Männer, die stark mit diesem fragilen Ich identifiziert sind, treten oft laut und bullig auf. Sie definieren ihren Wert über Kampf und Sieg. Je mehr sie bestimmen können, desto wichtiger fühlen sie sich. Sie nehmen Errungenschaften persönlich und blasen ihr Ego mit Stolz immer mehr auf. Sie glauben wirklich, dass sie selbst das alles getan haben, was um sie herum passiert. Männer nehmen positive Eigenschaften und Ereignisse gern persönlich: *Ich* bin schlau. *Ich* habe das erreicht. *Ich* bin stark. *Ich* schaffe 100 Liegestütze. *Ich* habe einen Sohn gezeugt. *Ich* habe einen Konzern erfolgreich groß gemacht. Doch eines Tages kassieren sie eine so massive Niederlage, von der sich ihr Ego nicht mehr erholt. Oder Krankheit und Alter zwingen sie, sich mit Schwäche auseinanderzusetzen. Ohnmacht ist besonders für das männliche Ego ein extrem wertvoller Transformationsmoment. Das Schicksal zwingt uns in die Knie und wir müssen realisieren, dass es nie *unsere* Macht war, die wir nutzen durften. Sie wurde uns vom Leben zur Verfügung gestellt. Ich will dir überhaupt nicht die Freude an deinen Siegen nehmen. Genieße sie. Das tue ich auch. Doch wenn wir uns nicht lächerlich machen wollen, sollten wir immer wieder tief durchatmen und die Dinge aus einer größeren Perspektive betrachten: *Du* bist nicht schlau – dir wurde die Gabe des Bewusstseins anvertraut. *Du* bist nicht stark – dir wurde Kraft anvertraut. *Du* hast deinen Sohn nicht gezeugt – du hast dein Sperma zur Verfügung gestellt und dir wurde die Begleitung einer Seele anvertraut. *Du* hast keinen Konzern groß gemacht. Er ist das Ergebnis des Zusammenwirkens der Gründer*innen, vieler tausend Mitarbeiter*innen und Millionen Kund*innen. Dir wurde Kraft und Verantwortung anvertraut.

All deine Fähigkeiten sind das Ergebnis eines uralten, hochkomplexen evolutionären Prozesses. Dein gesamtes Leben ist das Resultat des Zusammenwirkens von Millionen verschiedener Lebensströme. Finde dich damit ab: Du bist nichts. Wenn du das verinnerlicht hast, hast du Zugang zu allem. Wenn sich dein Ego entspannt, nimmst du die Kraft wahr, die uns alle nährt und bewegt. Dieselbe Kraft, die den Kosmos gebar, hat nun auch dich hervorgebracht. Sie pumpt das Blut durch deine Adern, bewegt deine Muskeln und nutzt deinen Geist. Sie wirkt durch dich, wie durch uns alle. Sie formt Gedanken, erfindet Technologien, erschafft Imperien und stampft das alles irgendwann wieder ein. Sie ist ewig, unendlich und omnipotent. Unser Machtanspruch ist lächerlich. Lass uns runterkommen, mehr chillen und dankbarer für die Power sein, die uns zur Verfügung gestellt wurde.

Frauen nehmen das alles nicht so persönlich. Sie wissen, bewusst oder unbewusst, dass alles ein Ergebnis von allem ist. Wenn auch du dich mehr für diese Perspektive öffnest, wirst du irgendwann *das Feld* sehen. Ich beziehe mich mit dieser Metapher auf den Film *Die Legende von Bagger Vance*. Robert Redford verwendet darin das Gleichnis des Golfspielens, um die Essenz der Bagavadghita mit den Zuschauer*innen zu teilen. Wenn du den Film noch nicht kennst, lege ich ihn dir sehr ans Herz. Gott erscheint dem einst berühmten Golfer Junuh, der seinen Schwung verloren hat, in der Gestalt eines schwarzen Caddys, Bagger Vance. Er lehrt ihn, seinen Ich-Willen loszulassen, um das Feld der Kraft zu sehen und in diesem Feld den Schlag zu finden, der für ihn vorgesehen ist. Bagger Vance beschreibt es so: *»Es gibt für jeden einen Schlag da draußen, der sich den Weg zu uns sucht. Wir müssen nur zulassen, dass uns dieser Schlag auch findet. Wir dürfen uns ihm nicht in den Weg stellen.«*[45]

Etwas mehr Demut und der Mut zur Verletzbarkeit machen dich weicher, empfänglicher. Du lauschst mehr. Und plötzlich siehst und spürst du die Verbindung von allem. Ein Mann mit einem reifen, bewussten Eros kommt nicht mehr in einen Raum und will ihn beherrschen. Er gibt sich dem Feld hin. Er nimmt mit allen Sinnen Kontakt zum Feld auf. Er hat es nicht nötig, sich darüberzustellen. Er lauscht und wartet ruhig auf seinen Einsatz. Er lässt sich intuitiv vom perfekten Schlag finden. Er kann auch anderen den Raum, das Spiel überlassen, denn er weiß auf einer tieferen Ebene, dass er auch die anderen ist. Es geht nicht mehr um den persönlichen Sieg aus Eitelkeit. Er muss sich nicht mehr krampfhaft als »Alpha-Männchen« beweisen, denn er hat das Feld als wahres Alpha erkannt. Das ist das Geheimnis der Genies. Sie channeln die Genialität des Feldes. Es ist das Geheimnis wirklicher Führer*innen. Sie dienen der Kraft, die letztendlich alle bewegt. Du siehst es bei Sportler*innen, Künstler*innen, Redner*innen, wenn sie im Feld angedockt sind. Ihr Wirken umgibt eine unsichtbare, aber spürbare Aura von nichtmenschlicher Magie.

Wenn du diesen Zugang zum Feld findest, wird dein Leben als Mann so viel einfacher. Dir wird eine Last von den Schultern genommen, für die du viel zu klein warst. Gleichzeitig wirst du mit Kräften und Eingebungen gespeist, die dein ganzes Tun auf ein völlig neues Level an Kreativität und Wirkungsgrad heben. Im Feld wird sich endlich ein Paradox auflösen, an dem vorrangig der männliche Verstand schon seit Tausenden von Jahren zu knabbern hat. Vielleicht hast auch du dich gefragt: Wenn doch die ganze Welt eine Illusion ist, warum soll ich mich überhaupt aktiv einbringen? Wenn ich doch nur ein winziger Spielball in einem riesigen Feld komplexer, multidimensionaler Wechselwirkungen bin, warum soll ich mich überhaupt anstrengen? Solange das Paradox als Widerspruch in deinem Verstand präsentiert wird, wirst du versucht sein, dich für einen der Pole zu entscheiden. Auf der einen Seite stehen die Macher*innen, die betonen, alles selbst entscheiden und erschaffen zu können. Auf der anderen Seite stehen die Spiris, die sich gar nicht mehr aktiv am Spiel beteiligen. Logos tritt im Spiel des Lebens an, um zu gewinnen. Eros gibt sich dem Spiel des Lebens hin. Scheinbar passt das nicht zusammen. Doch im Feld wartet eine dritte, das Paradox auflösende Möglichkeit auf uns. Es ist das, was wir als den Flow-Zustand in Sex, Sport, Kunst, Arbeit und Meditation erfahren können: Wir bringen uns voll in das Spiel ein und wir geben uns gleichzeitig voll hin. Ich möchte mit einem Zitat aus dem oben erwähnten Golfer-Film enden. Bagger Vance spricht darin zu seinem Schützling über dasselbe Paradox: »*Sehen Sie die Fahne? Sie ist kein Drache, den es zu erlegen gilt. Denn nur wer mit mildem Auge sieht, erkennt die Welt, in der der Mond, die Jahreszeiten und der Kreis, den die Erde beschreibt, zusammenfließen. Und alles was ist, wird eins. Diese Welt, die müssen Sie mit Ihrer Seele suchen, Junuh.*«[46]

 Lern die Welt mit mildem Auge zu sehen und finde das Feld. Dann bist du bereit für das Erwachen eines der mächtigsten männlichen Archetypen – des Königs in dir.

Erwecke den König

Vielleicht überkam dich beim Lesen der letzten Kapitel hin und wieder das Gefühl, ich würde unser Geschlecht zu kritisch betrachten oder es sogar ablehnen. Dem ist bei Weitem nicht so. Ich finde, wir Männer sind wundervolle Geschöpfe. Doch ich weiß auch, dass da noch wesentlich mehr für uns drin ist. Deshalb dränge ich so. Das Leben ist kurz und wir haben das Zeug zu echten Königen. Dafür müssen wir uns selbst mit noch wesentlich mehr Respekt und Bewusstheit begegnen. Denn bis hierher hat unsere patriarchal strukturierte Gesellschaft eher den Soldaten, den Tyrannen und den Schwächling in uns gefördert.

In dem Buch *Königin und Samurai*[47] widmete ich mich ausführlich dem Archetyp des Kriegers. In diesem Abschnitt aber möchte ich den König in den Mittelpunkt unserer gemeinsamen Betrachtung stellen. Doch zuvor eine kurze Erklärung zum Begriff des Archetyps, denn das ist nicht nur eine intellektuelle Idee, sondern die Beschreibung real existierender Informationsfelder im kollektiven Bewusstsein der Menschheit. Den Begriff prägte vor allem C. G. Jung. Als Archetypus werden in der analytischen Psychologie Grundstrukturen oder »Urbilder« menschlicher Vorstellungs- und Handlungsmuster bezeichnet, die dem kollektiven Unbewussten entspringen. Das Wort bedeutet wörtlich etwa »Ur- oder Grundprägung«. Einige Archetypen entsprechen den zentralen kollektiven Urerfahrungen der Menschheit, etwa weiblich/männlich, Geburt, Kindheit, Pubertät und Tod. Ein Archetyp als solcher ist unanschaulich und unbewusst, in seiner Wirkung aber auch in symbolischen Bildern erfahrbar, etwa in Träumen, Visionen, Psychosen, künstlerischen Werken, Märchen und Mythen.[48]

Der König ist einer der mächtigsten Archetypen der männlichen Heldenreise. Er steht für den Mann am Zenit seiner Entwicklung. Er weiß, wer er als Mensch ist. Er kennt sein Licht und seinen Schatten. Er ist in sich angekommen und hat den Auftrag seines Lebens gefunden und angenommen. Er hat einen Polarstern, an dem sich sein gesamtes Wirken orientiert. Er verfügt über einen fein entwickelten Logos *und* Eros. Ein Tyrann herrscht. Ein König hütet. Er sieht die Welt mit mildem Auge. Er sieht das Feld und führt die ihm anvertrauten Systeme nicht in seinem persönlichen Interesse, sondern zum Wohle aller souverän durch die Herausforderungen der Gegenwart in eine bessere Zukunft. Ich wünsche mir deutlich mehr wahre Könige in unserer Welt. Du brauchst dafür kein Riesenvermögen, kein Land und auch kein Unternehmen. Finde vor allem das Königreich deiner Seele in dir, zum Beispiel durch Meditation, Gebet oder die Hingabe an etwas, was dir heilig ist. Im Inneren eines Mannes gibt es so viele, miteinander ringende Instanzen: Lust, Gier, Stolz, Power, Angst, Eitelkeit ... Wenn dein innerer Thron nicht besetzt ist, herrscht Chaos und du landest immer wieder auf Wegen, die nicht deine sind. Nenne es Seele, Essenz oder Herz. Wenn du dein inneres Königreich etablierst, wird sich auch dein äußeres Königreich klar und natürlich offenbaren. Vielleicht ist es deine Familie, ein Projekt, ein Unternehmen oder die gesamte Welt.

Ich möchte dir zwei Filmszenen aus der Trilogie *Der Herr der Ringe* beschreiben.[49] Wenn du sie gesehen hast, wirst du genau wissen, was ich meine. Wenn nicht, lege ich dir diese Filme sehr ans Herz.

Das zerbrochene Schwert

Eine der zentralen Figuren der großen Saga ist Aragorn. Er wird zu Beginn als ein etwas heruntergekommener Waldläufer vorgestellt. Im Laufe der Zeit erfahren wir von seinem edlen Charakter und seiner Vergangenheit. Denn in Wahrheit ist er der letzte Nachfahre eines mächtigen Königsgeschlechts. Doch er lehnt sein Erbe ab, da die Vorkönige ihre Macht missbrauchten und so fürchterliches Leid über ihr Volk brachten. Aragorn fürchtet, der Versuchung der Macht genauso zu unterliegen. Deshalb weigert er sich, die Verantwortung anzunehmen. In einer der Schlüsselszenen steht er vor dem zerbrochenen Schwert seiner Ahnen und ihm wird offenbart, dass nur er es wieder zusammensetzen und führen kann.

Der schlafende König

Eine weitere, bedeutsame Nebengeschichte handelt vom stolzen Reitervolk der Rohirrim und ihrem König Theoden. Dieser einst so mächtige Anführer sitzt verwahrlost, müde und paranoid auf seinem Thron. Er ist das Opfer der Einflüsterungen seines Beraters Schlange, der, wie sich später herausstellt, der dunklen Seite der Macht dient. Schlange vergiftet Herz und Verstand des Königs mit Zwietracht, Misstrauen und falschen Herrschaftsgelüsten. Theoden in diesem Zustand zu sehen ist kaum auszuhalten. Seine grauen Haare sind verfilzt, sein Körper ungepflegt, der Blick trübe verschleiert. Er ist noch physisch anwesend, doch seine Seele hat sich aus dem Körper zurückgezogen. Er schläft auf dem Thron der Macht.

Diese zwei Bilder beschreiben für mich treffend, wie es vielen Männern heutzutage ergeht. Manche von uns weigern sich, das Schwert ihrer Ahnen zu heilen und ihre volle Verantwortung anzunehmen. Genau wie der Waldläufer Aragorn verstecken sie sich – in Träumerei oder Mittelmaß. Sie halten sich selbst klein und versuchen, der vollen Konfrontation mit ihrem Schicksal aus dem Weg zu gehen. Andere Männer hingegen sind auf dem ihnen anvertrauten Thron durch

Macht, Gier, Eitelkeit oder Lust verführt worden. Sie hüten die Systeme nicht, in denen sie leben, sondern beuten sie aus.

Wir haben viel zu lange herumgespielt und uns selbst und die anderen ausgebeutet. Es reicht! Die Welt braucht uns jetzt, und zwar in unserer freiesten und besten Version. Ich möchte als Mann auf eine natürliche und gerechtfertigte Weise stolz auf unser Geschlecht sein. Frauen sehnen sich nach real existierenden Beispielen, die ihnen Hoffnung schenken. Unsere Kinder brauchen starke Vorbilder, an denen sie sich ausrichten können. Ich habe keinen Sohn großgezogen. Doch ich frage mich oft: Was macht es mit den Jungs, wenn viele Väter nicht genug oder gar nicht präsent sind? Wenn Rapper mit großer Klappe und dicken Autos vollmundig von Ficken, Drogen und Verbrechen singen? Wenn diese jungen, potenziellen Könige beobachten, wie sich alte, weiße, machtgeile Männer in Wirtschaft und Politik an ihrem Thron festkrallen, jede Menge Scheiß fabrizieren und dafür nicht zur Verantwortung gezogen werden? Was macht es mit unseren Mädchen, wenn sie sehen, dass sich ein herzloser Narzisst öffentlich damit brüstet, »jeder Frau zwischen die Beine grapschen und sie gehörig machen zu können« und einige Wochen später Präsident der Vereinigten Staaten wird? Mir geht es dabei nicht um Politik, sondern um Charakter. Donald Trump ist der verkörperte Gegenpol eines Königs. Auch wenn er gerade abgewählt wurde, hinterlässt er ein zutiefst verunsichertes, aufgehetztes und gespaltenes Land. Er hat seine Macht schamlos missbraucht. Er hat Tausende Male gelogen und nicht nur sein Land, sondern die gesamte Welt in ein postfaktisches Zeitalter geführt. Ich hüte mich, einem einzelnen Mann so viel Verantwortung und Einfluss für die Regression einer ganzen Gesellschaft zuzuschreiben. Mich bewegt viel mehr die Frage: Was sagt es über die Bewusstseinsreife unseres männlichen Kollektivs generell aus, wenn es ein so offenkundig nicht integrer Mann so weit bringen kann?

Augenscheinlich ist es noch vielen Männern egal, wie sie auf den Thron kommen. Hauptsache, sie können Macht an sich reißen. Doch für die Zukunft unserer Gesellschaft, unserer Unternehmen ist es so wichtig, wer da in den Schaltzentralen sitzt und wie er dahin gekommen ist. Ein König reift organisch auf dem Thron. Ein Tyrann reißt ihn an sich. Der Tyrann beutet aus. Der König hütet. Er nimmt die Verantwortung, die ihm anvertraut wurde, demütig an. Er missbraucht sie nicht für sein Eigeninteresse. Ein Tyrann wähnt sich an der Spitze. Ein König weiß, dass er in Wahrheit ganz unten steht. Er bedient sich nicht. Er dient den Menschen in den ihm anvertrauten Systemen. Er weiß, dass es nicht darum geht, was *er* will. Seine Herausforderung besteht darin, eine Vision zu empfangen, die alle vereint. Dafür hört er zu. Er lauscht den Fragen und Bedürfnissen der anderen und bittet das Leben um Führung. Ein Tyrann giert nach *seinem* persönlichen Reich, welches er nach seinen Spielregeln formen und beherrschen kann. Ein König weiß, dass er jedes weltliche Reich am Ende wieder loslassen muss. Er denkt und lebt für Menschen, die er nicht einmal mehr kennenlernen wird. Er begreift das ihm anvertraute System nicht als *seine,* sondern als einen kleinen Teil des großen Königreiches des Lebens.

Ich bitte dich, die Metapher des Königs wirklich nur als ein Bild zu sehen, denn vielleicht verspürst du gar keinen Drang, ein großes Reich zu hüten. Ich bin überzeugt, dass sich die wahre Wirkung eines menschlichen Lebens nicht immer an der sichtbaren Größe der Taten im Außen erkennen lässt. Manche Könige hüten Unternehmen als CEO, andere ihre Familien als liebevolle Väter und wieder andere uns alle, wenn sie in Meditation ins Feld eintauchen und dort Mitgefühl und Frieden einspeisen. Ein Tyrann misst seine Bedeutung am Echo der Welt. Ein König hat verstanden, dass die Nachhaltigkeit seines Wirkens nicht in messbarer Größe liegt. Er weiß, dass Wunder keine Hierarchie besitzen.

Ich möchte dir von einem König erzählen, der mich sehr tief berührte. Ich nenne ihn den Schuhputzer-König. Es war ein lieb gewonnenes Ritual von Andrea und mir, zweimal im Jahr unsere Schuhe einzupacken und damit nach Freiburg zu fahren. In einer Fußgängerpassage saß ein älterer, arabisch aussehender Mann und putzte die

Schuhe der Passant*innen. Natürlich hätten wir unsere Schuhe auch selbst pflegen können. Für uns war dies nur ein Vorwand, diesem Menschen bei seiner Arbeit zuschauen zu können. Sicher nahm nicht jeder wahr, was wir sahen. Du musstest stehen bleiben, dir Zeit nehmen und zur Ruhe kommen, um das Licht um diesen Mann herum zu erkennen. Er arbeitete still, mit einem Lächeln auf den Lippen und gab sich dem Moment völlig hin. Der Schuh vor ihm war der wichtigste. Dieser Mann strahlte eine solche Würde und Schönheit aus. Der ganze Raum um ihn herum leuchtete. Für mich war dies ein König, der sein Reich hütete.

Hüten bedeutet, dort, wo du lebst, Räume entstehen zu lassen, in denen sich Leben entspannen und entfalten kann. 10 000 Jahre Patriarchat haben so viel Druck und Angst in den Menschen aufgebaut und verankert. Wir geben diese Angst epigenetisch an die nächsten Generationen weiter. Wenn wir so weitermachen, werden wir nie erfahren, wer wir als Menschheit sein könnten. Ein König kreiert dort, wo er ist, Heilungsbiotope, in denen die Angst weichen und die Liebe einkehren kann. Diese Welt und unsere Zeit hat Bedarf für Millionen von Königen.

Wenn der König in dir erwacht, hütest du dort, wo du bist. Jede Ungerechtigkeit, die du siehst, geht dich etwas an. Jede Straße, auf der du läufst, gehört zu deinem Reich. Jedes Kind ist dein Kind. Jeder Schwache steht unter deinem Schutz. Ich weiß, dass dies im Augenblick noch wie eine weit hergeholte Utopie klingt. Doch wir brauchen konkrete Visionen von dem, was wir gemeinsam möglich machen wollen. Stell dir eine Welt vor, indem Väter ihre Söhne Ehre lehren. Eine Welt, in der sich Männer täglich darin üben, ihr Schwert zu meistern und allen Wesen mit Mitgefühl zu begegnen. Eine Welt, in der jeder Mann am Morgen auf seine Knie geht und das Leben bittet, ihn zu nutzen, um das Gute, Wahre und Schöne zu hüten. Männer, die sich nicht als Konkurrenten betrachten, sondern als Königsbrüder in einem gemeinsamen Königreich. Männer, in denen Werte wie Anstand, Fairness, Mitgefühl so tief verwurzelt sind, dass sie sich nicht durch Macht, Geld oder Sex korrumpieren lassen. Stell dir eine Welt vor, in der die Augen unserer Frauen voller Stolz leuchten, wenn sie auf Männer angesprochen werden.

Ich begreife mich als nüchternen Optimisten. Ich glaube, dass die meisten Männer, die dieses Buch lesen, auch leise berührt sind, wenn sie sehen, wie Aragorn das neu geschmiedete Schwert dem Himmel entgegenstreckt oder Theoden aus seinem vergifteten Schlaf erwacht und das Licht in seine Augen zurückkehrt. Diese Szenen machen etwas mit uns, weil sie ein reales Potenzial ansprechen, das in uns schlummert. Du trägst ein Licht in dir, das sich danach sehnt, sich auszudehnen und sich an die Welt zu verschenken. Du kannst dich hier und heute entscheiden, dich zu deiner wahren Größe zu bekennen. Die Welt braucht dich. Nicht morgen. Heute. Dein Kind, deine Frau, deine Nachbar*innen, deine Freund*innen und Kolleg*innen, die Fremden auf der Straße. Sie alle brauchen dich. Sei ein König und hüte sie. Hüte das Leben.

Erkenne deine Privilegien

Privilegien könnte man(n) schnell als ein nerviges Modewort unserer Zeit vom Tisch wischen. In allen Talkshows ist die Rede von *Privilegien*: die der Reichen, der Weißen und vor allem der Männer. Ein Privileg ist ein einem Einzelnen oder einer Gruppe vorbehaltenes Recht. Bist du als Mann bereit, die Vorrechte loszulassen, mit denen dich das Patriarchat ausgestattet hat? Vielleicht denkst auch du, wie viele andere Männer: »Wir leben doch längst in Zeiten der Gleichberechtigung. Frauen sollen sich nicht so haben und sich ihre Privilegien einfach nehmen. Auf mich trifft das nicht zu. Das Thema nervt!« Du hast recht. Das Thema nervt und es nervt vor allem die, um deren Privilegien es geht. Denn es liegt in der Natur eines von Geburt an genossenen Privilegs, dass du es selbst nicht wahrnimmst und es auch nur schwer loslassen möchtest. Damit du ein Gefühl bekommst, was ich meine, hier einige unserer Privilegien. Sie beziehen sich hauptsächlich auf weiße, heterosexuelle Männer.[50]

1. Du kannst dir sicher sein, dass die meiste Literatur von der Anrede her dich adressiert.
2. Das gilt auch für alle offiziellen Gespräche. Es wird meist von deinem Geschlecht die Rede sein.
3. Die Epen und Sagen dieser Welt berichten fast ausschließlich von männlichen Helden.
4. Gott ist in den führenden Hauptreligionen männlich und macht klar, dass du die Führung in deiner Familie hast.
5. Die meisten Würdenträger der großen Religionen sind männlich.
6. Deine Chancen für einen Job sind in den meisten Fällen höher als die deiner Mitbewerberinnen.
7. Sehr wahrscheinlich wirst du beim Einstellungsgespräch nicht danach gefragt werden, ob du planst, demnächst Kinder zu haben.
8. Führst du dieselbe Arbeit aus wie eine Frau, wirst du wahrscheinlich besser dafür bezahlt.
9. Du lebst in sozialen Milieus, in denen meist selbstverständlich davon ausgegangen wird, dass der Großteil der nicht bezahlten Arbeit (Haushalt, Kinder, Pflege bedürftiger Angehöriger) von Frauen übernommen wird.
10. Du kannst dich nachts ohne Angst auch in dunklen Ecken deiner Stadt bewegen.
11. Wenn du die Pflichten bei Erziehung und im Haushalt übernimmst, die für Frauen völlig selbstverständlich gelten, wirst du wie ein Held gefeiert.
12. Wenn du dich entscheidest, für Karriere auf Kinder zu verzichten, wird dir niemand einen Vorwurf machen.
13. Wenn du Kinder hast und wegen deiner Karriere nicht bei ihnen zu Hause bleibst, wird dir niemand Herzlosigkeit vorwerfen.
14. Je höher du die Karriereleiter kletterst, desto größer wird die Wahrscheinlichkeit, dass du hauptsächlich mit Vertretern deines Geschlechtes zu tun hast.
15. Spreizt du in der U-Bahn die Beine weit auseinander, gilt dies als lässig, nicht als schamlos.

16. Die Wahrscheinlichkeit, dass du Opfer sexueller Belästigung, von Missbrauch oder körperlicher Gewalt durch das andere Geschlecht wirst, ist wesentlich geringer.

17. Wenn du im Sex Nein sagst, gilt es.

18. Du wächst bereits als kleiner Junge mit der als Normalität geltenden Erfahrung auf, dass die meisten Führungspositionen in Regierung, Wirtschaft und Armee von den Vertretern deines Geschlechtes besetzt sind.

19. Wenn du dich als Kind raufst oder frech verhältst, gilt dies als normal.

20. Wenn du mit vielen Frauen schläfst, gilt dies nicht als Herumhurerei.

21. Dir werden im Laufe deines Lebens extrem viele sexistische Witze und plumpe Anmachen erspart bleiben.

22. Wenn du in deiner Familie wütend wirst und herumbrüllst, gilt dies wahrscheinlich als nicht schön, aber irgendwie auch normal. Du bringst dich dadurch jedenfalls nicht in eine bedrohliche Situation.

23. Du kannst dich anziehen, wie du willst. Deine Kleidung wird nie die Erklärung für sexuelle Belästigung sein.

24. Falls du physisch nicht besonders attraktiv bist, wird dies selten ein Problem für eine Beziehung oder Karriere sein. Du kannst sogar mit deinem Bierbauch angeben und andere Männer finden das cool.

25. Dein Altern wird für deine Karriere wesentlich weniger ein Problem darstellen als für eine Frau.

26. Die meisten Systeme, in denen du Karriere machen willst, spielen nach deinen Regeln.

27. Wenn du mit einer Frau eine Familie gründest und sie Kinder bekommt, ist es für dich wesentlich einfacher, dich aus der Verantwortung zu stehlen.

28. Du lebst in einer Gesellschaft, die Logos-Qualitäten wesentlich besser honoriert als Eros-Qualitäten.

Diese Liste ließe sich noch ewig fortführen. Die spannende Frage ist jedoch: Willst du dich davon überhaupt berühren lassen? Oder winkst du das Thema schnell durch? Der, der etwas vom Kuchen abgeben muss, wird wahrscheinlich nicht sofort vor Begeisterung aufschreien. Die Auseinandersetzung mit den eigenen Privilegien ist unangenehm, denn sie fordert Umdenken, Mitgefühl mit der anderen Seite und letztendlich auch ganz praktisch Opfer. Es geht dabei nicht um Schuld, sondern um Gerechtigkeit. Willst du, dass sich Frauen genauso sicher und fair behandelt fühlen wie du? Willst du, dass sie dieselben Chancen haben? Willst du, dass ihr Schmerz heilt? Willst du wissen, wer sie wirklich sind? Denn du wirst niemals das volle Potenzial eines Menschen zu sehen bekommen, wenn dieser ständig für seine Rechte kämpfen muss. Du wirst niemals wissen, wozu wir uns gemeinsam in echter Co-Creation emporschwingen können, wenn nicht beide Seiten über dieselben Freiheiten verfügen. Diese Fairness bedarf ohne Zweifel auch neuer gesetzlicher Regelungen, aber vor allem brauchen wir wesentlich mehr reife Männer, die sich dem Thema freiwillig stellen und sich dort, wo sie wohnen und wirken, wesentlich mehr für die Sichtweise und Bedürfnisse der anderen Seite öffnen.

Bist du als Mann bereit, an dieser tiefgreifenden Umstrukturierung mitzuwirken? Dann kommt hier der Geheimtipp: Hör mehr zu. Übe dich in der Kunst des Lauschens (siehe Seite 268).

Entwickle die Kunst zu sterben

Die Königsdisziplin habe ich mir für den Schluss aufgehoben. Bist du bereit? Ein Mann kann paradoxerweise erst dann lässig und powervoll zugleich erschaffen, wenn er sich seiner Sterblichkeit und der Endlichkeit seiner Kreationen bewusst wird. Solange wir unseren physischen Tod leugnen, werden wir uns aus Angst künstlich aufblasen und falsche Wahlen treffen. Wir werden unsere Zeit damit vergeuden, an jeden Baum zu pinkeln, um der Welt und uns zu beweisen, dass wir da sind. Wir werden unsere existenzielle Bedeutungslosigkeit mit Sprüchen, Erfolgsgeilheit, Vögeln oder Krieg kompensieren.

Oder wir ziehen aus der Endlichkeit des Spiels die Schlussfolgerung, uns gar nicht zu beteiligen und uns auf der Zuschauerbank zu verstecken. Es ist die vielleicht härteste Nuss, die unser Logos auf dem Weg in die Unendlichkeit zu knacken hat: Warum soll ich mich überhaupt ins Getümmel einer endlichen Welt werfen, wenn alles, was ich je erschaffen werde, nichts weiter ist als eine kleine Sandburg, die der Ozean der Ewigkeit wieder wegspülen wird? Die kurze Antwort lautet: Weil die Höhlenplätze für die Heiligen, die dem munteren Treiben und Leiden nur noch zuschauen, bereits belegt sind. Nein, jetzt mal im Ernst. Du musst dieses Rätsel für dich selbst lösen, denn allein ein intellektuelles Verstehen wird dir keinen Frieden bringen. Bei mir hat es klick gemacht, als ich die *Bhagavad Gita* las. Prinz Arjuna hält seinen Streitwagen mitten in der Schlacht an, weil er genau aus diesen Zweifeln heraus keinen Sinn mehr im Kämpfen sieht. Daraufhin offenbart sich ihm sein Wagenlenker als der Gott Krishna. Er friert das ganze Geschehen ein und gibt dem Prinzen eine Lektion über Erwachen und den Sinn des Tuns in dieser dualen Welt. Ich werde jetzt nicht spoilern. Lies das Buch[51] und vor allem stell dich selbst wach dieser unbequemen Frage. Da gibt es für jeden von uns etwas mit der Existenz zu klären.

Die Bestimmung von Logos ist es, sich weiter und weiter auszudehnen, sich in seinen Schöpfungen auszutoben, um am Ende seiner Reisen wieder beim Ursprung zu landen. Logos ahnt immer in der Tiefe, dass er aus der ewigen Stille, dem großen Nichts geboren wurde und dass er wieder dahin zurückkehren wird. Wenn du mich fragst, schieb diesen Moment nicht hinaus, bis du stirbst. Denn dein Leben wird sonst etwas Gehetztes an sich haben. Deine Heldentaten werden in Wahrheit eine Flucht sein. Ein Mann, der sich vor dem Nichts fürchtet, bläst sich unnötig auf. Ein Mann, der sich vor der Stille fürchtet, wird oft zu laut sein.

 Warte nicht auf deinen physischen Tod.
Stirb heute, stirb jeden Tag.

Radikal betrachtet, ist unser gesamtes Leben eine Vorbereitung auf den nächsten Übergang. Es ist ein Training in der Kunst des Sterbens. Dafür bietet jeder Tag so viele Gelegenheiten. Nichtwissen ist Sterben. Nicht-recht-haben-Wollen ist sterben. Nichtstun ist sterben. Dich beim Sex völlig hingeben ist Sterben. Mein Rat, um all diese kostbaren Lektionen nicht zu verpassen, lautet: Kultiviere Innenschau und Achtsamkeit, die es dir ermöglichen, mitten im Geschehen die Welt anzuhalten. Für mich ist es Meditation. Sie erlaubt es mir, überall und immer, selbst auf dem überfülltesten Marktplatz oder auf der Bühne, während eines Vortrags, Zeit und Machen anzuhalten und innerlich komplett still zu werden. Dieses Zeugenbewusstsein kühlt mich ab und entspannt mich. Doch vor allem konfrontiert es mich mit dem Nichts und dem Alles. Ich lasse die Spielzeuge los und erinnere mich, dass die einzige Konstante der ewige Wandel ist. Ich werde stiller als still und falle in unseren Ursprung zurück – die Stille, aus der dieses Universum geboren wurde. Dieses Innehalten fällt mir nicht immer leicht. Oft fühle ich mich wie ein D-Zug, der eine Notbremsung erfährt. Wenn ich es schaffe, mich der Unruhe hinzugeben, wird es meist nicht sofort friedlich, sondern ich darf häufig eine gute Dosis Todespanik fühlen. Nicht ich sterbe in diesem Moment. Es ist mein Ego, in seinem Tun und Werden. Besonders das männliche Ego dreht schnell frei, wenn wir uns nicht in Aktion und Lautstärke beweisen, dass wir da sind und dass wir wichtig sind. Nicht wir selbst haben in diesen Momenten Angst vor kosmischer Bedeutungslosigkeit. Für unsere Seele ist diese Erfahrung eine Befreiung. Sie kehrt nach Hause zurück. Es ist das Ego, was zappelt und aufbegehrt. Wenn du gut, im Sinne von lässig und friedvoll leben willst, dann lass es sterben. Immer wieder. Immer tiefer. Warte nicht auf das Grand Finale. Stirb heute. Ein starker Mann macht seinen Tod bereits heute zum wichtigsten Mentor seines Lebens. Hier, an dieser Schwelle zum großen Nichts und Alles wird unser Charakter geläutert. Unser Wirken wird auf Wesentlichkeit und Wahrhaftigkeit überprüft. Du kommst aus dem Nichts zurück und siehst so deutlich, was zu tun und was zu lassen ist.

Vielleicht ändert sich in deinem äußeren Wirken gar nichts, aber du tust die Dinge anders. Intensiver, dich voll verschenkend. Vielleicht stehst du aus einer Meditation auf und weißt, dass es Zeit ist, deinen Arbeitsplatz zu verlassen. Vielleicht wirst du tatsächlich einer jener Heiligen, die unter einem Baum sitzen, nichts tun und alle anderen liebevoll an die wichtigste Frage des menschlichen Daseins erinnern: Wer bist du wirklich? Doch wahrscheinlicher ist es, dass du, nachdem du wieder deinen kleinen Tod gestorben bist, ohne große Worte zurück in deine Welt gehst. In deine Familie, deinen Job, deine Projekte. Rein äußerlich scheint sich nichts verändert zu haben. Doch du bist entspannter. Du spielst das Spiel jetzt aus einem anderen Grund. Du willst nicht mehr gewinnen. Du willst erwachen und lieben. Dein Alltag wird dein Dojo. Du stirbst in voller Aktion und Freude auf immer feineren Ebenen. Du lässt dein Rechthaben sterben, deine Gier, deine Angst. Dein Leben wird zu einem einzigen Altar der Hingabe. Das Frühstück mit deinen Kids, dein Arbeitsplatz, der nächste Schiß auf dem Klo. Häng es nicht an die große Glocke. Stirb einfach in deinem Ego. Verschenk dich. Bis dein Logos in den Ursprung zurückkehrt. Und du wirst ein Mann sein, dessen Augen leuchten, weil er jeden Tag mit seinem Tod tanzt.

LGBTQI+ – DER REGENBOGEN DER GESCHLECHTER

Liebe Leser*innen, dieser Abschnitt ist für mich sicher der heikelste, denn ich bin ein stinknormaler, weißer, heterosexueller cis-Mann. Privilegierter geht es gesellschaftlich nicht. Ich bitte im Vorfeld alle Menschen, die sich der LGBTQI+-Szene zugehörig fühlen, um Entschuldigung, sollte ich aus Nichtwissen heraus in ein Fettnäpfchen treten. Ich bitte dich in diesem Fall, dich auf meine Absicht zu konzentrieren, und die liegt in Heilung und Aufklärung. Dieses Buch wäre ohne diesen Abschnitt unvollständig und ignorant. Denn wahrscheinlich ist niemand durch das Patriarchat mehr in seiner Würde verletzt worden als ihr. Und von niemandem können wir »Normalos« mehr über die Befreiung der Geschlechter lernen als von euch.

Bevor ich tiefer einsteige, hole ich erst einmal alle mit ins Boot, die mit der Abkürzung LGBTQI+ nichts anfangen können oder immer noch gruselige Vorurteile im Kopf haben. Ich formuliere es bewusst einfach für uns heteronormative Dummies. LGBTQI ist eine aus dem Englischen stammende Abkürzung für Lesbian, Gay, Bisexual, Transgender, Queer und Intersexual (lesbisch, schwul, bisexuell, transgender, queer und intersexuell). Zur Erklärung:

- heteronormal = Mann steht auf Frauen. Frau steht auf Männer.
- lesbisch = Frau steht auf Frauen.
- schwul = Mann steht auf Männer.
- bisexuell = Mann steht auf Männer und Frauen. Frau steht auf Männer und Frauen.
- transgender = Die Person identifiziert sich nicht mit dem ihr bei der Geburt zugewiesenen Geschlecht.
- cisgender = Die Person identifiziert sich mit dem ihr bei der Geburt zugewiesenen Geschlecht.
- queer = Dies ist eine Art Oberbegriff für alle Menschen, die sich nicht den heteronormativen Vorstellungen unserer Gesellschaft zugehörig fühlen. Außer schwulen, lesbischen, bisexuellen,

intersexuellen, transgender, pansexuellen und asexuellen Menschen, umfasst dieser Begriff auch heterosexuelle Menschen, die BDSM[52] oder Polyamorie praktizieren – und viele mehr.

o intersexuell = Intersexuelle Menschen haben keine eindeutigen Geschlechtsmerkmale.

Für alle Leser*innen, die sich bezüglich ihrer Sexualität als heteronormativ erleben, ist es wichtig zu verstehen, dass die LGBTQI+-Bewegung aus einer tiefen Wunde der Diskriminierung heraus entstanden ist. Ich möchte einige Zahlen nennen, um das Ausmaß dieser Unterdrückung zu verstehen. Ich bitte dich, sie nicht aus deiner normalen Perspektive zu lesen, sondern dir vorzustellen, du wärst in irgendeiner Form queer. Auch wenn es dir schwerfällt, versuche nachzuempfinden, was diese Umstände für deine Selbstachtung und deine Lebensqualität bedeutet haben:

In vielen Religionen und Gesellschaftsformen wurde und wird Homosexualität als Sünde angesehen und oft mit dem Tod bestraft.

Nachdem das Christentum als Staatsreligion des Römischen Reiches eingeführt war, bestand die Strafandrohung für homosexuelle Menschen in öffentlicher Verbrennung.

Auch heute spielt die katholische Kirche eine maßgebliche Rolle bei der LGBTQI+-Diskriminierung. Homosexuelle Handlungen werden als »moralische Unordnung« betrachtet, die der »schöpferischen Weisheit Gottes entgegenstehen«[53] und dem Naturrecht widersprechen, weil die »Weitergabe des Lebens« beim Geschlechtsakt ausgeschlossen bleibt. Sie sind daher »in keinem Fall zu billigen«[54] und gelten als Sünde. Tatsache ist gleichzeitig, dass es durchaus viele Priester gibt, die schwul sind.[55]

Seit Bestehen der Bundesrepublik Deutschland waren homosexuelle Handlungen strafbar und wurden verfolgt. Die rechtliche Grundlage dazu war

§ 175 des Strafgesetzbuches, das bis 1994 bestand. Am 10. Mai 1957 entschied das Bundesverfassungsgericht: »Gleichgeschlechtliche Betätigung verstößt eindeutig gegen das Sittengesetz.«[56] Deshalb könnten sich Homosexuelle nicht auf das durch das Grundgesetz garantierte Recht auf freie Entfaltung der Persönlichkeit berufen. Die Anwendung des § 175 in der Bundesrepublik erfolgte exzessiv. Es wurden über 64 000 Menschen verurteilt und 100 000 Ermittlungsverfahren eingeleitet.[57] Erst 1969 wurde gleichgeschlechtlicher sexueller Verkehr bei einem Schutzalter von 21 Jahren entkriminalisiert. 1973 wurde das Schutzalter auf 18 Jahre reduziert.[58] Das Handbuch der Kriminalistik sah noch 1978 die Führung von Homosexuellenkarteien als notwendige Maßnahme zur Wahrnehmung der polizeilichen Sicherungsaufgaben an.[59]

Erst seit 2017 dürfen homosexuelle Paare in Deutschland die Ehe eingehen.[60]

Das Ausmaß dieser Stigmatisierung ist für einen heterosexuellen Menschen kaum nachzuvollziehen. Wir haben Generationen von Kindern in ihrer geschlechtlichen Entwicklung traumatisiert, weil sie befürchten mussten, nicht normal zu sein und deshalb ausgegrenzt zu werden. Wir haben Millionen von Eltern in der Liebe zu ihrem Kind erschüttert, indem wir Homosexualität mit Sünde und Krankheit gleichsetzten.

Homosexualität galt lange als psychische Störung und wurde unter anderem mit Umerziehungscamps und Elektroschocks behandelt. Was für ein Wahnsinn! Mittlerweile kennen wir über 1500 Tierarten, die Homosexualität ganz natürlich praktizieren.[61] Doch erst 1973 wurde Homosexualität aus dem US-amerikanischen Handbuch der psychischen Störungen (DSM) gestrichen. Danach dauerte es bis 1991, bis auch in der WHO-Klassifikation (ICD-10) Homosexualität nicht mehr als psychische Störung aufgeführt wurde. Transgendersein wurde gar erst in der im Mai 2019 verabschiedeten ICD-11 von der Liste der psychischen Erkrankungen gestrichen.[62] Zahlreiche religiöse Gruppen (besonders in den USA) betrachten Homosexualität und andere von der Norm abweichende sexuelle Veranlagungen jedoch weiterhin als behandlungsbedürftige Krankheiten. Und ich weiß aus vielen Gesprächen, wie viele Eltern auch heute noch auf das Outing ihres Kindes missbilligend reagieren und darüber nachdenken, was sie wohl falsch gemacht haben.

Wir sind mit der Aufklärung und Heilung dieser hässlichen, kollektiven Wunde noch lange nicht durch. In vielen Staaten ist Homosexualität bis heute strafbar, in sechs steht auf gleichgeschlechtlichen Sex die Todesstrafe und in mindestens zehn Staaten drohen homosexuellen Menschen Strafen wie Stockhiebe.[63] Wir scheinen auch in Deutschland immer noch öffentlich darüber diskutieren zu müssen, ob ein schwuler Minister auch ein guter Minister ist. Die Zahl der Gewalttaten gegen Lesben, Schwule, Bisexuelle, transgender und intergeschlechtliche Menschen ist in den vergangenen Jahren stark gestiegen. Das Paradigma einer eindeutig binären (entweder Mann oder Frau) heterosexuellen Beziehung ist so tief im Glaubenssystem vor allem der älteren Generationen verankert, dass das lebendige Gegenbeispiel existenziell bedrohlich wirkt. Also greifen wir es an, selbst wenn es »nur« durch abwertende Witze geschieht.

Falls du immer noch denkst, Menschen aus dem LGBTQI+-Spektrum wären nur eine kleine Randgruppe: Zuerst einmal, selbst wenn es nur ein Mensch unserer Gesellschaft wäre, hätte er dasselbe Maß an Achtung verdient wie du und ich. Doch gegenwärtig zählen sich in Deutschland etwa 7,4 Prozent der Bevölkerung dazu.[64] Das heißt, von 100 Menschen, die du kennst, sind sieben bis acht queer. Und ich wage die Prognose, dass es immer mehr werden. Denn weil endlich dieses fürchterlich begrenzende Paradigma in unseren Köpfen und auch in der Kultur gesprengt wird, trauen sich immer mehr Menschen, ihre Sexualität wahrhaftig zu erforschen. Das ist keine Modeerscheinung. Es ist eine Welle der Befreiung für uns alle. Wir werden alle realisieren, dass es den *einen* richtigen Mann, die *eine* richtige Frau und die *eine* richtige sexuelle Beziehung gar nicht geben kann. Endlich werden wir alle zulassen, dass sich die alchemistischen Kräfte von Eros und Logos in jedem von uns in einer einzigartigen Mischung begegnen. Die Diskriminierung der freien sexuellen Entfaltung hat unendlich viel Leid für Einzelschicksale und Familien gebracht. Doch es war und ist auch eine kreative Katastrophe für uns alle. Das Leben ist eh schon sehr komplex. Es mag deshalb erst einmal einfacher erscheinen, sich in eine vorgegebene Rollenschublade zu pressen und deren Anforderungen zu erfüllen. Doch zu welchem Preis? Wer zum Beispiel als Mann seine homophilen Anteile verleugnet, weil er sich davor fürchtet, schwul zu werden, der wird nie seine volle Schöpferkraft entfalten können. Denn dieselbe Kraft, mit der wir Anteile unserer Sexualität unterdrücken, versperrt uns auch den Zugang zu unserer Kreativität.

 Logos hat uns in dieses Gefängnis einer sexuellen Norm gesperrt. Eros wird uns daraus befreien.

Einer der Hauptgründe, warum ich zu Beginn des Buches einen so großen, kosmischen Bogen unserer Geschichte gespannt habe, ist die Hoffnung, dass dir diese Perspektive ermöglicht, dein eventuell noch stark dual begrenztes Verständnis von Mann und Frau aufzulösen und so auch dich daraus zu befreien. Du passt in keine Schublade. Du bist ein einzigartiger Cocktail aus männlichen und weiblichen Qualitäten. Räume die innere Tanzfläche frei und bitte deinen Logos und deinen Eros neu zum Tanz. Das ist das große Geschenk der LGBTQI+-Bewegung an uns alle. Ihr Symbol ist die Regenbogenfahne. So wie ein Regenbogen alle Farbschattierungen enthält, lässt sich unsere Geschlechtsidentität nicht in ein Schwarz-Weiß-Schema pressen. Anstatt dich von »Unzucht und Chaos« angegriffen zu fühlen, lass dich von der Vielfalt berühren und finde deinen einzigartigen Farbton, und zwar sowohl innen – in deiner aktuellen sexuellen Positionierung – als auch außen – im Ausdruck deiner Sexualität. Wer sagt, dass ein klar heterosexueller Mann sich nicht genauso soft und bunt ausdrücken kann wie so mancher Homosexueller? Es ist Zeit, die Klischees zu sprengen, von der braven Mutti, der Kampflesbe, dem harten Macho … Lasst uns alle, innen und außen, mehr spielen.

Vielleicht bekommst du beim Lesen dieser Sätze Schnappatmung, da du ein eher sicherheitsbetonter Mensch bist. Du fürchtest dich vielleicht, dass dein Leben, deine Beziehungen, ja, die ganze Welt in einem einzigen, großen, sexuellen Durcheinander enden würde. Zuerst einmal zu deiner Beruhigung: Menschen sind letztendlich mit jeder befreienden Idee weitergewachsen und haben sie genutzt, um kreativer, wohlhabender und auch glücklicher zu werden. Denk nur an den Feudalismus. Wir dachten damals wirklich, dass die große Weltordnung durch die strikte Rollenverteilung – Kirche, Adel, Bauern – stabilisiert wird. Welche fürchterlichen Kriege mussten stattfinden, bis wir uns aus diesem Gedankenjoch befreien konnten. Oder denk an das indische Kastensystem! Alle Begrenzungen, die nicht wahr sind, werden weichen. Weiterhin geht es natürlich nicht darum, dass wir alle im sexuellen Ausdruck alles ausprobieren müssen. Du kannst als Mann klassisch heterosexuell orientiert sein und gleichzeitig einen bewussten Zugang zu deiner inneren Frau haben. Du hast weiter Sex mit deiner Frau und kannst die Vibes spüren und genießen, wenn sich vor dir zwei Frauen oder Männer küssen. Selbst wenn du in dir auch einen wilden Gott Pan entdeckst, der im Frühling alles anspringen könnte, musst du nicht alles, was du in dir fühlst, auch ausleben. Das große Durcheinander entsteht durch die Unterdrückung unserer Gefühle! Alles, was wir in uns nicht wahrhaben wollen, wandert in den Schatten. Und diesen wird unser Unterbewusstsein auf einen Menschen oder eine ganze Gruppe von Menschen da draußen projizieren. Wer auch immer deine emotionalen Knöpfe drückt, ist dein*e Lehrer*in. Diese Person erinnert dich an etwas, was du selbst nicht fühlen willst. Wenn du Frauen verachtest, dann wahrscheinlich deshalb, weil du in ihnen Eigenschaften siehst, die du selbst in dir trägst und als stark negativ bewertest. Homophobie ist ein Hinweis auf Unterdrückung eigener sexueller Anteile. Fanatische Moralprediger*innen sind meist Menschen, die sich vor ihrer eigenen Libido fürchten.

Ich möchte es noch einmal betonen, weil diese Differenzierung sehr wichtig ist: Nicht alles, was du fühlst, muss oder sollte ausgelebt werden. Doch alles, was da ist, muss gefühlt werden. Sonst entwickelt es in deinem Unterbewusstsein ein Eigenleben. Es macht dich traurig, zornig oder sogar physisch krank. Es überrollt dich irgendwann einmal oder es mutiert in die vehemente Ablehnung von Menschen, die dich daran erinnern. Um es an einigen Beispielen deutlich zu machen, was diese Freiheit im sexuellen Fühlen bedeuten kann:

Kinder. Ich fange mit dem drastischsten Beispiel an. Kinder müssen sexuell geschützt werden, und zwar nicht nur vor Taten, sondern bereits vor jeglicher anzüglicher, grenzüberschreitender Energie. Wenn ein Erwachsener (hetero- oder homosexuell) eine pädophile Neigung hat, darf es auf gar keinen Fall darum gehen, diese auszuleben. Doch er muss sich dies bewusst eingestehen dürfen. Er muss das Gefühl haben, in einer Gesellschaft zu leben, wo er nicht dafür verteufelt wird, sondern Hilfe im Umgang mit dieser Neigung erfährt. Dann ist es möglich, diese inneren Kräfte in den Griff zu bekommen. Ich nutze diese Gelegenheit und bitte jede Person, die dies liest und die es betrifft, die Reinheit und die Schutzbedürftigkeit eines jeden Kindes zu ehren, ins Licht zu kommen und sich Hilfe zu holen. Aber auch, wenn du nicht pädophil bist, ist es gut möglich, dass es dich irritiert, wenn deine Kinder zu jungen Erwachsenen werden und selbst sexuelle Signale ausstrahlen. Viele Kids testen dies in purer Unschuld sogar an ihren Eltern aus. Plötzlich flirtet deine Tochter mit dir und der Kuss deines Sohnes hat einen deftigeren Geschmack. Wenn du dir nicht bewusst darüber bist, was dies in dir auslöst, kann dies schräge Züge annehmen. Es ist deine Verantwortung, die veränderten sexuellen Schwingungen wahrzunehmen und verantwortungsbewusst und integer darauf zu reagieren.

Treue. Man kann sich aus sehr verschiedenen Gründen für Monogamie entscheiden, etwa aus Angst oder aus Freiheit. Ich lebe zum Beispiel bewusst in einer monogamen Beziehung mit Andrea. Ich habe mir diese Wahl nicht leicht gemacht und unsere Partnerschaft gerade in den ersten Jahren so manchem schmerzhaften Stresstest unterzogen. Ich bin so für mich zu dem Schluss gekommen (und das kann für dich ganz anders sein), dass ich keine letztendliche Freiheit darin finde, mit jeder Frau ins Bett zu gehen, die mich sexuell anspricht. Doch ich muss alles fühlen dürfen! Meine Wahl legt ja nicht meine Biologie lahm. Witzigerweise wittere ich besonders im Frühling die Vibes der Paarung überall. Früher hat mich das tierisch gestresst. Entweder ich fühlte mich schuldig und habe es unterdrückt, oder ich dachte, ich muss das alles ausleben. Doch es ist weder das eine noch das andere richtig. Ich bin nicht schuldig. Ich bin gesund. Mein Körper ist genau wie deiner eine sinnlich-erotische Antenne und manchmal schlägt sie aus. Ich genieße die feine Erregung in meinem Körper, befeuere sie aber nicht mit Fantasien. Ich lasse sie bei mir. Das fühlt sich würdevoll, frei und kreativ an. Wie gehst du damit um?

Deine homophilen Anteile. Ich wuchs in einer homophoben Familie auf. Mir wurde früh erzählt: »Werde alles, aber nicht schwul!« Ich werfe das meinen Eltern nicht vor. So war damals die Zeit. Doch ich erinnere mich, dass ich lange Zeit ein Problem damit hatte, meine männlichen Freunde in den Arm zu nehmen. Ich wollte auf gar keinen Fall schwul werden! Als sich herausstellte, dass einer der Jungs, mit denen ich damals abhing und durch Diskotheken zog, homosexuell veranlagt und auch noch in mich verliebt war, brach ich den Kontakt zu ihm ab, als hätte er eine ansteckende Krankheit. Im Nachhinein tat mir das sehr, sehr leid. Ich weiß, dass viele strikt heterosexuell erzogene Männer dies so erlebt haben. Was entgeht uns da an Zartheit, Nähe und Freude mit unseren Freunden? Mein heilsamer Durchbruch diesbezüglich waren einige Tage in einer Schwulen-WG in San Francisco. Inmitten dieser großartigen Typen zu sitzen, die ganz offen und selbstbewusst mit mir flirteten, gab mir die Möglichkeit, die Schönheit einer Beziehung zwischen Mann und Mann zu

erkennen. Ich bin nach wie vor klar heterosexuell orientiert und fühle mich in keiner Weise sexuell von Männern angezogen. Doch ich
kann die speziellen, erotischen Vibes homo- oder bisexueller Männer
im Raum sehr genießen. Ich bin auch immer noch kein großer »Hug-
ger«, doch ich schätze die bewusste Umarmung zwischen Männern
mittlerweile sehr. Gerade bei Frauen ab 40 erlebe ich mittlerweile eine
ausgeprägte Neugier, sich auch einmal auf andere Frauen einzulas-
sen und so auch einen vielleicht erst einmal wesentlich sicheren und
inniglicheren Raum kennenzulernen. Dies kann bei einer erneuten
sexuellen Begegnung mit Männern zu höheren Ansprüchen führen.
Wunderbar!

Die Frau und der Mann in dir. Als Mann Kontakt zu deiner inneren Frau zu haben muss deine sexuelle Orientierung nach außen
nicht verändern, doch es bereichert definitiv dein Innenleben. Du
wirst ganz. Frauen haben, was dies betrifft, meines Erachtens einen
Vorsprung, da sie in unserer Gesellschaft oft »ihren Mann stehen«
müssen. Manchmal wahrscheinlich zu viel. Es macht sie härter, als
sie eigentlich sein wollen. Aus vielen ehrlichen Gesprächen weiß
ich, dass dies Frauen durchaus bewusst ist. Sie leiden darunter und
sehnen sich nach Räumen, auch in der Businesswelt, die sie dazu einladen, wieder mehr in der Frau anzukommen. Du kannst diese dringend notwendige Ausbalancierung unserer Gesellschaft als Mann
auch dadurch unterstützen, dass du dich mehr mit deiner inneren
Frau verbindest. Wir fürchten uns davor, denn eine patriarchale Kultur trimmt ihre Jungs darauf, männliche Qualitäten als überlegen,
stärker und besser anzusehen. Ich vermute darin einen der stärksten Gründe, warum sich nach wie vor signifikant mehr Frauen für
den Weg der Bewusstwerdung entscheiden. Er führt zwangsläufig
in die innere Ganzheit. Das heißt, wir Männer werden uns unserer
Anima stellen müssen. Das ist nur schwierig, wenn du befürchtest,
dadurch weichlich, schwächlich und durcheinander zu werden. Ich
kann dir, Mann, versichern, das Gegenteil ist der Fall. Ja, es wird Pha-

sen der Irritation geben. Wenn du endlich mal wieder weinen musst und kannst. Wenn du feststellst, dass du keinen Bock mehr auf die alten Konkurrenzkämpfe hast. Wenn du realisierst, wie brutal hart du all die Jahre dir selbst gegenüber gewesen ist. Wenn du die Lust an Ästhetik entdeckst, deine Intuition feiner ausschlägt und du dir eingestehen musst, dass du tief in dir drin softer bist als so manche Frau. Es ist wichtig, dass du dich parallel auch gut um deinen inneren Mann kümmerst. Mit Sport, männlichen Freunden, klaren Zielen … Dann wirst du etwas Wundervolles erleben. Deine innere Frau verweichlicht dich nicht. Sie macht dich milder, lustvoller, lässiger, weiser. Sie balanciert den Krieger und den König aus. Sie schenkt dir Souveränität. Und was nicht zu unterschätzen ist: Du wirst Frauen viel besser verstehen und sie werden dich dafür lieben.

Abenteuer der Verkleidung
Hier eine kleine, verrückte Aufgabe für dich: Verkleide und schminke dich als Frau. Du musst niemandem davon erzählen. Ich garantiere dir, du wirst erstaunt sein, wie viel Freude du daran hast und welche Kreativitätsschübe dies in dir freisetzt. Und die Machos unter uns: Habt keine Angst! Dieses kleine Abenteuer kann dich in nichts verwandeln, was du nicht bist. Doch es wird den Farbenreichtum deiner Seele an die Oberfläche holen, der tief in dir schon lange existiert.

Ein Wort noch an alle Spirituellen, die jegliche sexuelle Differenzierung ablehnen, indem sie sich auf Konzepte berufen wie: »Ich bin kein Mann und auch keine Frau. Ich bin eine freie, wunderschöne Seele.« Auch wenn der Satz aus einer Metaperspektive betrachtet stimmt, kann er doch als ein Vernebelungstrick missbraucht werden. Ja, du bist auf einer existenziellen Ebene weder Mann noch Frau, sondern einfach Licht. Doch dieses Licht bahnt sich seinen Weg durch deine spezielle Seele und deinen einzigartigen Körper hierher auf diesen Planeten. Um es in einer Metapher auszudrücken: Das Licht, aus dem wir alle kommen, wird in deiner Person auf eine besondere und sehr spezifische Weise gebrochen und das ist gut so. Ich glaube, dass viele Menschen so viele frustrierende, verletzende Erfahrungen mit dem Thema Sexualität erlebt haben, dass sie sich in eine pseudospirituelle Neutralität verabschieden. Das ist verständlich und tragisch zugleich. Denn so stoppt deine Entwicklung auf entscheidenden Ebenen und dein spiritueller Weg wird zu einer Vermeidungsblase. Ich spreche aus Erfahrung. Ich durfte im Coaching und in Seminaren schon so manche Lichtarbeiter*innen beim vermeintlichen Abstieg in die sexuellen Gefilde begleiten. In manchem scheinbar geschlechtsneutralen Engel ruht eine schlummernde Orgasmusbombe. Die in wiederentdeckter Ekstase blitzenden Augen lassen keinen Zweifel daran, welche Form der Spiritualität als echter und lebendiger angesehen wird. Für alle, die mit dem Bild eines strengen, moralinsauren Gottvaters groß geworden sind und immer noch an ihn glauben: Denk noch mal in Ruhe nach. Meinst du wirklich, ein Gott, der ja deinen Schoßraum und deine Lust erschaffen hat, will nun, dass du das alles unterdrückst? Mich erinnert dieses Bild eher an all die alten, lustunterdrückten Männer im Vatikan. Ich verstehe, dass jemand, der selbst keinen Spaß haben darf, den auch anderen vermiesen will. Ich denke, wenn es wirklich einen personifizierten Gott gäbe, wäre er eher ein gütiger, liebevoller Lustmolch, dem seine Geschöpfe eine Riesenfreude bereiten, wenn sie ihr Leben als ein sinnliches, erregtes Abenteuer führen. Dich mit deiner einzigartigen Sexualität auseinanderzusetzen, deine Bedürfnisse zu fühlen und einen Weg zu finden, sie zu erfüllen ist heiß. Es konfrontiert uns mit unserer Verletzbarkeit. Mit ungelösten Konflikten. Mit sehr praktischen Alltagsfragen. Es ist einfacher, dieser Energie aus dem Weg zu gehen und zu versuchen, sie in (nur scheinbar) höhere Sphären zu sublimieren. Doch wir können nichts transzendieren, was wir noch nicht integriert haben. Also ab ins Feuer mit dir.

Ich möchte auf gar keinen Fall den Begriff LGBTQI+ für uns alle okkupieren. Dies wäre ein krasser Mangel an Respekt dem Ursprung dieser Bewegung gegenüber. Doch ich plädiere dafür, dass wir alle viel von ihr lernen. Marschiere doch bei der nächsten Pride-Parade mit und lass dich durch die unglaubliche Vielfalt an sexuellen Nuancen verzaubern und inspirieren. Setz dich mit einem Menschen zusammen, dessen sexuelle Orientierung dir Angst macht. Stelle achtsame Fragen, halt die Klappe und hör einfach zu. Lass dich berühren und vielleicht auch ein wenig aus deiner sexuellen Komfortzone verführen. In streng konservativen Kreisen scheint immer noch die Angst umherzugehen, hetero- oder bisexuell zu sein wäre ansteckend. Ich halte dies für eine absolut fehlgeleitete Projektion eigener unterdrückter Anteile. Eine sexuell offene Gesellschaft verwandelt dich nicht zu etwas, was du nicht bist. Sie gestattet dir zu entdecken, wer du wirklich bist. Wir werden diesbezüglich in den kommenden Jahrzehnten noch sehr viele Überraschungen erleben. Denn Eros sei Dank, werden sich immer mehr Menschen jeder Altersgruppe sicher genug fühlen, um sich offen und neugierig zu entdecken und aus dem langweiligen binären Muster auszubrechen. Unsere Gesellschaft wird nicht in Chaos untergehen, wie es uns die Kirche versucht weiszumachen. Wir werden aufatmen und einen kreativen Quantensprung erleben. Denn wenn Logos und Eros frei in uns tanzen dürfen, wird unser innerer Werkzeugkoffer für die Lösung unserer Probleme wesentlich größer. Du musst als Mann nicht mehr ständig cool und stark tun. Du kannst dich heute auch mal feminin, zart und hingegeben entspannen. Ja, du kannst es sogar genießen, dich mal führen zu lassen. Denn wenn du weißt, wer du wirklich bist, bricht das deiner Männlichkeit keinen Zacken aus der Krone. Du kannst als Frau heute auf den Tisch hauen und den Laden anführen, ohne Angst zu haben, zu doll oder zu laut zu sein. Und morgen lässt du wieder locker und genießt es, eher zu empfangen.

Ich verneige mich vor allen Pionier*innen und Wegbereiter*innen der LGBTQI+-Bewegung, etwa Marsha P. Johnson und Sylvia Rivera. Ich verneige mich vor eurem Mut, eurer Entschlossenheit und eurer Kreativität. Ich hoffe, dass dieses Buch einen Beitrag dazu leistet, dass sich irgendwann jeder Mensch so sicher fühlen kann, seine individuelle Sexualität zu offenbaren. Sexualität ist zutiefst mit unserer

Erfahrung von Würde verwoben. Deshalb ist es für unser Selbstverständnis und unsere Selbstachtung so essenziell, unsere sexuelle Einzigartigkeit voll zu bejahen und eine für alle Beteiligten würdevolle Form für ihre Erfüllung zu finden.

Vielleicht fühlst du dich dem alten binären sexuellen Paradigma nicht mehr zugehörig und hast dich gefragt, ob ich die Kapitel »Die Rückkehr der Königin« und »Das Erwachen des Königs« auch für dich geschrieben habe. Die Antwort ist eindeutig Ja! Denn ich hoffe, dass dir spätestens jetzt klar geworden ist, dass Frau und Mann für mich keine Schubladen sind, sondern zwei alchemistische Elixiere, die auch in deinem Bewusstsein zu deinem ganz persönlichen Cocktail zurechtgemixt werden. Deshalb lade ich dich ein, beide Abschnitte (noch einmal) so zu lesen, als hätte ich sie extra für dich geschrieben. Achte einfach darauf, welches Thema dich berührt. Das ist dann aktuell deins.

An alle Menschen, die sich klassisch heterosexuell fühlen: Auch für uns gibt es einen Platz in dieser hoffentlich wesentlich offeneren Welt. Wir werden nur viel mehr Spaß an der Vielfalt des Lebens haben. Ich habe einen Vorschlag für dich: Wie wäre es, wenn du als Mann nun noch einmal das Kapitel »Die Rückkehr der Königin« liest, und zwar aus der Sicht deiner inneren Frau? Du wirst überrascht sein, was sie dir zu erzählen hat. Und genauso möchte ich dich, Frau, einladen, den Abschnitt »Das Erwachen des Königs« noch einmal von deinem inneren Mann lesen zu lassen. Gib ihm Nahrung. Dies wird dir auch helfen, die Männer in deiner Umgebung besser zu verstehen.

Ich hoffe, dass dieses Buch jedem heteronormativen Menschen eine ermutigende, spannende Vision für ein Leben in einer echten Regenbogengesellschaft schenkt. Ich wünsche mir zutiefst, dass diese Worte jeden Menschen, der sich noch nicht geoutet hat, dazu ermutigt, seine sexuelle Einzigartigkeit in Würde zu offenbaren. Ich habe die Vision einer Gesellschaft, in der wir uns alle erlauben, unsere sexuelle Identität neugierig zu erforschen und uns als schöne, erregende, freie Wesen zu fühlen. Ich kann es sehen und fühlen, wie es sein wird, wenn wir alle nicht mehr nur mit angestrengtem Logos, sondern mit lässig-lustvollem Eros auf die Straße treten. Wie wir die Vibes, die in der Lust liegen, genießen. Wie wir den Menschen vor uns nicht sofort in eine von zwei Schubladen stecken wollen, sondern ihn als eine Blume betrachten, die es in dieser Farbschattierung noch nie gegeben hat. Nun, da wir den Mut haben, uns und die anderen aus alten Rollen zu befreien und uns mit Neugier neu entdecken, sind wir endlich bereit für eine bewusste Co-Creation. Jetzt werden wir gemeinsam Genesis auf eine neue Stufe der Lebendigkeit heben. Jetzt wiederholen wir nicht mehr nur Vergangenheit, sondern wir betreten gemeinsam Neuland und erschaffen voller Freude eine wirklich neue menschliche Möglichkeit.

CO-CREATION – DIE ZUKUNFT DER MENSCHHEIT

Wir sind am Ende dieses Buches angekommen und gleichzeitig am Beginn einer Abenteuerreise. Was passiert, wenn sich dein Bewusstsein aus jedem Urteil befreit? Was wird möglich, wenn du dich selbst und deine Mitmenschen aus allen alten Klischees über Frauen und Männer entlässt und ihnen ab jetzt neugierig und staunend begegnest, weil du nun weißt, dass es ein Milliarden Jahre alter Kosmos selbst ist, der sich in jedem von uns entdeckt und entfaltet? Wir stehen alle an der Schwelle zu etwas Unbekannten. Wir haben für das, was jetzt kommen muss, keine Anleitungen. Das kann uns Angst machen oder uns in freudige Erregung versetzen. Wir können die alten Paradigmen nur dann in Frieden loslassen, wenn wir vor uns eine Vision sehen, die uns ermutigt und fasziniert. Ich möchte deshalb in diesem letzten Kapitel meine optimistische Ahnung und Hoffnung für die Zukunft der Menschheit mit dir teilen. Ich kann sie in einem Wort zusammenfassen: *Co-Creation*. Vielleicht hast du diesen Begriff schon einmal im Businesskontext gehört. Dort steht er meist für eine kreative, enge Zusammenarbeit zwischen Unternehmen und Kund*innen. Doch die Idee, die ich mit dir teilen möchte, ist um so vieles größer. Sie wurde stark von Bewusstseinspionier*innen wie Teilhard de Chardin, Buckminster Fuller und Barbara Marx Hubbard geprägt. Manches von dem, was ich nun als Möglichkeit mit dir teile, mag dir wie eine kühne Utopie erscheinen. Doch erinnere dich an das Kapitel über Paradigmen (»Wer bist du?«, siehe Seite 46). Alles, was wir heute als normal akzeptieren, galt einmal als verrückt. In 50 Jahren werden die Menschen den Kopf über unsere aktuelle Weltsicht schütteln.

Lass Paradigmen und die lineare Zeitachse hinter dir

Bis hierher kannte die Menschheit bis auf wenige Ausnahmen nur *Ausbeutung*, *Konkurrenz* und bestenfalls *Kooperation* als vorherrschende Beziehungsformen. Ich hoffe, dieses Buch hat aufzeigen können, wie sich Männer und Frauen in den letzten 10 000 Jahren ausgebeutet und benutzt haben. Doch auch der einzelne Mensch hat gelernt, dass es normal ist, sich selbst auszubeuten – für Geld, Macht, Optimierungswahn … Und wir haben als Spezies das gesamte Ökosystem der Erde ausgebeutet. Man muss kein*e Schwarzseher*in sein, um zu realisieren, dass wir am Abgrund dieser Entwicklung stehen. Wenn wir nicht bald massiv die Kurve kriegen, ist das Experiment Menschheit beendet. Ich möchte gleichzeitig betonen, dass ich dies alles nicht als einen Fehler sehe, sondern als ein Experiment. Wenn du dem roten Faden des Buches gefolgt bist, ist dir zumindest rational klar, dass es der Kosmos selbst war, der einen Stein zu Leben erweckte, Pflanzen entwickelte, Tiere und letztendlich den Menschen. Dieses sich permanent weiter ausdehnende Bewusstsein ist auf der jeweiligen Stufe seines Erwachens einfach nicht zu mehr fähig. Es probiert sich aus. Es entwickelt sich weiter. Es stößt irgendwann an die Grenzen seiner Verarbeitungskapazität. Entweder findet nun ein Entwicklungssprung statt oder es regrediert auf eine frühere Stufe oder dieser Strang der Evolution wird ganz eingestellt. Ich selbst glaube zutiefst an die nächste Entwicklungsebene im menschlichen Bewusstsein. Nicht nur, weil ich ein Optimist bin, sondern weil sie bereits existiert. Während sich die meisten Menschen zum gegenwärtigen Zeitpunkt noch auf den Beziehungsstufen Ausbeutung, Konkurrenz und Partnerschaft bewegen, ist ein kleiner, aber sehr aktiver Prozentsatz bereits ins Neuland vorgedrungen. Wenn du danach suchst, findest du die Pionier*innen der Co-Creation im privaten, spirituellen, wissenschaftlichen, sozialen, ökologischen und ökonomischen Bereich. Sie sind alle dabei, eine im Innen erfahrene Möglichkeit nun nach Außen zu übersetzen. Sie lassen im Denken, Fühlen und Handeln die bestehenden Strukturen hinter sich.

Ich möchte einige der gegenwärtig etablierten Paradigmen noch einmal zusammenfassen, weil dann schnell klar wird, warum die Menschheit im Augenblick nicht in der Lage sein kann, den von ihr selbst initiierten Herausforderungen adäquat und stark zu begegnen. Wie Albert Einstein bereits sagte: Du kannst ein Problem nicht auf derselben Ebene lösen, auf der es erschaffen wurde. Unser bisheriges

Grundverständnis der Welt und unser darauf aufbauendes Verhalten entspringt folgenden Grundannahmen:

1. Das Universum ist ein zwar gigantisch großes, aber doch klar mechanisch angelegtes System.

2. Zeit verläuft linear entlang einer Zeitachse. Wir sind hier, in der Gegenwart. Die Vergangenheit ist hinter uns und ist vorbei. Die Zukunft liegt vor uns und ist noch nicht da.

3. Jeder von uns ist ein einzelnes physisches Objekt, gepaart mit begrenztem Bewusstsein. Hier bist du und da ist alles andere. Du bist von allem anderen getrennt.

4. Im Laufe unseres Lebens wird uns beigebracht, wer wir sind, was wir können und was wir sollten. Wir werden bei aller Liebe unserer Eltern letztendlich primär als Objekte behandelt und lernen, die Erwartungen unserer Umgebung und der Gesellschaft zu erfüllen. Spätestens wenn wir die Schule verlassen, haben wir eine relativ klare und begrenzte Ich-Vorstellung. Wir haben gelernt, uns selbst als Objekte innerhalb eines großen auf Leistung und Wachstum angelegten Systems zu betrachten und zu behandeln. Wir leben von außen nach innen.

5. Wir betrachten auch die anderen als relativ starre Objekte mit recht klar umrissenen Eigenschaften. Wir erleben uns voneinander getrennt. Wir benutzen einander. Es geht immer auch um die Fragen: Wer hat recht? Wer hat die Macht? Wer bestimmt? Im besten Fall machen wir das friedlich und so, dass alle Beteiligten etwas davon haben. Doch in vielen Teilen der Erde werden Menschengruppen nach wie vor schamlos und völlig selbstverständlich unterdrückt.

6. Eines der mächtigsten Rollenspiele, in die wir hineinwachsen und erzogen werden, ist das von Mann und Frau. Wir lernen, unserem und dem anderen Geschlecht ganz bestimmte Qualitäten und Aufgaben zuzuschreiben.

7. Die Welt ist geprägt von Dualität. Der Verstand ist auf dieser Bewusstseinsstufe im dualen Denken gefangen. Das bedeutet, er

denkt, sich permanent entscheiden zu müssen. Paradoxa werden als Bedrohung empfunden.

Da Zeit im Bewusstsein als eine lineare Zeitachse wahrgenommen wird, determiniert die Vergangenheit sehr stark, was heute möglich ist. »Weil ich gestern das erlebt habe, kann ich heute jenes nicht tun. Weil du gestern diesen Fehler begangen hast, muss ich dich das auch heute noch spüren lassen.« Menschen, deren Bewusstsein sich linear durch die Zeit bewegt, reproduzieren heute eine Kopie ihres vergangenen Selbst. Mal abgesehen davon, dass dies für alle Beteiligten schrecklich langweilig ist, bremst das die eigentlich verfügbaren Lern- und Entwicklungskapazitäten rasant aus. Einer der Hauptgründe für die zu langsame Korrekturdynamik des Menschen ist sein Gefangensein in der linearen Zeit. Die lineare Zeitachse verhindert auch unseren Blick in die Zukunft und trennt uns so von einer der wertvollsten Ressourcen von Innovation und Weisheit. Linear zu leben bedeutet, ins Dunkel zu tappen und zu hoffen, dass der nächste Schritt kein Reinfall wird. Doch was, wenn du in der Lage wärst, in verschiedene Realitätsversionen deiner Zukunft zu reisen und dich von dort aus beraten zu lassen? Das klingt wie Science-Fiction? Tatsächlich ist es das schon längst nicht mehr. Zum Beispiel lehrt Otto Scharmer am renommierten MIT-Institut die sogenannte U-Theorie,[65] eine Möglichkeit, aus der Zukunft heraus zu führen. Wir selbst forschen in unserer Arbeit bei Homodea seit einigen Jahren an Möglichkeiten, das eigene Bewusstsein in die Zukunft reisen und dort lernen zu lassen.[66]

Selbst wenn sich einige Menschen in einer relativ stabilen, harmonischen Kooperation wiederfinden, besteht meist immer noch die Tendenz, dieses eigene System abgekapselt vom Rest des Universums wahrzunehmen und zu erfahren. »Hier sind wir. Da ist die Welt. Hauptsache, es geht uns gut.« Dieses sogenannte ethnozentrische Bewusstsein erleben wir in Familien, Unternehmen, Sekten, sozialen Schichten und auch Ländern.

Zusammengefasst: Wenn wir an diesen alten Paradigmen festhalten, verpassen wir sehr viel Freiheit und Spaß. Wir werden so zu egozentrischen, rechthaberischen, unflexiblen Fremdkörpern in einem hochkomplexen, multidimensional zusammenspielenden Universum. Wir können aus Angst vor dem Neuen daran festhalten. Dann wird Evolution das Experiment menschliches Bewusstsein irgendwann einstampfen müssen, denn es nervt offenkundig das Gesamtsystem. Oder wir geben uns dem derzeit herrschenden Entwicklungsdruck demütig und neugierig hin und schaffen den Sprung.

Du trägst die Voraussetzung für Co-Creation in dir

Ich hoffe, dir ist beim Lesen auf vielen Ebenen klar geworden, warum und wie sehr sich die Geschlechter miteinander verkeilt haben, und zwar nicht nur im Außen, sondern auch in uns. Evolution hat uns mit zwei großartigen Kräften ausgestattet – Logos und Eros. Kämpfen diese gegeneinander, geht es nicht weiter und wir gehen unter. Beginnen sie sich aus der Vergangenheit zu lösen und frei miteinander zu tanzen – in dir und in deinen Beziehungen –, löst dies einen kreativen Quantensprung aus. Bewusste Co-Creation braucht beides – einen kristallklaren, auf ein Anliegen ausgerichteten Logos und einen mit allem verbundenen und weit empfänglichen Eros. Ich hoffe auch, dass es mir gelungen ist, dich für einen ketzerischen Gedanken zu begeistern:

 Genesis ist kein abgeschlossenes Projekt irgendeines Gottes. *Du* bist Genesis.

Du bist die lebendige, sich stetig weiter entwickelnde Baustelle der Evolution. Doch du wirst eben nicht nur erschaffen, sondern du kannst auch erschaffen. Der Kosmos hat dich mit den Gaben von Genesis ausgestattet. Du kannst sie in Schuld und Angst verrotten lassen. Du kannst sie missbrauchen, um dort, wo du lebst, einen langweiligen Wiederholungsloop der Vergangenheit aufrechtzuerhalten, oder du nimmst die Herausforderung begeistert an.

Denn das ist das große und offene Geheimnis der Co-Creation: Alles hängt miteinander zusammen. Nichts ist von etwas anderem getrennt. Wirst du befreit, ist die ganze Welt befreit. Diese Welt existiert nicht nur in einer einzigen Version. Das, was du erlebst, ist dein ganz persönliches Universum und in deren Mittelpunkt steht *deine* Genesis.

Co-Creation ist ein Synonym für die atemberaubende Sinfonie der Schöpfung, die permanent um uns und in uns geschieht. Du bist das Ergebnis und gleichzeitig die Ursache. Co-Creation ist also nichts, was wir Menschen erfinden werden. Sie findet bereits statt. Doch während Sterne, Bäume, Tiere und Mikroben ohne Ego, ohne Ichbewusstsein still und selbstverständlich am großen Ganzen mitwirken, hat uns die Genesis des Kosmos eine ganz andere Herausforderung gestellt. In uns ist ein *Ich* erwacht – Fluch und Gnade zugleich. Dieses *Ich* hat sich im ersten Stadium seiner Entwicklung in die Illusion der Trennung begeben. Mit allen dazugehörigen Konsequenzen: Stolz und Freiheit, aber eben auch Angst, Einsamkeit und Leid. Nicht *wir* sind wirklich aus der Schöpfung herausgefallen. Es ist das bis jetzt noch nicht vollständig verstandene und integrierte Ego, welches Misstöne in der Sinfonie erzeugt. Doch seine Kämpfe finden nur in einer oberflächlichen Version der Ereignisse statt. Schauen wir tiefer, ist immer noch alles Part eines unendlichen und ewigen kosmischen Tanzes. Jedes Missverständnis, jeder Krieg, jede begrenzte gesellschaftliche Struktur und auch das Patriarchat sind Geburtswehen einer weiteren Version unseres Bewusstseins. Da es sich in einzelnen Individuen, Gemeinschaften und Unternehmen bereits anbahnt, können wir mutig eine Vorschau wagen.

- Aus diesem co-creativen Bewusstsein heraus begreifen wir das Universum als ein lebendiges, multidimensionales Gewebe, welches auf tiefster Ebene ungeheuer schnell zwischen den Zuständen *Nichts, Energie* und *Form* wechselt.
- Die Gesetze der mechanischen Physik sind nur auf einen sehr kleinen Ausschnitt anwendbar. Doch Quantenphysik, Metaphysik, Neurowissenschaften und viele andere Forschungs-

bereiche helfen uns, immer besser zu verstehen. Gleichzeitig ist dieses lebendige Netzwerk von jedem Menschen jederzeit direkt erfahrbar und anzapfbar, da wir ein Teil davon sind.

○ Lineare Zeit wird als ein Konstrukt in unserem Bewusstsein verstanden, mit dem wir das, was zeitgleich stattfindet, und zwar in vielen verschiedenen Versionen, in kleine Erfahrungshäppchen aufbrechen, die uns helfen, das *Ganze* zu verarbeiten. Weder Vergangenheit noch Zukunft sind festgelegt. Beide Zeiträume sind von hier aus erreichbar und veränderbar. Menschen mit diesem holistischen Zeitbewusstsein leben sehr präsent in der Gegenwart und empfangen wegweisende Inspiration aus möglichen Zukunftsvarianten.

○ Der Mensch begreift sich nicht mehr als ein starres Objekt, sondern als einen lebendigen Bewusstseinsprozess, der einen Körper als Erfahrungsträger in diesem Leben benutzt. Das von uns erfahrene Bewusstsein kennt keine Grenzen, kann ständig und willentlich neue Eigenschaften entwickeln und fühlt sich zutiefst mit allem verbunden. Ja, es hat sogar Zugang zu einer Erfahrungsebene, in der es nicht mehr nur verbunden, sondern alles andere ist.

○ Erziehung und Bildung verwandeln sich aus diesem Verständnis heraus in Potenzialentfaltungsräume. Wir sehen unsere Aufgabe als Eltern und Lehrer*innen nicht mehr darin, das uns anvertraute Wesen in vorgefertigte Erwartungsbahnen zu lenken. Wir sind die Hüter*innen seines Bewusstseins, wir geben Raum und wir werden so unermesslich viel von den jungen Seelen lernen, die wahrscheinlich meist älter sind als wir.

○ Wir begegnen der Genesis in uns bis zum letzten Atemzug mit Respekt und Forscherfreude. Wir sind nicht hier, um zu funktionieren. Wir sind hier, um uns zu erinnern und von diesem Augenblick des Erkennens dem Licht der Schöpfung zu gestatten, permanent neue Möglichkeiten durch uns zu erschaffen. Wir leben von innen nach außen.

- Wir sehen auch unsere Mitmenschen, Projekte und Unternehmen als lebendige Prozesse. Wir haben den ewigen Wandel nicht nur akzeptiert, sondern feiern ihn als primären Daseinszustand. In unseren Begegnungen geht es nicht mehr darum, uns zu benutzen. Da wir wissen, dass wir alles, also auch die anderen sind, würde uns dies selbst verletzen. Wir bringen unsere Genies zusammen, um die Schöpfung zu feiern. Wir ehren unsere Verschiedenartigkeit. Gleichzeitig gehen wir davon aus, dass für jedes Spiel, für jedes Problem jetzt bereits die angemessenste Lösung im Feld existiert (denn die Zukunft ist bereits), und wir kommen zusammen, um diese zu empfangen. Angemessen bedeutet: die eleganteste, am meisten Freude und Erkenntnis zum Wohle aller freisetzende Lösung.
- Wir hüten uns vor Gleichmacherei. Unsere Stärke liegt in starken, hoch individualisierten *Ichs,* die fähig und willens sind, sich in einem starken *Wir* miteinander zu verbinden. So, wie unser Gehirn am besten funktioniert, wenn sich unsere Nervenzellen gut miteinander vernetzen, so sehen wir jeden einzelnen Menschen als eine bedeutsame Zelle im kollektiven Bewusstsein des Menschen. Teilhard de Chardin nannte dies die *Noosphäre.* Wir wissen nun, dass jeder einzelne Gedanke, jede Fantasie, jeder Selbstverrat, aber auch jede kühne Idee, jeder Akt des Mitgefühls in die Noosphäre eingespeist werden.
- Co-Creation bedeutet auch nicht die Abschaffung von Hierarchien. Da, wo es sinnvoll ist, wird es weiter Hierarchien geben. Nicht auf Grund von Privilegien, sondern natürlich ausgelöst durch Kompetenz oder Weisheit. Sie dienen nicht der Ausbeutung, sondern dem Wohle des ganzen Systems.
- Wir erkennen Logos und Eros als mächtige, alchemistische Kräfte der Co-Creation an. Wir bejahen ihr Zusammenspiel in uns selbst und in unseren Beziehungen. Wir bejahen die einzigartigen Erfahrungen und Spezialisierungen von Mann und Frau. Gleichzeitig befreien wir uns selbst und unsere Mit-

menschen aus dem Gefängnis stereotyper Erwartungshaltungen. Auf diesem Planeten existieren gegenwärtig knapp acht Milliarden verschiedene Mixturen weiblicher und männlicher Qualitäten.

○ Verschiedene Religionen und Weltanschauungen werden als Orientierungssysteme in einem grenzenlosen Universum respektiert. Doch niemand wird mehr für sie in den Krieg ziehen, denn auf dieser Ebene des Bewusstseins ist jedem bewusst, dass jegliches Paradigma – religiös, sozial oder wissenschaftlich – ein zeitlich begrenztes Konstrukt ist.

○ Auf dieser neuen Bewusstseinsebene wird Dualität als wesentlicher Faktor für Reibung, Wachstum und Orientierung anerkannt. Da wir jedoch gleichzeitig stetig Zugang zur nondualen Erfahrungsebene haben (in der alles *eins* ist), sind wir keine Sklaven der Dualität, sondern nutzen sie weise. Gleichzeitig dehnt sich unser Geist so weit, dass er beide Pole (schön und hässlich, richtig und falsch, Mann und Frau) zugleich halten und als gelebtes Paradox genießen kann.

○ Schöpfung wird weder pur externalisiert (»Gott hat mich erschaffen und ich bin lediglich das Ergebnis.«) noch narzisstisch aufgeblasen (»Ich kreiere alles ganz allein!«). Schöpfung wird als das grandioseste Paradox überhaupt begriffen und gefeiert: »Ich bin das Ergebnis und ich bin Schöpfer*in. Ich habe die Wahl und ich habe sie nicht. Ich bin Part des Alpha und Omega und ich bin ein kleiner Furz im Weltall.«

○ Bewusste Co-Creation bedeutet, dich als Part der Gesamtsinfonie zu erfahren, dich mit all deinen Gaben und Wünschen voll mit einzubringen und dich gleichzeitig darin zu schulen, den Ton zu empfangen und weiterzugeben, der zum Wohle aller der angemessenste ist. Bewusste Co-Creation funktioniert zwischen dir und dem Universum, zwischen dir und anderen Menschen, zwischen dir und anderen Wesen (etwa Pflanzen und Tiere).

Was lösen diese Sätze in dir aus? Hältst du sie für verrückt? Lass sie wirken. Lies sie noch mal in einem Jahr. Ich wette mit dir, dass einige der Grundthesen in zwanzig Jahren allgemeiner Gesprächsstoff sein werden. Denn Entwicklung wird nicht nur auf Technologie-, sondern auch auf Bewusstseinsebene immer schneller verlaufen. Uns stehen aufregende Zeiten bevor.

So kann Co-Creation praktisch funktionieren

Die gute Nachricht zuerst: Co-Creation wird bereits an vielen Stellen der Erde in verschiedensten Bereichen (privat, sozial, unternehmerisch) praktiziert. Die Nachricht, die vielleicht erst einmal etwas ernüchtert: Es braucht viel Ausdauer, Hingabe und Forschergeist. Denn wir stehen hier wirklich am Anfang einer Epoche. Wir betreten Neuland. Hier kommen in konzentrierter Form die Zutaten für eine bewusste Co-Creation:

1. **Echte Bereitschaft!** Mach dir klar, da draußen und in dir existieren ungeahnte Potenziale. Wenn du nach ihnen rufst und dranbleibst, auch wenn du mal Durststrecken erfährst, dann wirst du sie wecken und leben. Denn sie sind dein Geburtsrecht!

2. **Ein starkes Ich.** Co-Creation ist nicht zu verwechseln mit coabhängigen Partnerschaften und Teams, in denen der Lahme und die Blinde versuchen, ihre Schwächen gegenseitig zu kompensieren. Co-Creation braucht deine Bereitschaft, permanent an dir selbst zu arbeiten, dich immer besser kennenzulernen und zu stärken. Sie funktioniert zwischen Menschen, die sich eigentlich nicht brauchen.

3. **Deine Befreiung.** Lies das Buch noch mal. Aus der Sicht deiner inneren Frau und deines inneren Mannes. Bring sie in Gärung. Lass sie spielen. Genieß auch das Chaos, was sie eventuell in dir anzetteln. Du brauchst einen starken Logos *und* Eros, um cocreieren zu können. Akzeptiere ab heute kein »Ich kann nicht« mehr. Schau in den Spiegel und mach dir klar, dass das, was du da siehst, ein winzig kleiner Ausschnitt von dir ist. Staune jeden Tag über

dich. Lerne dazu. Probiere neue Sachen aus. Du bist kein festes Ich, du bist ein lebendiger Prozess.

4. **Ein Beginn.** Du brauchst keine*n Liebes- oder Businesspartner*in, um zu cocreieren. Du brauchst auch keinen besonderen Moment. Du warst immer und du bist jetzt mit allem verbunden. Du kannst jetzt und hier Kontakt zum großen Feld aufnehmen, deine Wünsche und Absichten einspeisen und gleichzeitig Inspiration und Führung empfangen.

5. **Die Verschiedenheit der Menschen.** Wenn du mit anderen Menschen zusammenkommst, um zu cocreieren, dann ehrt eure einzigartigen Charaktere, Stile, Fähigkeiten, Interessen … Auch wenn es manchmal unbequem ist, widersteht der Versuchung, euch gleich machen zu wollen. Eure Stärke liegt in eurer Diversität.

6. **Ein gemeinsames Anliegen.** Du und deine Wegbegleiter*innen braucht unbedingt ein gemeinsames Anliegen, welches euren Willen, aber auch eure Gaben und eure Hingabe laserartig in einem Punkt vereint. Das kann eine Frage sein, ein Wunsch, ein Gebet, eine Vision. Das Anliegen muss positiv und zukunftsorientiert formuliert sein und es muss bei jedem Beteiligten ein starkes Ja auslösen.

7. **Ein gemeinsamer Weg.** Co-Creation erscheint oft erst einmal mühsamer, weil alle mitgenommen werden »müssen«. Achte darauf, dass keine Person verloren geht, weil sie sich im Prozess und den Ergebnissen nicht mehr wiederfindet.

8. **Nichtwissen und Staunen.** Entlasse dich aus Erwartungshaltungen (»So muss es sein!«) und Urteilen (»So bist du nun mal!«). Komm immer wieder in einen offenen, lauschenden Geist zurück. (»Ich bin hier, um etwas zu empfangen, was ich noch nicht kenne. Ich bin auch hier, um eine größere Version meiner Selbst zu empfangen.«)

9. **Freiheit von Bewertungen und Ehrlichkeit.** Co-Creation funktioniert nur, wenn alle eingeladen sind, alles zu teilen, was in

ihnen ankommt: Gedanken, verrückte Eingebungen, Wünsche, Gefühle … Bewerte nicht und öffne dich ehrlich.

10. **Sicherheit und Vereinbarungen.** Das mag zuerst wie ein Widerspruch zur Co-Creation klingen. Doch gerade weil dies ein hochkreativer Prozess ist, braucht er klare Leitplanken, um Vertrauen und Klarheit zu schaffen. Dies betrifft unter anderem: Vertraulichkeit, Loyalität, klare Vereinbarungen und klare Verantwortlichkeiten.

11. **Logos und Absicht.** Der Prozess braucht einen starken Logos in dir, der die Absicht aufrechterhält und das Empfangene auch in eine konkrete Form gießt: »Was bedeutet die Erkenntnis jetzt konkret? Wie soll sie genau umgesetzt werden? Was wurde erreicht? Was soll korrigiert werden?«

12. **Eros und Empfangen.** Der Prozess braucht einen starken Eros, der es dir erlaubt, auf Empfang zu gehen.

13. **Verbundenheit.** Der Aufbruch in die Co-Creation kann das Ego ganz schön aufbäumen lassen. Du und deine Wegbegleiter*innen braucht Rituale, die eure Verbundenheit stärken.

14. **Verletzbarkeit und Spiel.** Neues zu empfangen bedeutet auch, dich verletzbar zu machen und Dinge auszuprobieren, die vielleicht auch mal peinlich ausgehen oder wehtun. Du wirst nie erfahren, ob deine Intuition richtig lag, wenn du ihr nicht nachgehst.

15. **Achtsamkeit und Korrektur.** Wenn du etwas Neues ausprobierst, ist es wichtig, in Abständen innezuhalten und zu überprüfen: »Tut mir dieser Weg gut? Setzt er mehr Freude frei? Gilt es etwas zu korrigieren?«

16. **Selbstverantwortung und Schattenarbeit.** Das Level von Co-Creation setzt ein hohes Maß an Selbstkenntnis voraus. Du musst wahrnehmen können, wann deine Knöpfe getriggert werden und wann du deinen Schatten auf dein Gegenüber projizierst. Du musst willens sein, dafür die Verantwortung zu übernehmen und deine Arbeit mit dir zu machen! Sonst wird der holde Versuch der Co-Creation in üblichen Ego-Rangeleien versacken.

17. **Heilung und Vergebung.** Sobald sich zwei oder mehr Menschen füreinander öffnen, gestatten sie ihrem Gegenüber damit auch, alte Wunden zu berühren. Co-Creation ist konstante Vergebungsarbeit. Besonders zwischen Mann und Frau.

18. **Ausdauer.** Es wird Durststrecken geben. Du wirst manchmal nicht weiterwissen. Jede*r Kreativitätsforscher*in wird dir bestätigen, dass entscheidende Durchbrüche oft am Ende einer Phase von Frust oder Langeweile warten. Bleib dran!

19. **Flow und Freude.** Das sind die allerwichtigsten Zutaten. Unser Gehirn sucht permanent nach Ekstase. Lass dieses spannende Experiment niemals zur Pflicht verkommen. Du bist ein*e Pionier*in! Du brichst in ein Abenteuer auf. Tanze. Lache. Vergib schnell. Schaffe viele ekstatische, verspielte Momente mit den anderen Wesen.

Es gäbe noch viel mehr dazu zu sagen und zu schreiben. Du findest im Anhang Buchempfehlungen. Wenn du willst, kannst du den Weg der Co-Creation gemeinsam mit Andrea und mir beschreiten. Es ist unser Lern- und Forschungsthema der kommenden Jahre. Der Kurs »Next Level Love« (siehe Anhang) beschäftigt sich ganz praktisch damit.

Hier und jetzt möchte ich vor allem deinen Durst wachrufen. Den Durst nach Freiheit und Freude. Ich weiß, dass ich manchmal überschwänglich auf Menschen wirke, die mich noch nicht kennen. Doch glaub mir, wenn ich schreibe, dass du für mich ein Wunder bist, sehe und fühle ich das ganz nüchtern! Du bist in so vielerlei Hinsicht ein höchst unwahrscheinliches und einzigartiges Wunder. Jede Stunde deines Lebens ist ein Geschenk. Ich wünsche dir so sehr, dass du niemals aufhörst, durstig nach dir zu sein. Dass du bis zu deinem letzten Atemzug verrückte Fragen und unverschämte Wünsche formulierst.

Ich danke dir zutiefst für dein Vertrauen und deine Aufmerksamkeit. Ich hoffe, ich konnte dich noch mehr für dich und die Möglichkeiten deiner Beziehungen begeistern. Wenn es mir gelungen ist, dich zum Staunen über dich zu bringen, dann haben wir beide miteinander co-creiert.

Du bist in dem Universum, in dem du lebst, sehr wichtig.

Dies heute ist nicht das Ende deiner Möglichkeiten. Es ist erst der Anfang.

Du bist lebendige Genesis.

QUELLEN UND ERLÄUTERUNGEN

1. R. Buckminster Fuller: *Bedienungsanleitung für das Raumschiff Erde und andere Schriften*, Philo Fine Arts, 2010

2. Veit Lindau: »Seelengevögelt – Für die Rebellen des Lebens«. Podcast, Folge 159: »Du entscheidest über unsere Zukunft – Tristan Horx im Gespräch mit Veit Lindau«

3. Die Begriffe Eros und Logos entstammen der griechischen Philosophie. Für ein antikes Verständnis empfehle ich folgende Lektüre: Platon: *Phaidros*. Reclam, Philipp, 1986. Das neuzeitliche Verständnis wird in folgendem Werk behandelt: Kenneth E. Wilber: *Eros, Kosmos, Logos – Eine Vision an der Schwelle zum nächsten Jahrtausend*. Fischer Taschenbuch, 2001.

4. Gallup International, Center for Public and Political Studies: »Losing Our Religion? Two Thirds of People Still Claim to Be Religious«; https://www.gallup-international.bg/en/33531/losing-our-religion-two-thirds-of-people-still-claim-to-be-religious/; zuletzt aufgerufen am 4.1.2021

5. Giovanni Aquilecchia: »Giordano Bruno – Italian philosopher«; Britannica, zuletzt aktualisiert am 1.1.2021; https://www.britannica.com/biography/Giordano-Bruno; zuletzt aufgerufen am 7.1.2021

6. Chemin Entertainment, Endeavor (Produktionsunternehmen): *See – Reich der Blinden*. 2019. Erstveröffentlichung auf Apple TV+

7. Dirk Lorenzen: »Der Urknall – Das Rätsel vom Anfang der Welt«; Deutschlandfunk Kultur; 27.12.2018; https://www.deutschlandfunkkultur.de/der-urknall-das-raetsel-vom-anfang-der-welt.976.de.html?dram:article_id=436914; zuletzt aufgerufen am 6.1.2021

8. »Anteile chemischer Elemente am menschlichen Körper nach Gewicht und Menge der Atome«; https://de.statista.com/statistik/daten/studie/327830/umfrage/anteile-chemischer-elemente-am-menschlichen-koerper-nach-gewicht-und-menge-der-atome/; zuletzt aufgerufen am 4.1.2021

9. Joe Dispenza: *Werde übernatürlich – Wie gewöhnliche Menschen das Ungewöhnliche erreichen*. KOHA-Verlag, 2017

10. The European Space Agency (ESA): »Kosmologie neu betrachtet: Die Ausdehnung des Universums ist vielleicht nicht gleichmäßig«; 8.4.2020; https://www.esa.int/Space_in_Member_States/Germany/Kosmologie_neu_betrachtet_Die_Ausdehnung_des_Universums_ist_vielleicht_nicht_gleichmaessig; zuletzt aufgerufen am 6.1.2021

11. Florian Rötzer: »Der Mensch: 30 Billionen Zellen und 39 Billionen Bakterien«; heise.de; 15.1.2016; https://www.heise.de/tp/features/Der-Mensch-30-Billionen-Zellen-und-39-Billionen-Bakterien-3377757.html; zuletzt aufgerufen am 6.1.2021

12. Advaita ist Sanskrit und bedeutet dem Duden zufolge »Einzigkeit«. Im Kern besagt diese Lehre, dass es keine Getrenntheit gibt, sondern dass alles, was wir sind und erleben, in Wirklichkeit nur unendliches Bewusstsein ist.

13. Dieses und die beiden folgenden Zitate stammen aus: Johann Wolfgang von Goethe: *Faust – Eine Tragödie*. https://www.projekt-gutenberg.org/goethe/faust1/faust1.html; zuletzt aufgerufen am 4.1.2021

14. Stephen Brusatte und Zhe-Xi Luo: »Der Aufstieg der Säugetiere«; Spektrum.de, 29.9.2016; https://www.spektrum.de/news/ungeahnte-vielfalt-der-fruehen-saeugetiere-zur-zeit-der-dinosaurier/1424346; zuletzt aufgerufen am 4.1.2021

15. Stefan Greschik: »Die Evolution des Menschen«; https://www.geo.de/geolino/mensch/9293-rtkl-geschichte-die-evolution-des-menschen; zuletzt aufgerufen am 4.1.2021

16. BR Wissen: »Homo sapiens – Die Entwicklung des modernen Menschen«; 30.11.2020; https://www.br.de/wissen/homo-sapiens-evolution-geschichte-moderner-mensch-100.html; zuletzt aufgerufen am 6.1.2021

17. Holger Dambeck: »Schimpanse und Mensch fast identisch«; SPIEGEL Wissenschaft; 31.8.2005; https://www.spiegel.de/wissenschaft/natur/genvergleich-schimpanse-und-mensch-fast-identisch-a-372341.html; zuletzt aufgerufen am 4.1.2021

18. »Was die Gene von Mann und Frau unterscheidet«, scinexx, 8.5.2017; https://www.scinexx.de/news/biowissen/was-die-gene-von-mann-und-frau-unterscheidet/; zuletzt aufgerufen 4.1.2021

19. Gerald Hüther: *Männer – Das schwache Geschlecht und sein Gehirn.* Vandenhoeck & Ruprecht, 2016

20. John Gray: *Beyond Mars and Venus.* BenBella Books, 2017

21. Der Beginn des Patriarchats wird häufig mit dem Beginn der Sesshaftigkeit des Menschen assoziiert. Vgl. Markus C. Schulte von Drach: »Aufstieg und Niedergang des Patriarchats«; Süddeutsche Zeitung, 3.7.2016; https://www.sueddeutsche.de/politik/emanzipation-aufstieg-und-niedergang-des-patriarchats-1.2971721; zuletzt aufgerufen am 7.1.2021

22. Wenn dich dies mehr interessiert, empfehle ich dir die bahnbrechenden Erkenntnisse von Stanislav Grof, der als Wissenschaftler Psychotherapie mit LSD verband.

23. Dies ist ein unglaublich spannendes Thema. Ich empfehle dazu sehr gern die Aufzeichnung meines Seminars »Die Ebenen des Bewusstseins«, die du auf www.homodea.com findest.

24. Jan Osterkamp: »Die überflüssigen Landgene von Wal und Delfin«; Spektrum. de; 25.9.2019; https://www.spektrum.de/news/die-ueberfluessigen-landgene-von-wal-und-delfin/1675998; zuletzt aufgerufen am 7.1.2021

25. »Vatikan-Experte über das Konklave 2013 – Zahlen enthüllt: So lief die Wahl von Papst Franziskus«; katholisch.de, 22.3.2019; https://www.katholisch.de/artikel/21118-zahlen-enthullt-so-lief-die-die-wahl-von-papst-franziskus; zuletzt aufgerufen am 7.1.2021

26. »Sexueller Missbrauch an Minderjährigen durch katholische Priester, Diakone und männliche Ordensangehörige im Bereich der Deutschen Bischofskonferenz«, Projektbericht, Mannheim, Heidelberg, Gießen; S. 251 ff.; https://bistumlimburg.de/fileadmin/redaktion/Bereiche/missbrauch/MHG-Studie-gesamt.pdf; zuletzt aufgerufen am 5.1.2021

27. Ramona Westhof: »Frauenwahlrecht – Schweizer Autorinnen würdigen 50. Jubiläum«; Deutschlandfunk, 4.1.2021; https://www.deutschlandfunk.de/frauenwahlrecht-schweizer-autorinnen-wuerdigen-50-jubilaeum.1310.de.html?dram:article_id=490220; zuletzt aufgerufen am 5.1.2021

28. Bundesministerium für wirtschaftliche Zusammenarbeit und Entwicklung (BMZ): »Arbeitsfelder und Instrumente – Bildung für Frauen und Mädchen«; https://www.bmz.de/de/themen/frauenrechte/arbeitsfelder_und_instrumente/bildung/; zuletzt aufgerufen am 5.1.2021

29. Bundeszentrale für politische Bildung: »Gleichberechtigung wird Gesetz«; 27.6.2018; https://www.bpb.de/politik/hintergrund-aktuell/271712/gleichberechtigung; zuletzt aufgerufen am 5.1.2021

30. Bundeszentrale für politische Bildung: »55 Jahre ›Pille‹«; 18.8.2015; https://www.bpb.de/politik/hintergrund-aktuell/210997/55-jahre-pille-; zuletzt aufgerufen am 6.1.2021

31. Maria Stöhr, Anna-Sophie Schneider: »Frauen in der Politik 2020 – Macht wird weiblicher«. SPIEGEL Politik, 1.1.2020; https://www.spiegel.de/politik/ausland/2020-und-frauen-in-der-politik-macht-wird-weiblicher-a-1297634.html; zuletzt aufgerufen am 6.1.2021

32. Martin Schmidt: »Unternehmensvorstände – Koalition einigt sich auf Frauenquote«. tagesschau.de; 20.11.2020; https://www.tagesschau.de/wirtschaft/frauenquote-165.html; zuletzt aufgerufen am 6.1.2021

33. EY: »Frauenanteil in Vorstandsgremien steigt weiter an – jedes elfte Vorstandsmitglied eine Frau«; Pressemitteilung, 10.1.2020; https://www.ey.com/de_de/news/2020/01/ey-frauenanteil-in-vorstandsgremien-steigt-weiter-an; zuletzt aufgerufen am 6.1.2021

34. European Institute for Gender Equality: »What lies behind the gender pay gap?«; https://eige.europa.eu/gender-statistics/dgs/data-talks/what-lies-behind-gender-pay-gap; zuletzt aufgerufen am 18.12.2020

35. Bundesministerium für Familie, Senioren, Frauen und Jugend (BMFSFJ): »Gender Care Gap – ein Indikator für die Gleichstellung«;https://www.bmfsfj.de/bmfsfj/themen/gleichstellung/gender-care-gap/indikator-fuer-die-gleichstellung/gender-care-gap---ein-indikator-fuer-die-gleichstellung/137294; zuletzt aufgerufen am 18.12.2020

36. Pater Haribert Arens: »›Mach mich zu einem Werkzeug deines Friedens‹ – Ein ungewöhnliches Gebet im Geist des Franz von Assisi«; Deutschlandfunk Kultur; 1.10.2017; https://www.deutschlandfunkkultur.de/mach-mich-zu-einem-werkzeug-deines-friedens-ein.1124.de.html?dram:article_id=397190; zuletzt aufgerufen am 5.1.2021

37. Bundeskriminalamt: »Partnerschaftsgewalt – Kriminalstatistische Auswertung – Berichtsjahr 2019«, S. 10; https://www.bka.de/SharedDocs/Downloads/DE/Publikationen/JahresberichteUndLagebilder/Partnerschaftsgewalt/Partnerschaftsgewalt_2019.html;jsessionid=B2DC031612033156803BF301A4CC6B2C.live0611?nn=63476; zuletzt aufgerufen am 6.1.2021

38. Dieses Zitat wird dem bengalischen Dichter Rabindranath Tagore zugeschrieben.

39. statista: »Entwicklung der Weltbevölkerungszahl von Christi Geburt bis zum Jahr 2020 (in Milliarden)«; https://de.statista.com/statistik/daten/studie/1694/umfrage/entwicklung-der-weltbevoelkerungszahl/; zuletzt aufgerufen am 6.1.2021

40. Michael L. Fleisher: *The Original Encyclopedia of Comic Book Heroes – Volume 3: Superman;* DC Comics, 2007

41. Veit Lindau: *SeelenGevögelt – Manifest für das Leben*. Goldmann, 2016
42. Angelehnt an »Man sieht nur mit dem Herzen gut« von Antoine de Saint-Exupéry.
43. Als »Schaulogik« wird die Fähigkeit deines Bewusstseins bezeichnet, sehr verschiedene Perspektiven zu einer Sache einzunehmen.
44. Bundesministerium für Familie, Senioren, Frauen und Jugend (BMFSFJ): »Gewalt gegen Frauen – Zahlen weiterhin hoch Ministerin Giffey startet Initiative ›Stärker als Gewalt‹«; https://www.bmfsfj.de/bmfsfj/aktuelles/presse/pressemitteilungen/gewalt-gegen-frauen---zahlen-weiterhin-hoch-ministerin-giffey-startet-initiative--staerker-als-gewalt-/141688; zuletzt aufgerufen am 20.12.2020
45. Jake Eberts, Michael Nozik und Robert Redford (Produzenten); Robert Redford (Regisseur): *Die Legende von Bagger Vance*. 2000
46. Jake Eberts, Michael Nozik und Robert Redford (Produzenten); Robert Redford (Regisseur): *Die Legende von Bagger Vance*. 2000
47. Veit Lindau und Andrea Lindau: *Königin und Samurai – Wenn Frau und Mann erwachen*. Kailash, 2018
48. C. G. Jung: *Archetypen – Urbilder und Wirkkräfte des Kollektiven Unbewussten*. Patmos Verlag, 2020
49. Barrie M. Osborne, Peter Jackson, Fran Walsh, Tim Sanders (Produzenten); Peter Jackson (Regisseur): *Der Herr der Ringe*. 2001
50. Diese Liste wurde stark inspiriert durch den Essay »White Privilege: Den unsichtbaren Rucksack auspacken« von Peggy McIntosh.
51. Jack Hawley, Peter Kobbe: *Bhagavadgita: Der Gesang Gottes. Eine zeitgemäße Version für westliche Leser*. Goldmann, 2002
52. BDSM ist ein Akronym, das aus den englischen Benennungen »Bondage & Discipline, Dominance & Submission, Sadism & Masochism« gebildet wird.
53. »Kongregation für die Glaubenslehre – Schreiben an die Bischöfe der katholischen Kirche über die Seelsorge für homosexuelle Personen«; http://www.vatican.va/roman_curia/congregations/cfaith/documents/rc_con_cfaith_doc_19861001_homosexual-persons_ge.html; zuletzt aufgerufen am 21.12.2020
54. http://www.vatican.va/archive/DEU0035/_P8B.HTM#14H; zuletzt aufgerufen am 21.12.2020
55. »Homosexualität im Vatikan – Schweigen begünstigt Machtmissbrauch«, Frédéric Martel im Gespräch mit Anne Françoise Weber; https://www.deutschlandfunkkultur.de/homosexualitaet-im-vatikan-schweigen-beguenstigt.1278.de.html?dram:article_id=459872; zuletzt aufgerufen am 5.1.2021
56. BVerfG, Urteil vom 10.05.1957 - 1 BvR 550/52; https://openjur.de/u/363843.html; zuletzt aufgerufen am 21.12.2020
57. Jörg Ratzsch: »Abschaffung von Paragraf 175 – Vor 25 Jahren wurde Homosexualität legal«. Beitrag vom 11.6.2019; https://www.zdf.de/nachrichten/heute/vor-25-jahren-abschaffung-paragraf-175-homosexualitaet-straffrei-100.html; zuletzt aufgerufen am 21.12.2020
58. Bundeszentrale für politische Bildung: »1994: Homosexualität nicht mehr strafbar«; 7.3.2014; https://www.bpb.de/politik/hintergrund-aktuell/180263/1994-homosexualitaet-nicht-mehr-strafbar; zuletzt aufgerufen am 7.1.2021

59. Fabian Federl: »Homosexualität – Tagesgeschäft Schwulenverfolgung«; DIE ZEIT, 6.8.2017; https://www.zeit.de/gesellschaft/zeitgeschehen/2017-07/homo-sexualitaet-paragraf-175-schwulenverfolgung-richter-klaus-beer/komplettan-sicht; zuletzt aufgerufen am 7.1.2021

60. Bundeszentrale für politische Bildung, Anna Katharina Mangold: »Stationen der Ehe für alle in Deutschland«; 9.8.2018; https://www.bpb.de/gesellschaft/gender/homosexualitaet/274019/stationen-der-ehe-fuer-alle-in-deutschland; zuletzt aufgerufen am 7.1.2021

61. https://www.geo.de/natur/tierwelt/13372-rtkl-homosexualitaet-im-tierreich; zuletzt aufgerufen am 21.12.2020

62. Bundespsychotherapeutenkammer (BPtK): »Homosexualität und Transge-schlechtlichkeit sind keine Krankheiten«; https://www.bptk.de/homosexuali-taet-und-transgeschlechtlichkeit-sind-keine-krankheiten/?cookie-state-chan-ge=1606814692961; zuletzt aufgerufen am 21.12.2020

63. Jörg Ratzsch: »Abschaffung von Paragraf 175 – Vor 25 Jahren wurde Homo-sexualität legal«. Beitrag vom 11.6.2019; https://www.zdf.de/nachrichten/heute/vor-25-jahren-abschaffung-paragraf-175-homosexualitaet-straffrei-100.html; zuletzt aufgerufen am 21.12.2020

64. statista: »LGBTQ* – Statistiken und Daten«; https://de.statista.com/themen/4641/lgbt/; zuletzt aufgerufen am 21.12.2020

65. C. Otto Scharmer: *Theorie U – Von der Zukunft her führen: Presencing als soziale Technik*. Carl-Auer Verlag, 2020

66. Den Kurs dazu, »Victory & Peace«, findest du auf www.homodea.com.

ANHANG

Weiterführende Literatur

Persönliches Erwachen

- Veit Lindau: *SeelenGevögelt. Manifest für ein gutes Leben*. Goldmann, 2016
- C. G. Jung: *Archetypen – Urbilder und Wirkkräfte des Kollektiven Unbewussten*. Patmos Verlag, 2020

Bewusstseinsentwicklung und Spiritualität

- Barbara Marx Hubbard: *Vom Ego zur Essenz*. KOHA-Verlag, 2003
- Pierre Teilhard de Chardin: *Der Mensch im Kosmos*. C.H.Beck, 2018
- Ken Wilber: *The Religion of Tomorrow: A Vision for the Future of the Great Traditions – More Inclusive, More Comprehensive, More Complete*. Shambhala, 2017
- Don Edward Beck und Christopher C. Cowan: *Spiral Dynamics – Leadership, Werte und Wandel*. Kamphausen Media, 2020
- Marion Küstenmacher: *Gott 9.0: Wohin unsere Gesellschaft spirituell wachsen wird*. Gütersloher Verlagshaus, 2010
- Marion Küstenmacher: *Integrales Christentum*. Gütersloher Verlagshaus, 2018

Co-Creation und Arbeit mit der Zukunft

- C. Otto Scharmer: *Theorie U – Von der Zukunft her führen – Presencing als soziale Technik (Management)*. Carl-Auer Verlag, 2020
- Carolyn P. Anderson und Katharina Roske: *Das Co-Creation Handbuch 2.0 – Ein praktischer Leitfaden zur Entdeckung deines Lebensplans und für gelingende Beziehungen in einer neuen Welt*. Sheema-Medien, 2019

- Frederic Laloux: *Reinventing Organizations visuell – Ein illustrierter Leitfaden sinnstiftender Formen der Zusammenarbeit.*Vahlen, 2016

Partnerschaft und Kommunikation

- Michael Lukas Moeller: *Die Wahrheit beginnt zu zweit – Das Paar im Gespräch.* Rowohlt Taschenbuch, 1996
- Veit Lindau: *Liebe radikal – Wie deine Beziehungen erblühen, wenn du dich existentiell einlässt.* Kailash, 2014
- Andrea und Veit Lindau: *Königin und Samurai – Wenn Frau und Mann erwachen.* Kailash, 2018
- Gay Hendricks und Kathlyn Hendricks: *Liebe macht stark – Von der Abhängigkeit zur engagierten Partnerschaft.* Goldmann, 2004

Schattenarbeit und Vergebung

- Debbie Ford: *Schattenarbeit – Wachstum durch die Integration unserer dunklen Seite.* Goldmann, 2011
- Verena Kast: *Der Schatten in uns – Die subversive Lebenskraft.*Patmos, 2020
- Ulrich Emil Duprée: *Ho'oponopono – Das hawaiianische Vergebungsritual.* Schirner, 2011

Gehirn und Biologie

- Gerald Hüther: Männer – *Das schwache Geschlecht und sein Gehirn.* Vandenhoeck & Ruprecht, 2016
- John Gray: *Beyond Mars and Venus – Relationship Skills for Today's Complex World.* BenBella Books, 2017

Potenzialentfaltung

- Gerald Hüther: Würde: *Was uns stark macht – als Einzelne und als Gesellschaft.* Pantheon, 2019
- Gerald Hüther: *Was wir sind und was wir sein könnten – Ein neurobiologischer Mutmacher.* Fischer Taschenbuch, 2013

Feminismus und LGBTQI+

- Margarete Stokowski: *Untenrum frei*. Rowohlt Taschenbuch, 2018
- Cinzia Arruza, Ithi Batthacharya und Nancy Fraser: *Feminismus für die 99 % – Ein Manifest*. Matthes & Seitz Berlin, 2019
- Julius Thesing: *You don't look gay*. Bohem Press, 2020
- Soraya Chemaly: *Speak out! Die Kraft weiblicher Wut*. Suhrkamp, 2020
- JJ Bola: *Sei kein Mann: Warum Männlichkeit ein Albtraum für Jungs ist*. hanserblau in Carl Hanser Verlag, 2020

Lass uns ein Stück Weg gemeinsam gehen

Wenn dich der Ansatz dieses Buches berührt, dann lade ich dich ein, ein kostbares Stück Weg gemeinsam mit mir und Andrea zu gehen. Wir lieben Tiefe und konkrete Praxis. Deshalb haben wir für die gelebte Umsetzung rund um das Buch drei Onlinekurse konzipiert.

Die Rückkehr der Königin

Dieser Kurs ist Andreas Einladung an alle Frauen, sich zu verbinden und die Qualitäten der Königin, wie hier im Buch beschrieben, in allen Bereichen des Lebens praktisch und konsequent erblühen zu lassen.

Das Erwachen des Königs

Dieser Kurs ist eine Einladung und Herausforderung von mir an alle Männer, inmitten ihres Alltags aufzuwachen, ihren Ehrenkodex zu finden und ihn zum Leben zu erwecken.

Next Level Love

Wenn dich das letzte Kapitel über Co-Creation berührt hat und du bereit bist, diese Vision in deinen privaten und beruflichen Beziehungen Wirklichkeit werden zu lassen, dann mach dich gemeinsam mit Andrea und mir auf den Weg. Erfahre, was es für das Beziehungslevel der Co-Creation braucht, finde Gleichgesinnte und mach es wahr!

Du findest alle Kurse auf www.homodea.com

Wir freuen uns auf dich!

Über den Autor

»Nutze die kostbare Chance deines Lebens. Geh von der Bremse. Feiere und lebe dein Licht.«

So lautet das Motto von Veit Lindau. Er gilt im deutschsprachigen Raum als der Experte für die integrale Selbstverwirklichung des Menschen und erreicht mit seinen wachrüttelnden Vorträgen, Seminaren und Videos ein großes, sehr gemischtes Publikum. Gemeinsam mit seiner Frau hat er eine große Life Coaching Community aufgebaut (homodea.com), mit derzeit etwa 80 000 Mitgliedern. Für sein Buchwerk wurde er 2017 mit dem Coaching Award ausgezeichnet. 2018 erhielt er den Tiger Award (Marketeer des Jahres) und 2019 den

RED FOX Award (Speaker des Jahres). Außerdem wurde er zweimal vom Magazin *Erfolg* unter die Top 7 Erfolgstrainer*innen der Region D-A-CH gewählt.

Bleib mit Veit in Kontakt:
www.veitlindau.com
Facebook: @veitlindau
Instagram: @veit.lindau

homodea.com

Die Plattform www.homodea.com ist das Lebenswerk von Veit Lindau. Als Life-Coaching-Plattform ist sie ein digitaler Heimathafen und ein Netzwerk für einen kulturellen und strukturellen Wandel der Gesellschaft.

Auf homodea.com erwarten dich mit aktuell etwa 60 000 Mitgliedern über 90 Onlinekurse für deine Potenzialentfaltung, über 100 geführte Meditationen, Hunderte vielseitige Videos und tägliche Inspirationen.

Downloadbereich zum Buch

Unter http://go.homodea.com/genesis findest du, wie an einigen Stellen im Buch angesprochen, weiterführende Inspirationen und Meditationen. Unter anderem kannst du dich freuen auf:

Anleitung

»Die 7 Schritte zur vollständigen Vergebung«

Vorträge

»Die Rückkehr der Königin«
»Das Erwachen des Königs«
»Die hohe Kunst des Lauschens«

Geführte Meditationen

»Kind des Kosmos«
»Power of Eros«
»Power of Logos«
»Deine innere Königin«
»Dein innerer König«
»Der Buddha im Feuer«
»Die Einladung einer Königin«

Weiterführende Kurse auf www.homodea.com

»Victory & Peace« Erfüllt in der Gegenwart leben, geführt aus der Zukunft.
»liebeswerk« Manifestiere lebendige Beziehungen.
»schattenwerk« Dein Schatten, dein kreatives Potenzial.
»friedenswerk« Werde zu einer Oase des Friedens.

DANKE

In tiefer Dankbarkeit für das Geschenk von Bewusstsein,
für die Gnade, lieben zu dürfen,
und für die Möglichkeit des immer tieferen Erwachens
und des Erkennens in unserer Begegnung.

IMPRESSUM

© 2021 GRÄFE UND UNZER VERLAG GmbH,
Postfach 860366, 81630 München

EDITION

Gräfe und Unzer ist eine eingetragene Marke der GRÄFE UND UNZER
VERLAG GmbH, www.gu.de

ISBN 978 3-8338-7717-9

1. Auflage 2021

Projektleitung: Miriam Nüberlin
Lektorat: Silke Panten
Covergestaltung: Independent Medien-Design,
Marta Olesniewicz, München
Coverillustration: Marko Puclin
Autorenfoto: Leona Lindau
Herstellung: Markus Plötz
Satz und Innenlayout: Björn Fremgen, KONTRASTE
Reproduktion: Repro Ludwig, Zell am See
Druck und Bindung: Livonia, Riga

Die GU-Homepage finden Sie unter www.gu.de

f www.facebook.com/gu.verlag

Ein Unternehmen der
GANSKE VERLAGSGRUPPE